审视民族沉浮得失的历史　塑造决定命运转变的未来

# 回望与远眺

## 中国战略转型成败的历史分析与未来前瞻

窦国庆 / 著

HUIWANG YU YUANTIAO

SPM
南方出版传媒
广东经济出版社
·广州·

**图书在版编目（CIP）数据**

回望与远眺—中国战略转型成败的历史分析与未来前瞻/ 窦国庆著. —广州：广东经济出版社，2016. 2
ISBN 978－7－5454－4427－8

Ⅰ. ①回…　Ⅱ. ①窦…　Ⅲ. ①发展战略－研究－中国
Ⅳ. ①D60

中国版本图书馆 CIP 数据核字（2016）第 012012 号

出 版 人：姚丹林
责任编辑：周　晶
责任技编：许伟斌

| | |
|---|---|
| 出版发行 | 广东经济出版社（广州市环市东路水荫路 11 号 11～12 楼） |
| 经销 | 全国新华书店 |
| 印刷 | 佛山市浩文彩色印刷有限公司（南海狮山科技工业园 A 区兴旺路） |
| 开本 | 730 毫米×1020 毫米　1/16 |
| 印张 | 15 |
| 字数 | 208 000 字 |
| 版次 | 2016 年 2 月第 1 版 |
| 印次 | 2016 年 2 月第 1 次 |
| 印数 | 1～5 000 册 |
| 书号 | ISBN 978－7－5454－4427－8 |
| 定价 | 38. 00 元 |

如发现印装质量问题，影响阅读，请与承印厂联系调换。
发行部地址：广州市环市东路水荫路 11 号 11 楼
电话：（020）38306055　37601950　邮政编码：510075
邮购地址：广州市环市东路水荫路 11 号 11 楼
电话：（020）37601950　营销网址：**http://www. gebook. com**
广东经济出版社新浪官方微博：**http://e. weibo. com/gebook**
广东经济出版社常年法律顾问：何剑桥律师

所有民族的强大均来自于独立、团结、理性和永不停息的变革。

——窦国庆

# 自序

PREFACE

早就有一个心愿，对中华民族自鸦片战争以来在国际社会中的起伏曲折进行连贯性的梳理。因为一个民族，无论政治制度、意识形态、经济模式怎样变化，其地缘政治、民族文化及其对时代变化的反应却是相对稳定的。任何关心民族命运并希望从中获取精神动力与智力支持的人都应该从历史本源中挖掘：为什么历史是这样的，而不是那样的？又可能是怎样的？为什么现实是这样的，而不是那样的？未来应当是怎样的？

人是万物之灵，对历史与未来不可避免地有个体化的认知。所以，从本质上看，在多元化的今天，书的价值不是对别人生硬地灌输何谓对错，而是在于促进人更深刻地交流。赞成是一种交流方式，反对也是一种交流方式。让我们一起交流、一起思考吧！

烦琐、虚浮的文风曾经是中华民族前进和开拓的最大障碍之一。感谢日益开放的时代，我们可以尽量不受偏见得从历史大势中汲取营养，从而摆脱那些遮蔽视野、挫伤判断力的烦琐枯燥的描述，直击历史大势中的内在本质。这样既直接给予读者思考空间，又避免咬文嚼字之苦。

# 前言：
## 要找到正确的利益必先正确认识自己

PREFACE

正确的道路，根本上取决于利益的正确。中国面临的世界日益复杂，利益需求复杂的同时，对各种不同的利益进行排序日益不易。历史告诉我们，每个大国在自身发生巨变并导致世界巨变时，往往处于在众多机遇和挑战面前容易做出错误决定之时，不是因为不知道利益需求是什么，而是因为不知道当各项利益冲突时如何坚定地维护根本利益，灵活地实现重要利益，务实地追求一般利益。

农业时代，中国境内具有亚太地区最适合人生存的自然环境，没有严寒和酷暑，大多数时候都是风调雨顺，而亚太其他地区却很少有如此优越的环境。优越的天然环境，使人口快速增长，文明发展在地区中开始首屈一指，中国自然会成为亚太的中心。此时，中国的自信不言而喻。优越的耕种与生活环境也带来了消极因素，中国的战略视野受到北部与西部难以逾越的草原、高原、沙漠、丛林和东部一片浩瀚大海的限制，战略视野的边际由此而定。当然，中华民族的祖先们在尽自己最大努力追求自身荣耀的同时，也为后代们开疆拓土，从而造就了中华民族德化周边“群小”的优越感。

然而，中国像所有过于自信而走向自负的民族一样，忘记了别人会在险恶的环境中培养出强烈的生存意志。在欧亚大陆的西端，西方经历了黑暗中世纪的物质和精神双重匮乏，还经历了残酷的疾病与饥荒，但西方世界仍傲然屹立，并且突破自身局限，迈开了全球开拓的步伐。英法等海岸沿线的国家跨越了海洋，从大西洋，经过印度洋来到太平洋；俄罗斯比历史上经常骚扰中国的游牧民族还要强悍，跨过了千里冰封的冻土地带。面对大有鲸吞中国之势的诸多强国们，惊慌失措和夜郎自大的中国根本没有想到会有自己不知道的、比自己还要强大的力量的存在，自然会以令人屈辱的代价来经受残酷的事实，也被迫地融入世界。

世界是东方人民和西方人民共同拥有的，但却是西方开拓者创造的，虽然起点是贪婪的殖民活动，但是将各个地区开始连接在一起形成世界却是西方强大意志的体现。然而，几经曲折，世界上却没有任何其他古老民族，像中国这样经受了如此起伏的命运后，仍然具有如此独立的地位和完整的存在。中国经过屈辱后再次独立。当前，中国已经融入世界，以勤劳、朴实和智慧、勇气，使中华民族重新复兴的起点日渐清晰。此时，愈加需要清醒。

从鸦片战争开始，中国融入世界后的命运起伏足以告诫世人，中国的生命力取决于能否成功地完成角色转换，即从长期封闭的地区主导者转变为日益开放的世界体系中的一员。这个角色的转变不是一蹴而就，而是只要世界向前发展，这个转变就永远不能停步。否则，中国再无第二次由生死边缘到重燃复兴之火的机会。

世界上大国角色转变的历史就是不断有伟大民族崛起和衰落的历史，不断前进的时代也在推动着各个伟大民族自觉或者不自觉地完成蜕变。在历史的长河中，有的伟大民族蜕变时一蹶不振；有的伟大民族蜕变后却消失于人类文明之中。最近两百年是人类历史上变化最快的两百年，中华民族在不到两百年时间内，经历了翻天覆地的变化。因自豪而自大，因自大而排斥变革；因封闭而保守，因保守而落后；因知耻后勇而坚强奋进。荣辱共存的两百年，是中华民族最为曲折最为激荡的两百年。如果我们作为后来者不对其中的起伏及其背后所反映出来的、决定未来命运的各种因素进行总结，无疑是对历史的漠视，更是对我们民族财富的浪费。

中华民族在短短不到两百年中，经历了国际舞台中三种角色的转变。世界上少有古老民族能够适应如此纷繁复杂的转变，在经历如此之多的生死存亡考验后开始强大。

从1840年的鸦片战争到1911年的辛亥革命，清朝从毫无知觉的落后者到任人宰割的对象，再到虽知耻却陷入迷茫错误的自救者；民国（1912—1949）历经由恶邻随意欺侮、列强漠视的国际弃儿到“二战”时构建国际秩序的重要参与者的艰苦跃升；新中国（1949年至今）由国际秩序的适应者，变成了今天国际秩序的重要塑造者。虽然中华民族仍然处于两个部分分治的状态，但中华民族之共识却是统一的。中国大陆和台湾的命运也是中华民族的共同命运。当今天台湾和中国大陆先后实现经济腾飞时，中华民族面临着一个新的起点，那就是中华民族在未来世界中的地位，在经济、科技、文明等各个方面产生前所未有的推动力。

这一时刻，是多少历史上处于苦难奋进中的中华儿女心中的美好憧憬，又是多少高喊着“中华民族到了最危险的时刻”的勇士们、志士们心中的目标。他们的坚韧、智慧、勇气、执着成就了今天的中华民族，让我们这一代人，可以站在他们的肩膀上，更加高远地眺望。

# 目录

CONTENTS

# 历史篇：艰险的凤凰涅槃之路

从鸦片战争开始，中华民族便不断遭受屈辱，最终因清朝的终结使中华民族获得重生，而重生后的中华民族又历经至少两次亡国之险，终于在赢得抗日战争胜利后，百年来首次扬眉吐气，并跻身于大国俱乐部当中。这一段经历涵盖了一次次淬火般的炼狱，更涵盖了坚韧的重生，终于由昔日任人宰割的对象成为国际社会不可或缺的重要成员。这其中的艰辛与磨难、险恶与锤炼，亘古未有！

# 自负的代价：毫无察觉的落后

彼封建者，更古圣王尧、舜、禹、汤、文、武而莫能去之。盖非不欲去之也，势不可也。势之来，其生人之初乎？不初，无以有封建。封建，非圣人意也。

——柳宗元《封建论》

如果历史有误导作用，那么一定是因为历史片段被当作全貌。常见的观点是，中华民族在清朝时遇到了几千年未有之巨变，然而事实并非如此。几千年的世界巨变并不是直到清朝才有的，只是之前浩浩荡荡的世界大势并不为中华民族所知而已。因为中华民族几千年来一直处于封闭状态，历史在王朝命运的起伏与更迭中无终止循环，中间鲜有闪光的思想文明和科学技术也几乎被埋没。

中华民族文化、科技的最高峰，并不是在清，而是始自于宋。也正是从宋朝开始，北方游牧少数民族由之前小规模袭扰和勒索变成大规模入侵。然而，却出现一个奇怪的现象：所有入侵中原的游牧民族，最终都接受并融入中原文化，这使中华民族大家庭不断扩大。但不幸的是，随着封建制度愈加稳固，中华民族的进取心日益退化，内部的自我衰落便难以避免，最终导致中华民族在变成庞然大物后，并没有愈大愈强，而是愈大愈弱。

中华民族能够大一统萌芽于封建制度，而衰落基因也深深根植于封建制度当中。封建制度既是中华民族不断壮大的保证，也是中华民族衰落的罪魁祸首。随着中华民族越来越庞大，封建制度也被赋予了越来越强大的正统地位。宋朝以后，每次北方游牧民族入主中原，无一不仰仗封建制度巩固和保证自己作为没有“群众基础”的“少数派”的统治地位。这就形成了封建制度中难以根除的弊病：族群间容易自设樊篱，难以真正齐心合力对外，甚至产生内斗而刀兵不止。

族群之间各分畛域，民族如何强大？元朝没有解决好这个问题，短短不到百年，便已经消失。在处理族群关系上，清朝比蒙元有巨大飞跃。然而，族群之间因各分畛域而内斗的本质并没有改变。

中国不断在欧亚大陆东端扩展影响力的同时，也在不断走向守旧与封闭。而在欧亚大陆另外一端的西欧，经历了黑暗的“中世纪”①后，开始“宗教改革”②、“文艺复兴”③、“地理大发现”④等政治革命、思想革命，随之而来的便是科技不断跃升的“工业革命”⑤。西欧革命使其向全球扩张，使地球上所有文明和强大的古老帝国开始低下高傲的头颅。在西方殖民者从海洋和大陆向东进发来到欧亚大陆东端之前，中

---

① 中世纪（Middle Ages）（约公元476年~公元1453年），是欧洲历史上的一个时代（主要是西欧），自西罗马帝国灭亡（公元476年）到东罗马帝国灭亡（公元1453年）的这段时期。另有说法认为中世纪结束于文艺复兴时期。“中世纪”一词是15世纪后期的意大利人文主义者比昂多开始使用的。这个时期的欧洲没有一个强有力的政权来统治。封建割据带来频繁的战争，造成科技和生产力发展停滞，人民生活在毫无希望的痛苦中，所以中世纪或者中世纪早期在欧美普遍被称作“黑暗时代”，传统上认为这是欧洲文明史上发展比较缓慢的时期。

② 宗教改革（Protestant Reformation），宗教历史学概念，特指基督教在16世纪至17世纪期间所进行的一次自下而上的宗教改革运动，是欧洲资产阶级披着宗教外衣进行的一场资产阶级性质的改革，改革代表人物是马丁·路德、加尔文和慈运理，以及其后发展出来的基督教新教教派。学术界一般认为，欧洲宗教改革开始于1517年马丁·路德提出《九十五条论纲》，结束于1648年《威斯特法伦和约》的出台。宗教改革是欧洲资本主义发展的一个必然结果，也是基督教发展历史上的一个重要里程碑。

③ 文艺复兴（Renaissance），是14世纪中叶至17世纪初在欧洲发生的思想文化运动。在中世纪晚期发源于佛罗伦萨、米兰和威尼斯，后扩展至欧洲各国。文艺复兴一词亦可粗略地指代这一历史时期，但由于欧洲各地因其引发的变化并非完全一致，故文艺复兴只是对这一时期的通称。

④ 地理大发现（The Great Geographical Discovery），又名探索时代或大航海时代，指从15世纪到17世纪欧洲的船队出现在世界各处的海洋上，寻找着新的贸易路线和贸易伙伴，以发展欧洲新生的资本主义。欧洲人发现了许多当时在欧洲不为人知的国家与地区。欧洲涌现出了许多著名的航海家，有哥伦布、达伽马、卡布拉尔、迪亚士、德莱昂、麦哲伦等。伴随着新航路的开辟，东西方之间的文化、贸易交流开始大量增加，殖民主义与自由贸易主义也开始出现。欧洲这个时期的快速发展奠定了其超过亚洲繁荣的基础。对世界各大洲在数百年后的发展也产生了久远的影响。

⑤ 工业革命（The Industrial Revolution）开始于18世纪60年代，18世纪后半期，在英国的进展已经很显著了。通常认为它发源于英格兰中部地区，是指资本主义工业化的早期历程，即资本主义生产完成了从工场手工业向机器大工业过渡的阶段。工业革命是以机器取代人力，以大规模工厂化生产取代个体工场手工生产的一场生产与科技革命。由于机器的发明及运用成为这个时代的标志，因此历史学家称这个时代为“机器时代”（the Age of Machines）。18世纪中叶，英国人瓦特改良蒸汽机之后，由一系列技术革命引起了从手工劳动向动力机器生产转变的重大飞跃。随后向英国乃至整个欧洲大陆传播，19世纪传至北美。一般认为，蒸汽机、煤、铁和钢是促成工业革命技术加速发展的四项主要因素。英国最早开始工业革命，也是最早结束工业革命的国家。

华民族仍然陶醉于天下中心的自信与自豪当中。完全可以肯定：如果没有西方殖民者，中华民族早晚要触及真正的改革，但在有限的历史中仍可能难以进取。

自从宋朝覆灭后，尤其是元清二朝，由少数族群统治多数族群，中华民族的封建统治者对自己统治地位的稳固性和合法性变得越来越不够自信，正是这种心态使封建制度内在的劣根性暴露得比之前所有朝代更加彻底。当然，其后果也就更加残酷：阻碍着中华民族的正常发展，使中华民族越来越封闭、僵化，对外部世界由本能的质疑变成了本能的排斥。

实际上，统治者们根本不知道，当西方殖民者向全球扩张时，中华民族的命运、他们自己的命运，与怎样应对扑面而来的西方的技术、文化和制度息息相关。那时的中华民族可以有两种选择：一是学习和融汇贯通；二是拒绝并加以排斥。然而，当一个王朝日益走向封闭时，统治者更容易选择第二种。因为统治者认为自己的臣民如果和外界的联系紧密，他们的心灵受到“污染”，从而质疑其统治地位，甚至会削弱其统治基础。“天下中心”的自我认知其实就是一种巧妙的封闭。君王们告诉臣民：“我们的生活和文化是最好的，不用接受有害的外来次品。”在中华民族的封建统治者心目中，封闭中华民族就是固守自己的王朝，固守自己的社会稳定，固守自己的既得利益。

所以，此时中华民族的命运，取决于王朝的命运，而王朝的命运又取决于官员、民众对待外来事物的态度能否和皇帝一致。残酷的现实是：幅员辽阔和族群众多，依靠一整套的制度和官僚体系，皇权不可能将整个国家包裹得严严实实，只要稍微有一点点缝隙，外来的事物就会顺势而入。

## 首尝耻辱：第一次鸦片战争

“我们今天所确信和所从事的事情至少既受相对久远的过去形成的思维习惯的支配，也受我们昨天所确信和所从事的那些事情支配。

——拉塞尔·F.韦格利《美国军事战略和政策史》

既无对外视野，又无需求拓展的王朝总会本能地排斥变革，当然便没有内在的变革。清朝统治下的中华民族对外来新生事物不可能采取开明的态度，这意味着“以我为主”的幼稚与僵化，必然导致中华民族与先进西方的对立。

“第一次鸦片战争”[①]就是在这样的背景下爆发的。即使没有鸦片贸易，即使只是其他不伤害中国人健康、感情和尊严的商品贸易，而中华民族不顾一切地对外排斥，最终也必然导致中华民族和西方之间兵戎相见。从历史表象看，第一次鸦片战争爆发是因为西方商业驱动的贪婪和中华民族的封闭保守，但从本质来看，却是两种文化、两种制度间的碰撞。

西方人向全球开拓殖民地之前，东西方之间互相割裂，不存在谁引导谁发展的问题，更不存在谁和谁比较的问题。然而，中华民族早已习惯并满足于已有的地盘和影响力，并受到封建制度禁锢日益丧失活力而衰落，缺乏向外拓展的渴望。封建制度使中华民族每朝每代，都有着难治沉疴，也正是因为久治难愈的沉疴而需要休养生息，但缺乏外来威胁压力下的休养生息，又不知不觉使自己沉沦下去。西方不一样，西方物资稀少、战争频发，培育了强烈的向外拓展的意志，尤

① 第一次鸦片战争（1840–1842），英国经常称第一次英中战争或“通商战争”，是中国近代史的开端。战争以中国失败并赔款割地告终，签订了中国历史上第一个不平等条约《南京条约》。

其是工业革命以来，或出于物质索取，或出于商业利益驱动，或为满足王朝虚荣心而向外拓展。那时的历史可以描述为：一只久无外敌的狮子正在酣睡，而另一只狮子则开始走出自己的巢穴。

第一次鸦片战争时期，清朝根本不可能研究和了解英国及其他西方世界的政治、经济、文化等状况，英国同样也不了解这个富裕的古老民族。然而，在第一次鸦片战争之前，中英贸易实际已经常态化了。虽然中国在清朝之前便有禁海政策，但受限于交通和通信手段，远离皇权中心的沿海地带的贸易仍然常见，只是官方并没有以正式的姿态介入进来。当时，有两个原因决定了中英贸易走向。第一，中英经济形态差异巨大导致难以有互补贸易。中国是一个农业国，既没有全国统一市场，更无拓展海外市场的动机，便没有向海外采购的意愿和能力。英国是一个工业国，以国内工业生产和海外贸易立国，因为中国禁海政策，英国商人在中国境内难以开拓广阔市场，中国民众需要的商品（如纺织品等）难以大规模进入中国境内，而工业化商品（如机械等）又是中国官民所不需要的。英国的工业产品在中国基本上没有市场，只有很少部分被达官贵人和乡绅作为观赏与炫耀之物。第二，中英两国民族文化迥异导致心理互相排斥。英国是海洋性民族，目光习惯性地投向海外，中国则满足于自己生活的这一片土地，目光少有超出土地，自然不会考虑这片地域之外的东西。

中国有英国之需，而英国却无中国之需。英国绝大部分商品无法在中国占领和扩大市场，使得短期内能够牟取暴利的鸦片贸易在中英贸易中的比重越来越大。从客观上看，鸦片贸易是因为中国无工业化进程。从英国角度来说，鸦片贸易却是一种自私，英国本国都禁止的贸易却纵容本国商人在海外伤害其他国家。然而，封建制度下的官僚体系几乎本能的腐败，使鸦片商人只要向腐败官员行贿，他们就会“睁一只眼、闭一只眼”。长此以往，鸦片贸易造成白银流失、民众受到毒害、官员受到腐蚀。对清朝统治者来说，最令其担心的是，远离皇权中心的地方官员贪婪与腐败成为鸦片贸易的保护伞，这说明皇权体系并非密不透风。禁海国策不仅没有阻止鸦片贸易，还使数量庞大得惊人的官员受到腐蚀，甚至成为罪恶的鸦片商人的帮凶。

当经济问题变成政治问题时，解决这个问题的政治考虑自然会压过经济考虑。清朝统治者出于维护自身利益、尊严以及权力秩序的稳定的考虑，决定任命林则徐为钦差大臣实行禁烟政策。

在长期的封建制度权力体系中，皇权追求的不是发展和创新，而是稳固，在这种氛围下成长起来的高级官吏更多的是忠于朝廷。有些爱民如子的官员，纵使有很多优秀的个人品格，却缺乏深入事物本质的意识和能力，他们过于简单地把鸦片问题归结到英国这个外来蛮夷对中国人身体的伤害和对官场的毒害。林则徐是一个忠心爱国爱民的英雄，但在受命禁烟之前对英国知之甚少，只是等到战争失败后，他才开始将眼光放之于世界。后来，他又因为对外部世界的认知过于独立，在官场上显得“鹤立鸡群”而备受冷落。

带着对鸦片和贪腐官员的恨，林则徐开始禁烟。林则徐禁烟是严格的，一开始便严厉要求所有外国商人交出全部鸦片，并且做出不再销售鸦片的保证。这些政策很快生效了，对涉事官员的惩治也开始了，甚至捉拿了英国政府商会会长。然而，销毁鸦片、惩治官员，两者并举，但并没有真正地解决源头问题，因为长期以来自认为“天下中心”的心态使统治者没有对禁烟可能引发的问题产生足够的重视。清政府显然认为，鸦片贸易涉及利益、尊严，甚至是政权体系的稳定性，但却没有认识到处理鸦片贸易关系到王朝命运。禁烟运动只有正义感和“天朝”的傲慢下的驱动，缺乏对问题本质分析的理性，没有制定一个系统配套的政治、经济等政策体系来应对这一系列问题。没有任何其他贸易来替代鸦片贸易所产生的利润，对于以追求商业利益为主的英国具有致命的威胁，全部仰仗于对外贸易的英国看到自己赚钱的工具全部被中国人毁灭，可能会导致其他国家纷纷效仿而致使其对外自由贸易体系遭到毁灭性打击。当然，当时的清朝不可能具备开放和外向的目光来处理鸦片贸易问题，因为那时的中国从来不担心被孤立。

没有市场的繁荣，便没有贸易的繁荣，处理与外部世界的问题就容易陷入僵化局面。鸦片危害的根源在于鸦片贸易，也就是说消除鸦片贸易的土壤才是根本之策。清朝完全可以对英国软硬兼施，而不是“头痛医头，脚痛医脚”地简单扼制市场，使英国人感到中英贸易中断，即将失去中国这个大市场的危险，从而做出开战决定。

清政府僵化的强硬政策导致了另一个可怕后果，就是各个地方政府之间互不隶属、毫无协调配合，各省支持禁烟，但是对朝廷禁烟方略的意见不尽相同，导致林则徐在禁烟时得到地方政府的支持非常有限，甚至可以说是“孤军作战”。这使英国判断出外表庞大的清朝，其权力体系内部并非铁板一块。

从当时国际整体情势看，英国和清朝分别处于各自所在地区的顶峰。英国作为孤悬于欧洲大陆之外的海岛之国，自从成为欧洲大国以来，一直秉持“光辉孤立”政策，使欧洲大陆大国之间维持均势，从而主导欧洲。第一次鸦片战争时逢“拿破仑战争”①结束后的“欧洲协调”②时代，没有任何欧洲大陆国家具有独霸欧洲大陆的野心，从而无法对英国造成安全威胁；而且此前最大的强敌——法国开始跟随英国，成为英国全球战略的支持力量。清朝经历了“康乾盛世”③和嘉庆时代之后，道光年间，不仅皇权得以巩固，而且四周已经没有明显外患，内乱基本消除。

然而，英国和清朝处于顶峰时的状态却是不一样的。英国在政治层面领先于世界进行“光荣革命”，以和平的方式由落后的封建制度

---

① 拿破仑战争（1799—1815）：拿破仑执政（1799-1804）和拿破仑一世帝国（1804—1815）时期，法国资产阶级为了在欧洲建立法国的政治和经济霸权，同英国争夺贸易和殖民地的领先地位，以及兼并新的领土而进行的战争。这些战斗可说是自1789年法国大革命所引发的战争的延续。因为实施全民征兵制，使得战争规模庞大，史无前例。法国国势迅速崛起，雄霸欧洲，但是在入侵俄国时遭到惨败，一落千丈。拿破仑建立的帝国，最终战败，让波旁王朝得于1814年和1815年两度复辟。

② 欧洲协调，是指拿破仑战争结束后欧洲列强以会议的方式协商处理欧洲重大问题的协商外交机制。在“欧洲协调”中，五大国组成联盟以制衡任何潜在的更有力的集团，防止欧洲霸权国家的出现。

③ 康乾盛世，又称康雍乾盛世，是中国清王朝前期统治下的盛世，也是中国古代封建王朝的最后一个盛世。起于康熙二十年（1681年）平三藩之乱，止于嘉庆元年（1796年）川陕楚白莲教起义爆发，持续时间长达115年，是清朝统治的最高峰。这段时期是清朝高峰时期。在此期间社会稳定，经济快速发展，人口增长迅速，疆域辽阔。

变成了君主立宪制；在经济和科技层面又引领世界开始工业革命，国力大增，一直在欧洲、印度、北美大陆进行争霸和殖民战争。先是与西班牙、荷兰、葡萄牙等国争夺海上霸权，再是与法国争夺欧洲大陆和美洲大陆霸权，又和俄罗斯争夺中亚和中东的霸权。第一次鸦片战争前后，清朝在政治层面延续数千年封建制度；在思想上一直延续数千年的封建礼教文化。所以说，英国的顶峰是实力与信心的顶峰，清朝则处于历史惯性和束缚桎梏的顶峰。

战端初开，中英之间便高下立显。英国表现得既坚决又灵活。英国派出远征军后，并没有宣战，而是宣称武力报复。在开战前，英国远征军向清政府送交了一封由英国外交大臣写的信函，措辞带有强烈的最后通牒意思，不仅没有提出等待答复的具体时间、地点，而且还特别强调不允许拖延。英国故意用含糊并带有污辱性的语言进行交涉，意在激怒中国开“第一枪”。这样的外交宣示让英国在国际社会面前打扮成一个受害者，因为鸦片贸易令人不耻，英国担心其他西方国家借鸦片贸易的不耻之名进行政治和外交攻击。从英国国内来说，政府如此宣示能够获得民心支持，使英国民众认为政府派出远征军完全是出于维护大英帝国尊严与利益的正义之举。当然，英国宣称武力报复而没有宣战，还有核心原因：把战争局限于可控范围内。英国发动战争的根本目标不是战场，而是市场。英国意图通过战场上取得主动和优势，迫使中国打开市场。但英国根本不了解中国，在清政府决策者脑中，根本没有“宣战”这一法律意义上的政治理念。

战争爆发后，清政府面对一个完全陌生的外敌，像历史上所有封建统治者一样在战与和之间犹豫不决而难下决心，始终在所谓的“剿”和“抚”之间徘徊不定。因为清政府认为，英国人是外来的蛮夷，应该是向清朝称臣纳贡的臣子，或是违背伦理忠德的土匪。战争只是土匪对政府的挑战，其傲慢与无知可见一斑。因此，清政府没有也不可能制定一整套政治、经济、军事措施来应对英国远征军，仅仅把它们当作是临时性的惩戒措施，这就决定了这场战争对于清政府而言就是一笔糊涂账，使其既在心理上，又在行动上处处被动。

英国无疑更加重视对手，英国人在派出远征军之后，非常重视侦察和分析中国沿海的地形，也非常重视收买官员和内线来提供情报。而清政府却似乎根本就不屑于去了解那些所谓的“蛮夷”，缺乏对对手的重视和了解，自然会吃败仗，在开战之初竟然想以威慑人、以德服人、以战败人，根本没有考虑如何在战场取得胜利、取得胜利后又应当怎样结束战争。

既然英国已经决定使用武力，那么威慑自然不可能取得成功。而且清朝军队根本没有摧毁英国海军战船的手段与能力，反而在它利炮的猛烈轰击之下，防线被炸得粉碎。虽然清朝军队，甚至地方的爱国民众在局部地区取得一些战果，例如三元里人民抗英斗争，但整个战争期间，清朝的战略战术乏善可陈，有的只是落后混乱的指挥。

自古以来，中国的海防就是防人于陆上，而不是防人于海上。缺乏完备的海防体系，广东、福建、江浙一带，除了海岸上的炮台以外，根本就没有海防力量，而且京杭大运河以及沿海东部的交通大动脉上也没有完备的军事防御体系。当英国人知道这一点后，就不可能手软，尤其是当经过一系列海岸附近地域的交战后，英国对清朝军队的强弱了如指掌。清朝军事上的被动立即导致了政治上的被动。

战争爆发后，英国人并不想战争持续，它想控制战争的规模和强度，因为它的核心目的是贸易，而不是战场上的胜利。明确而又具体可行的战争目标使英国人始终掌握着主动。从战争的组织指挥上看，英国远征军，陆上、舰上都能够统一指挥，军事指挥与商务活动都非常协调。而清政府却没有具体和明确的战争目标，也不知道怎样去全盘优化调动军事资源，各省之间各自为政，各省的水师与炮台之间甚至内防之间又是各自为政。

鸦片战争直接暴露出清朝没有海上进攻力量的弱点，只有薄弱的海岸防卫力量，而且这种防御体系非常薄弱。也许清朝没有预料到会有一个比海上盗匪倭寇更加强大的敌人出现，因此，海岸防御手段和力量体系和明朝相比，并无多大改观。这反映出单纯的防御体系对于一个大国来说，根本就不可能有想象中的军事价值，而且需要投入巨大资源才能维持其运转，导致国家财政负担加重。所以，在这种落后的军事力量体系中，对自己重要的政治和经济目标缺乏必要的保护，也就不足为奇了。对于江浙一带赋税的重地和南北交通大动脉——京杭大运河等重要目标缺乏有效的军事保护，凸显了整个中华民族的软肋。这个软肋反映的不仅是军事力量体系的弱点，而是整个民族由封建制度造成的落后。封建王朝维持完整统治取决于财政收入，而财政收入绝大部分来源于沿海一带。因此，威胁沿海一带便能威胁整个朝廷的运转。政治、军事中心距离经济中心过远，对于一个国土面积庞大而交通又不发达的国家来说是致命的。因为从元朝开始，统治者都不愿意将首都定在南方，而愿意定在距离自己族群更近的北方，这使得作为政治和军事中心的北京与富庶的江南之间的交通成为中国境内的生命线。如果对这条生命线缺乏保护，则意味着王朝的溃败。最终鸦片战争失败并不是因为中国国力弱小，而是因为这一致命软肋被英国抓住。如果南京以南的沿海省份受到致命威胁，清政府担心财源遭到破坏而最终影响到政权稳定。所以《南京条约》[①]这一城下之盟便是必然。

从军事意义看，第一次鸦片战争只是清朝和英国之间持续两年的一场低强度的军事冲突，根本算不上大国战争。然而，基于清朝在东亚长达数千年的中心地位和英国在欧洲、印度、北美等地的全球地位，鸦片战争的政治意义远远超越了战场。对中国来说，是第一次感受到来自域外的耻辱。清朝在东亚的中心地位并没有动摇，但对中心地位的心态开始出现微妙变化。对英国来说，第一次鸦片战争是英国

---

① 《南京条约》又称《江宁条约》，是中国近代史上与外国签订的第一个不平等条约，是中国第一个丧权辱国的条约。《南京条约》签订后，西方列强趁火打劫，相继强迫清政府签订了一系列不平等条约。从此，中国开始沦为半殖民地半封建社会。主要内容：清朝政府开放广州、厦门、福州、宁波、上海等五处为通商口岸（史称“五口通商”），准许英国派驻领事，准许英商及其家属自由居住。清政府向英国赔款2100万银元，其中600万银元赔偿被焚鸦片，1200万银元赔偿英国军费，300万银元偿还商人债务。其款分4年交纳清楚，倘未能按期交足，则酌定每年百元应加利息5银元。割香港岛给英国，英军撤出南京、定海等处江面和岛屿。废除清政府原有的公行自主贸易制度，准许英商与华商自由贸易。英商进出口货物缴纳的税款，中国需与英国商定；中国的关税自主权开始丧失。以口头协议决定中英民间“诉讼之事”“英商归英国自理”；中国的司法主权开始受到侵害。

实现欧洲大陆均势后第一次向太平洋进发，向一个陌生、从未使用军事力量的地方进发。拿破仑战争结束后，英国开始利用“欧洲协调”来玩转欧洲，进而又通过征服中国开始玩转世界。在那个时代，英国取得第一次鸦片战争胜利后，说明当法国、俄罗斯都处于欧洲均势体系之下时，只有英国可以在欧亚大陆范围外进行自由的行动，向全球拓展。

第一次鸦片战争的失败说明了封建制度已经不适合中华民族。然而，鸦片战争的失败说明了在外部和平难以保障的情况下，更加需要内部的稳定。中华民族自鸦片战争开始的苦难，其根源也在于此。封建制度和封建文化导致了中国的耻辱和落后，但是当时的中华民族还不能丢弃它。因为改变封建制度可谓难上加难，改变封建制度造成的危害比维护封建制度造成的危害更大。

仅仅探求制度僵化、思想保守等抽象的战败根源而不去研究具体原因的话，显然无法正确从历史中吸取真正的教训。清朝在第一次鸦片战争失利的最大教训有三个：

一是权力高度集中的封建制度扼杀了官员的独立思考能力，这就造成了两种官员。一种是敢于担当，但做事非常莽撞并缺乏对外部世界的理性认知。这种官员对外部世界几乎一无所知，因为无知而无畏，因为漠视生命而轻言牺牲，虽有胆气，但不足以致胜。另外一种官员则是擅长唯唯诺诺和对所谓的“民意”左右奉迎。这样的官员，因为平时贪腐而战时胆小，而在外交谈判中，要么盲目对英国进行敌对性的排斥，要么受到英国人强大武器的震慑而尽量推诿拖延，玩一些雕虫小技，心态上却又不切实际地居高临下。雕虫小技极易被英国人识破，而不切实际的居高临下交心态又让英国人感到可笑。所以清朝总是在坚决抵抗和委曲求全两个极端中徘徊，最后看到军事抵抗已经毫无意义时，只能屈膝投降，根本就谈不上任何外交策略。

二是民族的尚武精神决定民族命运。几千年封建制度的存在，使清朝虽然仍是东方的庞然大物，雄踞东方，但已经丧失了向外拓展的尚武精神，重文而抑武，绝大多数精英都崇文而当官，而少有人才或精英去崇武。反观英国，由于欧洲长期列强林立，通常都是以战争来解决国际矛盾，尚武精神在西方非常浓厚。在一个没有尚武精神的国度里面，武器装备长期滞后，被动防御的战略大行其道。而在一个尚武精神非常浓厚的国度里，主动进攻的战略占据主导，冒险进取的精神和能力均非常强烈，武器装备也会在这种思想的驱动下不断更新。

三是清政府没有专职的外交机构。因为鸦片战争之前，自诩天朝大国的清政府不屑于和域外之邦进行对等交往，因此不可能成立专职的外交机构，也就不可能在对外交往上出现系统的策略。每当有大事时，只是派遣钦差大臣处理。从禁烟开始直到鸦片战争结束，清政府先是派遣林则徐、后是琦善作为钦差大臣来专职处理。因为没有专职外交机构，所以临时性派遣钦差大臣这一临时机制便充当了主要外交力量。因此，也难以获得其他部门通力合作，导致国家的整体力量在对外交往中难以发挥出来。在涉及对外交往的重大问题上，实际上钦差大臣包括地方政府并无临机决断之权，这就导致事事要请示，凡事要上报，而加上通信条件的落后，一个情况上报以后紧接着出现新的情况，使得每一次的外交决策都落后于形势的变化，拱手将主动权交于英国手上。

当然，不能因为第一次鸦片战争的失败而将清政府看得一无是处。第一次鸦片战争使清朝首次感觉到还有一个比自己更强大的力量的存在，基于此认识，清政府的“天下中心”的自信自然而然地开始动摇，对新鲜事物变得有些敬畏。其中，最主要的就是出现了一些将视野放置于世界的官员和知识分子，比如林则徐、魏源等人。

第一次鸦片战争和历史上其他战争不同，以前东西方之间战争促进了东西方之间文明的交流。然而，第一次鸦片战争不仅没有促进东西方之间的文明交往，反而制造了敌意，使东方怀着质疑和敌对的心态来对待西方的一切。这造成了清朝在第一次鸦片战争中最大的失败。第一次鸦片战争最大的失败不是在战场上，也不是赔款和割让香港，最大的失败是清政府还没有醒悟到自身与西方先进文化和技术的差距。其根本原因就是清政府认为第一次鸦片战争是关系到尊严，而不是命运。

第一次鸦片战争结束后，清朝没有知耻而后勇，继续做着它“天朝”中心的美梦。实际上，英国要求开放五个城市作为通商口岸，是吸收先进贸易、先进技术、先进思想的窗口，这对于失败后的清朝来说，是进行反省的时刻，对于朝廷，对于官员，对于民众，甚至对于商人来说，都是有利的。但是因为缺乏市场培植、缺乏官方的政策引导，清朝继续陶醉于昔日的光环当中。

第一次鸦片战争虽然使清政府割地赔款，遭受历史上第一次耻辱，然而，清政府却可以通过第一次鸦片战争树立一个外敌来巩固、稳定统治。因为战败的伤害，封建统治者教唆民众更加敌视和排斥外部世界，所以，鸦片战争不仅没有动摇封建制度的基础，反而促使顶层来巩固这种制度，拒绝西方的影响。而且从鸦片战争开始，对西方非理性的本能敌意直到现在都没有消除，这不得不说是封建残余的祸害。生硬的对外部保持敌意也是内部制度僵化的必然结果。

英国通过第一次鸦片战争看到了当时中国外强中干的本质。如果在外交和经济上屈从于清政府的压力，那么在其他方面也会受到清政府的压力；清政府的根本意图是维护自己的统治，只要自己的统治权获得维护的话，那么其他利益都居于次要。只要使清政府认为无法取得军事胜利，那么便会为保住皇权将选择屈辱退让。

英国在第一次鸦片战争的最大收益就是它形成了对清政府的正确判断。对于英国及其他欧洲列强来说，仿佛看到了一个巨大的潜在的市场和一个欺侮的对象，随之而来的便可想而知了。

# 内外交困的生死边缘：第二次鸦片战争与太平天国

> 国家复兴的意志不是几个热情的人或某些意态坚定的人的集团虚构的想法，而是从整个民族死里求生的本能出发的。
>
> ——戴高乐《战争回忆录》

清政府既不明白第一次鸦片战争为什么爆发，也不明白第一次鸦片战争为什么结束，它仍然停留于主观臆想中来看待日新月异的外部世界。第一次鸦片战争结束后，清朝与以英国为首的西方列强之间的贸易快速增长。随着贸易不断扩大，清朝现有打开的市场已经难以满足西方列强不断扩大贸易的需求。因此，西方列强需要清政府开放更多的通商城市，而清政府并不愿意这样做，这就导致了"第二次鸦片战争"①。

第二次鸦片战争对双方的影响远超第一次鸦片战争。第二次鸦片战争发生于"克里米亚战争"②刚结束时，英法不仅在欧洲共同遏制俄罗斯，而且共同在全世界范围进行殖民扩张。第一次鸦片战争并没有对清政府产生多大触动，但对西方的触动却很大。第一次鸦片战争使西方认识到清朝的外强中干和统治者的色厉内荏，如果别人屈从于它，它反而会更加严酷，而如果以武力相向并取得哪怕一点点胜利，反而能够获得友好相待。强硬的收益远比向清政府妥协的收益要多。

---

① 第二次鸦片战争（1856–1860），英国与法国趁中国太平天国运动之际，以亚罗号事件及马神甫事件为借口，联手进攻清朝政府的战争，所以被英国人称为"亚罗号战争"（The Arrow War）。又称"英法联军之役"（Anglo–French expedition to China）或"第二次中英战争"（Second Anglo–Chinese War）。因为这场战争可以看作是第一次鸦片战争的延续，所以也称"第二次鸦片战争"。战争中沙俄出兵后以"调停有功"自居，并胁迫清政府割让150多万平方公里的领土至今，从而成为最大的赢家。第二次鸦片战争迫使清政府先后签订《天津条约》和《北京条约》中俄《瑷珲条约》等和约，列强侵略更加深入。中国因此而丧失了东北及西北共150多万平方公里的领土，战争结束后清政府得以集中力量镇压了太平天国，维持统治。

② 克里米亚战争（Crimean War，又名"克里木战争"），在1853年10月20日因争夺巴尔干半岛的控制权而在欧洲大陆爆发的一场战争，奥斯曼帝国、英国、法国、撒丁王国等先后向沙皇俄国宣战，战争一直持续到1856年才结束，以沙皇俄国的失败而告终。

所以，对于西方而言，旨在迫使清政府签订城下之盟的武力政策必是首选。

在第二次鸦片战争中，英法联军利用海上优势，直接指向清朝的政治中心——北京。其一，英法不想破坏位于沿海的潜在通商口岸和开放城市，以保证秩序稳定，为将来设立市场和贸易区奠定基础；其二，攻打其他地区不能够直接动摇和促使清政府做出让步决定，或者不具备足够的重要性来迫使清政府投降；其三，从全球战略形势来看，当时英法共同围堵俄罗斯，而俄罗斯也从北方对清朝施加压力，英法直接攻入北京，有利于与俄罗斯争夺中国利益范围。

第一次鸦片战争后，清政府在大部分时间里只是怀着愤怒而惊恐，对西方列强不断"加码"的要求尽量拖延和推诿，无论在政治、经济，还是军事方面，都无深刻反省，更无视欧洲和北美发生的巨变。当然，它也不可能有此意识。受到一次耻辱之后，皇权却没有反省和观察外部世界，这说明制度僵化已经到了何种程度。

缺乏反省，还在于封建王朝的天然弱点。封建王朝最关心和最担心的是内乱。在第二次鸦片战争爆发前四年，"太平天国"①运动爆发，这使本来外患渐重的清朝雪上加霜。几乎占据了半壁江山的太平天国，以及其他农民起义和匪患，使清王朝政权处于风雨飘摇当中，这些内乱使清政府难以专注于应对外患。

第二次鸦片战争前后是清朝面临的最大生存危机。康熙削藩导致的吴三桂叛乱、郑氏家族对台湾的控制，甚至后来捻子军等内患，危害都不如太平天国那样剧烈和深重。

虽然太平天国打着"基督"的旗号，却没有得到西方的支持，可见西方也是务实的，并不是完全以价值观，还是以现实利益来衡量国际关系。太平天国运动的火焰一直从西南烧到了东南，整个中国最富

① 太平天国，1850年末至1851年初，由洪秀全、杨秀清、萧朝贵、冯云山、韦昌辉、石达开组成的领导集团在广西金田村发动武装起义，后建立太平天国，并于1853年攻下金陵（今南京），定都于此，号称天京。1864年，太平天国首都天京被湘军攻陷，洪秀全之子、幼天王洪天贵福被俘。1872年，最后一支太平军部队，翼王石达开余部李文彩在贵州败亡，太平天国终结。

饶的地区都受到破坏，最富饶的地区陷入灾难之境地，希望中国成为大市场的西方列强如何希望太平天国成功呢？当然，西方支持清政府也证明了西方与中国的关系的实质。

第二次鸦片战争和太平天国使清政府面临的情况：对外是东西挤压，对内则是南北分裂。对于清政府而言，现在面对的危险不是谁大谁小、谁轻谁重、谁急谁缓的问题，而是这么多威胁同时存在，将如何生存？也正是从第二次鸦片战争开始，中华民族以前是因为内乱招致外患，而如今却是外患引起内乱，这已经成为不可避免的事实。清政府面临着两种选择：要么就是和外国进行妥协，集中精力来平定内乱，而另一个重要的选择就是安抚内部，一致对外。实际上，这两种措施对清政府都有害，只能两害相较取其轻。

对于清政府而言，自然会选择先妥协的一方，并利用这一方的力量来应对另外一方。英、法、俄对于清政府不是存亡之患，只是荣辱之得失，因为他们不希望清政府垮台，而与太平天国却是生死存亡之争。生死之争比荣辱尊严之争更加紧迫，也就是说清政府只能对外妥协退让而对内平定镇压。但对于清政府而言，对外越妥协越难以平定内乱，越难平定内乱而对外越急需妥协。西方列强正是看准了这点，利用内乱来迫使清政府让步的办法屡试不爽，而且帮助清政府来镇压内乱，清政府同样会让利。所以，对于清政府而言，一方面需要得到西方列强的支持来镇压内乱，另外一方面要尽快镇压内乱来尽量减少对外做出妥协和让步。当然，这种政策总会有一天会难以为继，清朝的对外妥协使之不能集中精力来铲除内乱的根源和土壤，所以就必须和国外产生共同利益来消灭内乱。

第二次鸦片战争是近代中华民族在世界位势上的分水岭，中华民族陷入任人宰割的地位始于此，中华民族对于国际社会的期望也始自于此。

清政府认识到，必须和西方列强维持和平，才有利于清朝的统治和社会的稳定。但是西方列强对待清朝的态度却不一样，英法需要中国稳定且开放，它们需要中国弱小但必须经济繁荣和政治稳定，以便不断持续扩大的市场来进行贸易和商品输出；而此时，作为中国北边邻居的俄罗斯却并不如此期待，它不仅仅需要市场和通商的特权，而且还需要扩张领土。此时的中华民族实际已经开始陷入险境，因为第二次鸦片战争爆发，外敌入侵和内乱频生，这些导致中国巨变的内外因素结合，几乎在同期开始发酵。

中华民族因为几千年封建制度而导致的弱点在第二次鸦片战争中暴露无遗，最大的弱点就是不团结。满族、汉族、维吾尔族等仍然各分地域，助长着社会阶层不团结和各族群不团结的因素滋生，以致内乱和王朝更迭频繁出现。中华民族内部不团结又导致了另外一个灾难。从元朝开始，北方游牧民族统治整个中华民族，成为统治者后，人口不占多数的他们，不可能将首都置于南方，甚至中原，这导致政治和权力中心位于北方，而维持整个中华民族生存和发展的经济支撑点却在南方。所以说只要控制了南方，那么北方的政治中心就只是一个象征。位于政治中心的统治者对经济中心控制力如此薄弱，对于整个国家来说，时时刻刻处于松散边缘的危险状态。交通落后，如果没有控制住经济中心，或者说经济中心处于失守或处于崩溃边缘，那么整个国家的向心力和政府运转将会受到威胁，东南失控，那么整个国家的运转将会受到极大的威胁。如果政治中心失控，南方又无足够的号召力和政治威信来支撑整个国家大局，最终只能屈辱投降。

其次，中华民族看外部世界过于简单。清朝在第二次鸦片战争中所表现出来的是不知道什么是真正的尊严，什么是真正的物质利益，只是认为被西方在战场上打败了，割地赔款丧失了尊严，开放通商口岸丧失了尊严，向西方学习也是丧失了尊严，这样生硬地去理解尊严，反而使自己行动受到了束缚。

在康熙年代，曾经有过一次吴三桂占领长江以南大部分江山的灾难，而太平天国居然在南方最重要的城市“定都”；第一次鸦片战争仅仅也是城下之盟，而第二次鸦片战争却是首都沦陷，这是巨大的耻辱。在中国的历史上，首都被攻占，就意味着王朝覆灭。清政府开始猛然醒悟并认识到，必须通过自强来消弭外患和平定内乱。

然而，第二次鸦片战争却实实在在地使清政府感受到了对外部世界的无知所带来的痛苦的同时，也深深唤醒了中华民族的天性：无论是何人当政，中华民族的天性就是维护大一统，不可低估地维护大一统的决心和意志力使中华民族得即使在危机时刻仍然处于世界舞台的重要位置。

从历史上看，中国最直接的威胁是外患，而致命的却是内乱，两者是相辅相成。我们并不是赞扬和维护封建制度，而是应该看到从那时候开始，维护制度的稳定性有利于保证民族生存，打破这种制度会造成灾难。虽然这种制度使中国落后，但需要在制度继承与制度创新、文化继承与文化创新等多个方面进行平衡才是中国应该做的。然而，在接下来一百年历史当中，中国并没做得很好。因为所有的变革都是前无古人的伟业，失败的经验总是多于成功的经验。

## 失败的自救：洋务运动

尽转外国之长技为中国之长技

——魏源《海国图志》

第二次鸦片战争使民族耻辱感出现。这种耻辱感源自于对自身历史的自豪感，如果没有对历史自豪感，那么也就不会有那种巨大的耻辱感。

所有文明古国在那个时候都消失殆尽，唯有中华民族自鸦片战争开始经历多舛浩劫仍然存在，这不得不说是巨大的生存意志的支撑。实际上，第二次鸦片战争不仅仅是商业的竞争和领土扩张，还是民族竞争。如果从整个历史走向来看，地中海文明、多瑙河文明、古希腊文明、爱琴海文明等西方文明已经衰落，莫卧尔文明、恒河文明、幼发拉底文明等东方古老文明，在19世纪中叶，要么俯首成为殖民地，要么已经分裂成碎片。在中东地区和欧洲地区，古老的犹太文明只能在2000多年的流离失所中保存，他们祖先兴起之地已经满目疮痍。只有中华民族仍然保持完整，这不是强大的生存意志，又是什么呢？中华民族所具有的强大的生存意志和生命力，是任何一个古老的民族都无法比拟的，面对比自己强大、比自己先进的外部力量，中华民族经历过耻辱后开始向他们学习。从“洋务运动”[①]开始，中华民族自动和比自己强大的文明接触，虽然由此转变的路还非常漫长。

中华民族自近代知耻而后勇的萌芽点是在第二次鸦片战争之后，虽然是迫不得已，洋务运动却是中华民族首次向外国学习的举动。作为一个具有悠久历史的民族，不可能在短时间内就把所有教训反省得足够深刻和全面。显然，洋务运动是进步之举，但落后的制度使之并无开天辟地的意义。

清政府通过两次鸦片战争也已经明白，与列强保持和平是利大于弊。洋务运动就是在这种背景下开始的。如果仅仅认为洋务运动停留在购买和引进技术，或者模仿式的建立企业，那么无疑是对洋务运动的一种偏见。洋务运动是以中华民族向西方学习先进技术为起点，开启了对外部世界的制度、文化和习俗的学习。洋务运动和后来的戊戌变法、宪政改革，它们是一个连接的过程，而不是齐头并进的一种趋势，因为任何一个国家或者民族对制度、文化、技术等各个方面的学习都不可能是平行的。对于本国、本民族采取虚无主义，这是做不到的。从整个洋务运动来看，不仅仅体现在技术层面，更体现在战略设计、政策制定和新的国家功能定位层面。

起初洋务运动对清政府是有益的。首先，洋务运动使清朝成为世界开始连接起来的大市场中的重要组成部分。尤其对于英法等西欧国家而言，中国是一个大市场、大盈利场，对增加财政收入、提高国际影响力具有越来越重要的作用，维持清朝境内的稳定也就是维持自己利益。其次，洋务运动促进了社会财富的增长，使清政府更加富有，提升了省政府一定的国际地位，让外国人看到，清朝的市场有多大，

① 洋务运动（1861–1894），又称自救运动、自强运动。该运动是19世纪60–90年代洋务派所进行的一场引进西方军事装备、机器生产和科学技术以维护封建统治的自强、求富运动。这场运动虽然以失败告终，但却为中国近代化的起步开辟了道路，是中国近代化的开端。

潜力有多大，发展能有多快。再次，也是最重要的，所有外部的剧烈动荡首先改变的是人而不是制度，人的思想观念和行为方式在多大程度上产生改变则取决于制度。然而，正是这些在外部剧烈动荡后也会促使自己产生改变的人构成了制度改变的基本动力。近代一批经世致用、勇于任事的精英出现，虽然他们有着复杂的历史侧面，但是不能排斥一个基本事实：正是这些人成为民族危局中的中坚。洋务运动培养了一批具有世界眼光和近代意识的人，比如曾国藩、李鸿章、盛宣怀、胡雪岩、胡林翼、张之洞和左宗棠等人，他们推动近代的企业制度在中国的落地生根，开始成立专职的外交机构（总理各国事务衙门）和建立对外研究机制，使中国开始能够系统地将眼光置于世界。

洋务运动使清政府彻底地感觉到自己落后。清政府发现外国人进京并没有导致亡国，反而促使自己多了一种机遇。这种机遇来自市场的开放和对国际关系的重构，这无疑打开了清政府和高级官员的视野与眼光。

洋务运动让中国的两只脚正式一起踏入世界门槛，开始了长达30余年的"同治中兴"，在这30余年过程中，由于基本上保持了外部环境稳定，清朝实现了经济的飞速发展，似乎又开始拥有骄傲的资本，以自豪的态度来处理国际和国内的事务。

洋务运动的根源来自于失败和耻辱感导致的痛苦，痛苦之后的改良诚意毋庸置疑。但基于痛苦而忽略前瞻，清政府也就不可能对洋务运动进行全盘性规划，从而造成洋务运动的直接收益和对思想的触动仍然停留在官僚体系内部，并没有延伸至普通民众，这是洋务运动最终失败的根源。洋务运动仅限于顶层在政治、经济和军事方面的改良，并未触及社会和思想层面，主要是因为发起人均限于顶层、封建统治者和维护封建统治的官僚们。当然，那时的清朝也缺乏向西方学习制度和技术的民众基础，也没有巨型的私有企业来对洋务运动注入新的动力，所以洋务运动不具备在制度和文化层面上向西方学习的内在条件。实践证明任何政治经济举措没有商业力量参与，都不可能最大化地激发出民族潜能。

如果中国当时具备庞大的私营力量，民众参与洋务运动，很难肯定制度和文化层面就一定不会随之变革。但是，经过几千年重农抑商的封建制度，庞大的私营力量不可能有肥沃的土壤。没有民众参与，那么洋务运动实际上是官方的独角戏。

洋务运动没有广泛地使民众得以参与，也就是它形成的红利没有使民众得以共享，这就注定动力不足，缺乏深厚的基础，而且在权力体系中没有消除腐败和低效这两大顽疾，最终无法推动整个国家利用洋务运动来实现转型。没有文化和思想变化，没有顶层的改革，只是增加一些新的元素，而没有除掉旧的元素，洋务运动如何不败？所谓的举世瞩目的成绩，是建立在国力的规模上，而不是自身的创造力上。

有人认为洋务运动完全失败，这是不客观的，简单地评判一次重大的政治举措得失不是历史应该有的态度，但是洋务运动证明了中华民族具有强大的学习能力，只是这种学习能力并没有在民众层面上激发出来。洋务运动使清政府认识到，西方列强资本进入国内，不仅有利于减少外交压力，而且还可以利用市场作为政治工具，使西方列强之间争利而谋求一定的国际地位。这意味着经济转变开始撬动政治与政策，清政府在经略与西方列强的关系时，必然会出现历史性突破。

## 参与丛林规则的努力：地缘政治战略萌芽初现

*以海噬之波涛未息，山陬之游徼纷来。*

——《筹办夷务始末》（同治朝）

两次鸦片战争失败，证明了一个忽略外部世界及其变化的民族必将遭受苦难。两次鸦片战争，也使清政府看到了世界的特点：论势不论理。这说明在一个充斥丛林法则的世界里，中华民族的发展和成长走向了低谷。

中华民族对丛林法则并不陌生。中华民族历史上所有王朝更迭中的最终的胜利者均是最为符合丛林法则者。然而，中华民族长期在东亚居于中心位置，惯于传播道德于天下，又怎么可能在与外部交往中首先想到丛林法则呢？这一点决定了清政府开始观察世界时，只是根据自己遭受的痛苦而本能地反省，内心中仍然遵循固有的观念来看待这个世界。第二次鸦片战争后，清政府开始将中华民族的王朝更迭的经验运用于与国际斗争当中。无疑，这是一种进步，但这也说明中华民族还没有看到国际斗争中的真正精妙所在。

丛林法则的基本规律就是弱肉强食，如果不是强者，那么需要成为强者和在成为强者之前趋利避害。洋务运动创造出巨大财富的同时，使清朝作为一个新兴市场的地位得以确立，如果清朝陷入混乱，那么对世界来说都将是一个灾难。在弱肉强食的列强主导年代，如果清朝落入任何单个西方列强手中，那么其他西方列强的利益与尊严会受到伤害。在经济上，清朝是世界新兴市场的重要组成部分；在政治上，清朝实质是一个平衡器和缓冲器。西方列强在清朝问题上采用竞争或者妥协的方式来缓和矛盾。

此时，中华民族不仅在经济领域走入世界，而且在政治和战略领域也开始走入世界，虽然是一个弱者，但毕竟是一个新的时代的开启。庞大的人口基数、广阔的地域和深重的危机感、洋务运动产生的物质财富等因素，使清政府开始规划和实施地缘政治战略。“海防与塞防争论”①由此而出，它促使中华民族第一次作为一个整体基于海陆双重的地缘政治环境来探讨地缘政治战略。无论是海防论者，还是塞防论者，都是基于中国海陆双重性地缘政治环境而提出自己的观点。其最终的实践，似乎是塞防论者胜利，然而，如果没有海权，没有海上安全环境，东南省份经济凋零，左宗棠收复新疆的军饷又从何而

① 指1870年代清廷内部关于国防问题的争议。1870年代，沙俄武装强占伊犁；阿古柏盘踞新疆喀什等地；日本国入侵中国台湾。在这种局势下，清廷内部爆发“海防”“塞防”之争。李鸿章等认为两者“力难兼顾”，主张放弃塞防，将“停撤之饷，即匀作海防之饷”。左宗棠力表异议，指出西北“自撤藩篱，则我退寸而寇进尺”，尤其招致英、俄渗透。清政府最终支持了左宗棠的主张。

来呢？

中国具有明显的海陆双重属性，既拥有漫长的海岸线，又存在着庞大的陆上领土。海权或者陆权中任何一个危险，都会产生连锁反应。如果海上强权从海上威胁中国，甚至由海向陆直捣中国心脏时，而同时陆上强权再从后背插上一脚，可想而知，中华民族将会遭受多大的灾难。弱小的清朝被陆上强权——俄罗斯和海上强权——英法夹在中间、腹背受敌，这是弱肉强食的地缘政治规律的必然结果。此时，清朝的命运取决于如何处理陆权与海权的关系。

利用国际矛盾几乎是弱国的天然反应，而且清政府面临的矛盾显而易见。洋务运动使清朝暂时出现了一个有利局面即使清朝和英法、俄罗斯之间的共同利益日益增大。西方列强没有必要制造新的危机。而且，英法与俄罗斯的矛盾使他们不可能同时制造危机。因为一方与中国发生矛盾，必定会被另一方所乘。清朝处于如此险恶的地缘政治环境中，必须利用英法和俄罗斯之间的矛盾来最大限度地减少他们的伤害。当然，利用他们的矛盾并不是在站一边而反对另外一边，实际上是根据不同的事情来使他们互相争斗，提高自己在两边的地位，本质上是“两害相衡取其轻”，而不可能是“两利相权取其重”。

英法要的是市场和对经济命脉的控制，而俄罗斯要的不仅是利益和市场，还垂涎领土并制造民族矛盾。清政府对俄罗斯既害怕又抵制，又不得不重视与俄的关系；再加上洋务运动向英法学习得更多，从清政府内心来说，与英法亲近，受更少的伤害，甚至有一定收益。所以，尤其是清朝和英法之间发展共同利益时，可以利用英法和俄罗斯之间的矛盾来抵制俄罗斯的蚕食鲸吞。左宗棠收复新疆就是成功利用他们矛盾的结果。

俄罗斯不断向四周扩张，注定会影响到中华民族的整个北部。拿破仑战争之后，英俄矛盾成为欧洲主要矛盾。当俄罗斯觊觎中国新疆时，不仅是一种扩张欲望，而且是与英国争夺中亚地缘政治优势的一种手段。

新疆成为英俄矛盾的焦点之一和俄罗斯扩张野心的标志。当南疆出现一个所谓的“阿古柏政权”[①]后，英国和俄罗斯均极力拉拢。阿古柏政权在南疆刚刚立足，也需要获得英国和俄罗斯中至少一方的支持。因为英国给予阿古柏政权的支持比俄罗斯要多，所以阿古柏开始依附于英国，从而引起了俄罗斯不满。当阿古柏政权意图占领新疆全境时，俄罗斯出于抵制英国对抗的目的，出兵占领新疆伊犁。因此，英国和俄罗斯的关系开始紧张起来。此时，英国必须获得中国的支持，才能迫使俄罗斯退出新疆，而俄罗斯同样需要清朝支持，才能迫使英国退出新疆。

此时，如果清政府无所作为，那么最后的结果很有可能就是新疆分裂出去并被英俄瓜分英国占领南疆，而俄罗斯成为北疆的主宰者。新疆对于清朝而言不仅仅是安全屏障，而是中华民族不可分割的一部分，如果新疆被分割出去，那么中华民族不仅是衰落，而是走向灭亡。

英俄在新疆对抗，希望收复新疆的清政府就必须利用矛盾，利用一个打压一个，各个击破。最终清政府决定先南后北。因为南疆的阿古柏政权军队陆战能力远逊于俄罗斯陆军。如果先解决北疆，那么势必要与具有更大更强陆战能力的俄军交战。在此过程中，南疆问题就会持续恶化。首选之敌必须好打，有把握拿下，如果战争陷入长期化，不仅军需粮草造成国力负担，而且容易使南疆阿古柏乘机站稳脚跟。所以，左宗棠决定先打败阿古柏，尔后利用英俄矛盾迫使俄罗斯交还伊犁。后来的历史证明，这样的战略是正确的。

成功收复新疆不仅是清政府少有的军事与外交的全面胜利，而且是清政府第一次利用地缘政治现实和世界战略格局的成功之作。当然，高级将领卓越才干、清政府洋务运动创造的物质财富，是收复新疆的物质基础。收复新疆奠基了此后中华民族海陆双重兼顾的地缘政治战略基础。从此至今，无论中华民族以哪种身份，仍然坚持海陆双

① 穆罕默德·雅霍甫，汉名阿古柏，被称为“中亚屠夫”，为中亚浩罕汗国阿克麦吉特（白色清真寺）伯克。在沙俄以及英帝国的幕后支持下，于1865年至1877年成立哲德沙尔汗国，后被清朝陕甘总督左宗棠击败。1865年至1877年率军入侵中国新疆，史称“阿古柏之乱”。

重的地缘政治战略。试想，如果新疆收复失败，那么整个中华民族的根基将直接暴露于外部，何谈生存。

## 封贡体系初步动摇：中法战争

惟无论遇有何事，法兵永不得过北圻与中国边界，法国并约明必不自侵此界，且保他人必不犯之。

——《中法新约》第一款

地区力量中心变化，必将导致地区秩序变化。中华民族衰落使“东亚封贡体系”[①]开始崩塌。西方列强即使主观上可以接受清朝主导东亚，那么在行动上也不可能接受。因为两次鸦片战争足以说明，以清朝为中心的东亚意味着封闭，如果清朝开放，那么整个东亚才可能开放，否则东亚只能被清朝垄断，作为外来者的西方列强就很难干预。如果清朝继续在东亚封贡体系中保持中心地位，那么对于英国和法国而言，纵使在军事上打败中国，在经济上成功控制中国，也无法扩大其在东亚的影响力。“中法战争”[②]的爆发便是佐证。

---

① 公元1368年，随着中国明朝的建立，以中国为核心与周边国家建立起朝贡与册封关系的国际关系体系，即后来在公元1500年左右世界三大并存的国际关系体系中的东亚封贡体系。（其余两大体系为穆斯林世界与欧洲秩序）

② 中法战争（法文：Guerre franco-chinoise）又作清法战争，是1883年12月至1885年4月，由于法国侵略越南并进而侵略中国而引起的一次战争。第一阶段战场在越南北部；第二阶段扩大到中国东南沿海。战争过程中，法海陆两军虽于多数战役占上风，但均无法取得底定全局的战略性大胜：法国远东舰队虽于海战赢得全胜，并一度攻占基隆，却因沪尾（今台北县淡水镇）一役受挫及疫病流行，无法达成拿下台湾全岛的战略目的；而清军虽于初期陆海皆遭惨败，导致由恭亲王奕䜣领班的军机处被全面撤换（甲申易枢），但后期台湾及杭州湾防卫成功，且有冯子材统率各部于镇南关之役给法国陆军带来较重伤亡，导致费里政权垮台。以此为契机，两国重启和谈，结果订定《中法新约》，清方承认法国对法属印度支那诸殖民地的宗主权，两国重开贸易。受此战的影响，清廷于台湾设省，以刘铭传为巡抚大力推展现代化防务及新政，并积极筹建北洋水师。

法国刚刚输掉“普法战争”[①]。政府更迭后，法国急需弥补损失。然而，法国想在亚洲扩大殖民体系并建立市场，但其经济实力、政治影响力和地缘政治条件都不如英国和俄罗斯，所以它只能在中国外围的非中心地带拓展殖民范围。越南就是其中一个。然而，要开拓越南殖民地，必须先破除清朝在越南的宗主地位。因此法国入侵越南并且鼓励越南脱离与清朝的藩属关系。对于清朝而言，封贡体系下的“藩属国”[②]是仅存的最后一点尊严，本来就已经威严扫地，又在身上割肉，自然会令人怒不可遏。法国此举自然会引起清朝的反抗。如果没有洋务运动，也许中法战争就不会爆发，清政府就会继续妥协，但问题是洋务运动创造的财富使清政府认为有对抗法国的资本。如果没有成功收复新疆，清朝也可能妥协或者不反抗，但是成功收复新疆后，清朝开始恢复信心。并且普法战争后的法国，国际威信扫地。这些因素使清朝对法国采取强硬的态度立场。

洋务运动使清朝军队的武器装备比以前更加先进，并由于将领的勇敢和正确指挥，确实打了几场漂亮仗，但最终结局却是被后来的大部分史学家认为的胜而不胜。清政府在中法战争中军事上赢了，但政治上却输了。这个观点，笔者不敢苟同，如果中法战争看不到结束，那么会导致国际格局中很少的有利于清朝的因素逐渐消退。如果在战

---

① 普法战争，1871年普鲁士同法国之间的战争。因争夺欧洲大陆霸权和德意志统一问题，普法两国之间关系长期紧张。1870年7月14日，俾斯麦发表了挑战性的“埃姆斯电报”，触怒了法国政府。7月19日，法国对普宣战。但战争开始后，法军接连败北。9月2日，拿破仑三世亲率近十万名法军在色当投降。4日，巴黎爆发革命，成立法兰西第三共和国。但普军仍长驱直入，包围巴黎。1871年1月28日，巴黎失陷，两国签订停战协定。2月26日，双方在凡尔赛签订初步和约。5月10日在法兰克福签署了正式和约。这次战争使普鲁士完成德意志统一，结束了法国在欧洲大陆的霸权地位。

② 中国从西汉开始就有藩属国，中国历代王朝多对藩属国采取怀柔政策，很少干预其内政，却无偿为其提供保护。藩属国制度是古代中国强大王朝的主要外交手段，藩属国王必须臣服于中国皇帝，服从中国政治模式的影响和管理，同时中国也可以保护他们的领土完整，这是中国人骄傲文化心理的表现形式：中国人认为自己拥有最高的权力，是真正的文明，唯一的世界中心。古代中国拥有了百多个藩属国，主要集中在西域（新疆、中亚）地区，同时也包括波斯、朝鲜、越南、日本等国家，藩属国王必须定期朝拜中国皇帝，下跪磕头，而且要“触地有声”，他们还必须提供本国的土特产作为“贡品”献给中国皇帝，当然中国皇帝回报的赠品比他们的贡品价值更高，以显示中华民族的富有、威严和礼仪。

场上战胜法国军队，同时在政治上对法国不依不饶，会使所有西方列强暂时将矛盾搁置，清朝则不可能利用它们之间的矛盾。作为清政府而言，洋务运动的自强目标尚未达成，必须争取时间和空间来确保继续完成自强目标。所以对于清朝而言，最好的结果就是见好就收。

不可否认，清政府在中法战争中摆脱了时而高估自己、时而自卑至低谷的迂腐。更重要的是，清政府开始颠覆原有封建王朝的藩属观念，并形成了新型的国家观念：确定了国家主权范畴和性质，明确与附属国家的关系，并开始以国际法来维护自己的利益。中法战争是中华民族迈进近代国家的关节点。

中法战争也是清政府首次使用国际法来进行国际政治斗争的举动，这标志着清朝开始在心理和法律两个层面接受并参与国际社会的规则。清朝开始有自己的声音，虽然使用的是西方国家制造的话语权、法律。当然，当时的国际法也只是西方列强用来为自己服务的工具而已。国际法强调的平等，是建立在实力对等和国际战略格局所需要的基础上，如果把国际法当作保护神无疑是迂腐之举。受尽了屈辱和经历了诸多国际斗争的清朝统治者和官僚们不会不清楚这个道理。法律意识越淡薄，越容易将法律作为一种手段，而不是一个原则。制定法律的人反而越容易利用法律的漏洞来为自己谋取私利，这在国际斗争中屡见不鲜。但是，随着清朝军队在越南和中国台湾的有限胜利，并利用国际法在国际社会上获得了部分的舆论优势，使得法国在国际舆论中非常被动。

中法战争对清朝另外一个重大影响就是朝野舆论越来越重要，并成为最高决策者不可能回避的依据。中法战争中，由于出现主战派和主和派的激烈争论，最终在战与和之间犹豫不决的清政府最高决策者决心付诸战争。也就是说，最高决策者首次在制定对外重大问题上听取了普通大臣、甚至民间的意见。从政治角度看，这是中国权力体系演变中的一个重要时期。

中华民族向现代国家转型的萌芽之一就是中法战争期间，公众舆论开始影响国家决策。尽管那时的公众舆论失之于理性。中法战争给清朝朝野上下刻下了“能够挽回鸦片战争之后的各种耻辱”的印象。后来的历史证明，这只不过是一个假象。

中法战争使清朝放弃了对越南的部分宗主权，法国则加强了对东南亚地区的控制，动摇了藩属体系。以前的藩属国拥有了独立甚至和自己平等的地位，清政府对这种变化是否适应呢？对当时的清政府而言，不适应也得适应。放弃部分的宗主权对清政府来说是务实的，如果一味地坚持不放弃宗主权，不仅导致法国和其他西方列强对中国进一步联合打压，而且会丧失藩属，这些藩属则可能成为中国的边境之患，而这些忧患在后来成为现实。

然而在中法战争中，清朝展示的潜力却不可小视。清朝虽然无强大外攻之力，但内防却绰绰有余。外攻则陷入灾难，内防则可保自强中兴。中法战争也说明清朝需要和平。中法战争至少稳定住了清朝在英、法、俄之间博弈日益丧失主权的态势。

中法战争使清朝认识到，最大的灾难不是封贡体系的崩坍，而是西方团结起来一起孤立自己。法国也没有获得在中国西南部分的主导地位，而且法国在欧洲列强面前丢尽了脸，先是败于普法战争，后在软弱的清朝面前也没有占到便宜，应该属于窘迫的地位。然而，清政府在连续败了几场战争之后，突然在和法国这个欧洲强国的战争中获得了一些胜利，清朝便认为，只要学习好科学技术而不需要学习西方的制度与文化就可以对抗西方，这是清朝在中法战争后犯的最大的错误。中法战争维护了封建制度的稳定性，也就是说使封建制度重新燃起了自信。实际上，只要制度和文化没有改变，西方列强对中国的定位就不会改变。

中国经历了中法战争后，中国主导的封贡体系开始动摇，东亚地区秩序开始全面重构，而且直到现在也没有出现稳定的秩序。这证明了任何一个地区秩序重构都不可能脱离域外大国的影响。

中法战争不仅仅是洋务运动使清朝国力增强的结果，更是国际全球战略格局演变的一个结果，甚至会影响到国际战略格局。普法战争使德国统一，而统一后的德国改变了欧洲，也改变了世界。中法战争的结局使法国更加孤立，国际影响力再也无法达到拿破仑时期。法国面对德国处于弱势，英法矛盾彻底消失，英俄矛盾取决于德国的战略取向。此时的中国面临着新的世界秩序，还面临着日本这个邻居的巨变。

## 坠入深渊：甲午战争

迅速取得对清国的巨大胜利，居于任何时候均可对敌国提出我国要求的地位。

——日本前首相伊藤博文致天皇书

一个弱者在强者当中应接不暇地左支右绌时，自然会受到更多威胁。在中法战争中，清朝并没有将战场胜利转化为政治进取，便不可能出现完全改观自己的战略态势，这无疑刺激了其他国家的野心。刚刚发展起来而又资源稀缺的近邻日本，便对地大物博的清朝产生觊觎之心。中法战争后成立的“北洋水师”[①]对日本具有一定的震慑作用，但是阻止不了日本对中国台湾和朝鲜的野心与狂妄，使得中法战争后的东亚封贡体系面临更大的动荡。这标志着清朝经历两次鸦片战争后，又重新面临一个前所未有的危机。在一个弱肉强食的丛林世界里，任何的妥协退让，特别是又弱又富的国家如此举事，必将产生更大的危机。

中日两国为近邻，而且日本长期以中华为师，似乎给人的感觉是二者应当为“同类”。从表象上看，它们各自的历史似乎并无多少差

① 北洋水师，或称作北洋舰队、北洋海军，是中国清朝后期建立的一支近代化海军舰队，同时也是中国清代政府建立的四支近代海军中实力最强、规模最大的一支。实力曾是东亚第一，世界第九（这里采用当年《美国海军年鉴》的排名，前八名分别为英、法、荷、俄、意、普鲁士、西、奥斯曼）。北洋水师1888年12月17日于山东威海卫的刘公岛正式成立。在1894-1895年的中日甲午战争中全军覆没，它标志着洋务运动的失败。清政府也因此签订了中日《马关条约》。

异，都是由战国之乱走向大一统。实际上，两国民族本质差异极大。中国大一统经历的大多数是王朝更迭，民众对中央王朝的认同，均是起源于武力导致的内战胜利和对社会稳定的诉求，并不是出自于内心的精神景仰。日本经历过战国时期走向大一统后，并没有出现任何王朝更迭，更多的是中央王朝与地方的封建藩主之间权力博弈，而高层争斗并不为普通百姓所知。当天皇削藩成功、集中权力后，日本国民无论是从权力层面，还是精神层面，都对天皇忠心景仰。日本国人只承认天皇一个权威。这样的差异，就导致了中国想走上变革道路，短期内难以举国一致，而日本要想走上新的道路，却很容易举国一致。更加令人惊奇的是，作为邻国，二者根本对对方没有深刻了解，中国根本不屑于去研究日本这个“蕞尔小邦”，而日本虽然向中国学习，却只是学习那些经过封建皇帝有选择改造的“汉唐文化”，同样昧于中国之内部深刻现实。所以，不同的历史与内在文化，即使是相同的现实境遇，中日两国也不可能走上相同道路，而不同的道路选择，在双方对彼此肤浅的认知下，开始发酵。

虽然清朝和日本几乎是同时开始向西方学习，但是清朝的洋务运动与日本的明治维新具有相当大的差别：日本想通过明治维新使自己成为一个类似于西方般的国家，无论是从服饰等微观的生活方式，还是从国家顶层政治经济体制都在模仿西方，甚至鼓励本国人口与西方人通婚，以改变自然基因。可以说，明治维新之初的日本是从心底里敬佩西方的。而清朝不尽然，清朝不愿意完全丢弃祖宗之法，极力在继承传统和学习西方之间取得平衡。所以，日本不但学习了西方的技术和制度，还学习了西方的开拓精神，开拓精神加上资源稀缺的危机感，变成了积极的战略。而清朝只注重学习技术，制度和思维方式还停留在传统层面上。

为什么出现这些差异，主要基于以下原因：

首先，日本为单一民族，而清朝为多民族，为了保持民族之间的和谐相处，巩固统治者统治地位，清朝不可能像日本一样向西方学习。一个多民族国家走单一民族国家道路，无疑会带来心理上的抵制。日本没有清朝那样的财力、物力和人力，但有清朝所不具备的变革意志。尤其是国家顶层内部，清朝权力体系的顶端有着各种主张的派系，既有主张变法的，也有反对变法的，主张变法者中，又有着不同主张，使变法本身成为权力博弈的手段，而不完全是为了利国利民的国家转型；反观日本，国家顶层一致赞同变法，对于变法的重点、步骤、内容等，上下达成一致，使向西方学习的明治维新成为民族转型和国家走向强大的根本举措。这样导致的结果是：日本因为民族自尊心和历史包袱都不如中国那样沉重，比中国善于变通，当中国正在固守自身认为的优点时，日本几乎是颠覆性地改造自己，向西方学习的能力和意愿远远在中国之上。可以认为，日本民族凝聚力和对先进文化的渴望与学习，迸发出了巨大的国力，使得它们具备了扩张的野心。

其次，从地理上看，中日之间本来应当比它们与西方国家之间更加容易取得一致，然而，双方导致敌对的根源从甲午战争开始前便已埋下，至今仍然没有消除。清朝和日本之间不同的历史基础、文化基点以及其国内的权力机构选择不同的发展道路，在那个弱肉强食、人人自危的时代，注定了清朝和日本之间的关系不可能一帆风顺。

封建时代的中华民族习惯了居于中心和主导地位，令邻居来景仰自己，一心一意地坐享别人向自己称臣带来的权力地位的优越感，甚至在心态上“自觉”得轻视那些“不听话”的邻居们。优势心理导致的最大错误就是按照自己的思维方式和道德标准对他人行为作出评判。自古以来，中华民族总是将目光狭隘地聚焦于自己内部矛盾，几乎从来不去研究邻居们的习性。在对待日本的关系问题上，这一弱点使自己付出了惨重代价。历史上一贯轻视日本的心态发酵为错误的政策取向，按照自己的设想来一厢情愿地制定对日之策。

清朝没有考虑到，清朝与日本同时发展，中国人多物博，市场庞大，完全可以利用西方的先进技术和管理经验自强，日本则不可以，日本人多物稀，国内根本不足以形成独立成型的发展空间，只能向外扩张。在一个“论势不论理”的弱肉强食的时代中，清朝不应当期望日本不从中国身上获取它之所缺。当然，清朝最大的不足是自己的弱小。作为邻居的日本，如果看到中华民族持续强大得不可轻视，那么它一定会继续向中国学习，甚至和中国一起排斥西方、对抗西方。但近代以来中华民族的历史遭遇所暴露出来的弱点却令日本既非常失望又轻蔑。而清朝昧于日本的变化，对于日本仍然停留在“蕞尔小邦”的认知上，所以当日本表现出明确的战略意图是要和清朝平起平坐时，对于习惯当日本老师的中国而言，心态上是难以接受。而日本又认为清朝已经衰落腐朽，完全可以战而胜之。双方如此心态，必然会走向日益升级的敌对。

学生转投老师比起老师“屈尊”变成学生要容易得多。日本的姿态可以放低，不是因为它比中国优越，而是它从来就是一个学习者，它从来没有享受过权力地位带来的优越感，这也为日本带来了致命的问题。正是因为这种历史，日本可以领先于中国，但从来不知道怎样去当好一个领先者，使中国心悦诚服地拜日本为师。所以，日本从近代开始比中国强大，但从来没有令中国感到心服口服，即使中国在“二战”前与日本的对抗中总是处于下风，即使在冷战开启直到今天的大部分时间里，日本的经济和科技都比中国发达。日本从一开始就想做强者，而不是成为中国德服的老师，这使得中日之间不可能和谐。日本想脱亚入欧，结果既不可能被欧美接受，又难以使中国亲近，这注定了日本开始便处于孤立境地。即使有外在的帮手，那也是因一时之术，而不是谋盟邦之略。

随着德国统一，英法俄开始被欧洲事务牵制，清朝与欧洲列强关系趋于稳定，清日关系尚处于辨识当中。清朝的东部和南部有英法威胁，在西部和北部又面临着一个贪婪的俄罗斯，自然不愿意再增加一个对手。所以，日本在中法战争期间染指中国台湾和朝鲜的行动虽然令清朝愤怒，但是清朝希望日本最好成为自己制衡西方的帮手，即使成不了帮手，也可以被利用来缓冲西方咄咄逼人的欺诈，如果再降低期望，那至少也应当使日本在中国与西方之间取得平衡，而不是将日本推向西方。从常理和逻辑上看，这种想法是最优化的，但从根本上来说是错误的，因为清朝没有认识到日本真正的意图。

当时，清政府视西方列强为主要对手，而不是伙伴，总想利用新的力量对其进行制衡。要实现清日友好，清朝就必须付出巨大的代价，答应日本的条件，而日本的战略意图是加入强国俱乐部，将中国“吞下”。所以当清朝以真诚的和平愿望和少许的物质期许来“哄着”日本，又用北洋水师来震慑日本时，当然不可能使日本改变对中国的态度，反而激起它从中国获取所需要的能源和市场、金钱和土地的强烈欲望。

即使清朝想完全以强硬和压制态度对待日本，也不具备内外条件。因为清朝同时应对英法俄已经非常吃紧，何来精力对付日本呢？而且从外部条件看，作为清朝市场上的既得利益者，西方列强根本不希望清朝将日本踩在脚下。在东亚获得强势地位的清朝，既可能获得日本的支援，更可能在稳定东南和收复新疆之后跟西方叫板。对于西方而言，中日之间形成新的平衡是最为有利的局面。因此，当西方认为中国比日本强势时，自然希望既保住在中国的市场，又不希望中国将日本这一小国踩在脚下。

相反，日本却有足够的条件对中国施以强硬和蛮横之策，因为中国难以顾及日本，而日本因西方在东亚的平衡之意图得到西方的支持。西方此举并无远见，“一战”和“二战”已经证明，西方扶日抑中，是为自己培养了一个凶残的敌人，而不是帮手。当然，在那个时代，西方即使有如此远见卓识，也不可能付之于实施。

中国制约日本的有效办法不多，强硬对之，日本不退缩，而又遭到西方打压；僵持下去，又可能破坏自强中兴大局；妥协对之，日本又欲壑难填，在国内国际的面子过不去，而且又会招来更多的欲壑难填者。清朝对日本的态度处于矛盾和犹豫当中，这使日本更加难以抑制对中国的贪婪之欲，从而更难和中国友好相处。双方这样的互动既使中国难以对日本产生好感，又让中国失去自我反省的内在条件。清朝对日之策，缺乏真正的深刻反省，要么以言语攻击而忽略战略收益，要么以迂腐的真诚和平愿望意在感化对方而忘记战略环境的残酷现实。

清朝是西方垂涎欲滴的大市场，而日本并不具备这样的诱惑力。虽然他们二者骨子里都排斥西方列强，但日本旨在全盘西化明治维新使之免受西方的政治和军事打压，而清朝排斥与防范西方列强心态明显，导致清朝不仅要防范西方列强，还要防范日本。所以，清朝不仅是因为轻视日本，更是因为没有足够精力来防范日本。而日本却认为，自己仍然无法与西方抗衡，但可以通过从中国身上获得利益强大起来。所以，日本只有清朝一个主要对手。政策取向上的不对等，使日本更加咄咄逼人，清朝针对日本的一些举动，只能警惕、防范，甚至为息事宁人而让步，并无有效压制。

清朝对日本犯下的最根本错误，就是没有利用洋务运动所形成的与西方的共同利益来孤立日本，反而使西方偏向于日本。清朝的洋务运动只顾及创造社会财富和发展科学技术，并没有也不可能与西方产生心理认同，当然也就不可能指望在清日关系上得到西方列强的支持。清朝在洋务运动中单纯地注重物质财富的积累，使中国与西方变成了赤裸裸的现实利益交换关系。当西方有利可图时，便赞美清朝；当违背利益时，便是刀兵相向；当清朝需要帮忙时，便狮子大开口。这说明清朝内在的思维方式并没有因为环境不断恶化而改变，仍然僵化地理解与西方的关系，认为西方对自己赎款割地，不怀好意，即使是与西方发展互惠的贸易也是形势所迫。对手就是“对手”、朋友就是“朋友”的简单思维使清朝难以在当时的国际环境中游刃有余。在同时代较为高明的外交家、政治家，如李鸿章、张之洞、奕䜣等人，提出“以夷制夷”，无非是很容易被西方看透的现实主义的应对危机之术，而非能够灵活把握形势走向的根本之略。

洋务运动使清朝尝到甜头，引进和模仿技术的潮流发展下去，如果按照正常的逻辑，早晚要学习西方的思想文化、制度模式。然而，清朝并没有看得如此深刻和长远，基本是以应对之术来谋求将伤害降至最低。在这种情况下，清朝面对日本，就像是一个疲劳、孤立的大象面对一只精力旺盛、没有后顾之忧并正在走向壮年的野狼。

清朝和日本之间，如果有一方认为自己不是对方的对手，也许会出现和平局面，但现实是中国和日本都认为自己可以战胜对手。中国视日本为蕞尔小邦，日本认为中国徒有其表。双方都在准备着与对方的冲突，只等着有哪一方准备好，哪一方就会挑起战争。甲午战争是从海上爆发的，双方都认为是对方先开火。其实，追究哪一方先开火，已经没有意义。值得注意的是，中日双方之间的区别不是对对方充满敌意的认知，而是开战前的准备及其所决定的开战时的心态。

无论是从结局还是从过程来看，日本无疑准备得更加充分和高效。中国在顶层便开始人心不齐，主管前线作战和负责具体外交事务的北洋大臣李鸿章，受到诸多掣肘，而日本则是举国上下都弥漫着与清朝决一死战的气息。日本有着一套清晰的战略规划，对于战争的步骤、主要战场、开战后的军事与外交配合等问题早已经过细致的研究与完善，而中国却是在战争过程中走一步看一步，步步应对、步步被动。

从某种意义上看，甲午战争实为弱者之争。但战争的地缘政治效应却超出两个国家所能考虑的范围，涉及朝鲜、中国台湾、中国东北、琉球群岛。从世界范围看，除了欧洲大战之外，其余战争均无如此广泛的地缘政治效应。

作为强国，看着弱者之战，无非是想待价而沽、收渔翁之利。但是，甲午战争出乎西方列强意料的是，两个弱者竟然引发了如此广泛而复杂的利益瓜葛，以致列强有些茫然。更加令西方列强咋舌的是，战胜国日本所提出的苛刻条件并获得清朝接受。日本对中国的苛刻条件前所未有，即使是在法德世仇之间，战胜者对战败者也无如此苛刻残酷的割地赎款。

甲午战争之于亚洲，正如普法战争之于欧洲，突然之间，地区的地缘政治中心陡然变化。但清朝却不如法国幸运，清朝被列强彻底轻视，日本却成为列强的注视对象。

甲午战争也反映了清朝在西方列强战略中的地位。西方列强怀疑清朝在偿还甲午战争赎款时，是否还有足够能力满足西方列强的利益。如果清朝因为甲午战争赎款而彻底经济崩溃，对西方列强来说也不是好事。而西方根本不希望与清朝仅一海之隔的日本对掠夺清朝的资源、市场和特权有“近水楼台先得月”的优势。这一判断见证就是“三国干涉还辽”[①]。法国、俄罗斯、德国鉴于日本在甲午战争之后对于赔款和领土的贪婪，担心各自在华利益受到损害，因此共同要求日本归还甲午战争后要求清朝割让的辽东半岛。“三国干涉还辽”的成功，并不是中国的胜利，而是因为日本对于世界格局的肤浅认知。尽管在战争过程中，日本也担心列强们的干预，但是在胜利后，日本却忽略了这点。

甲午战争使中华民族跌入更深的谷底，它对中华民族的危害，其最大之处并不在于赔款割地，而是历史上长期处于“天下中心”的最后一点自信与自尊也丧失殆尽。以前清朝还认为自己弱于西方列强，而如今又被千年来的弱者击败，其中痛苦不言而喻。前所未有的挫败感促使清朝开始真正反思自己，除了技术不如人之外，还有哪些方面不如别人？应当如何通过新的自强来挽救危机？

## 救赎失败后的重生：从戊戌变法的夭折到宪政改革的中断

只观察国家的内部情况，是不可能认识国际政治的。

——肯尼思·华尔兹《国际政治理论》

甲午战争，老师败于学生，是前所未有的痛苦，自然会催生比洋务运动更为深刻的变革，因为以前产生争论的问题已经无须再争论。光绪皇帝决心在制度和文化层面上进行变法。然而，制度的僵化和面对变化时的迟钝，使一切应对皆取决于最高当权者。当时的最高当权者不是光绪皇帝，而是慈禧太后。光绪相对于慈禧的弱势，决定了变法一开

① 三国干涉还辽（简称三国干涉）发生于甲午战争后。清朝政府与日本明治政府在1895年4月17日签署《马关条约》，割让辽东半岛予日本。六日后，俄罗斯、德国与法国以提供“友善劝告”为借口，使日本把辽东半岛交还给中国。

始便存在着诸多变数，因为推动变法的主导者不是权力最大者。

变法是基于一个不争的事实：战争失败的耻辱来自于制度的落后，制度的落后导致了教育、经济、军事等全方面的落后。清朝又掀起了向西方学习先进技术和思想的新一轮高潮，并且还开始讨论制度更新这一禁区问题。戊戌变法虽然时间较短，其开启维新这一事实足以说明，以前的洋务运动和所谓的“同治中兴”只不过是美丽和虚幻的泡沫而已。

“戊戌变法”[①]一经开启，便举世瞩目。不是因为强大而引起世界关注，而是因为战败图存而引起世界的关注。戊戌变法，在教育、经济和科技等方面的变革，无疑更加与英法相近，当然，也得到了英法等国家在心理上的认同。

如果戊戌变法持续下去，中国是否就会得到更大的国际认同，不得而知。然而，如果清朝因为戊戌变法而变得强大，最大的不悦者无疑是日本和俄罗斯。如果戊戌变法导致清朝举国动荡，日本和俄罗斯将会是受益者，而英法不会是受益者，因为它们对自我利益不同的诉求也产生了对中国不同的期待。英法是一个物质主义者，只想着自己的贸易特权和势力范围，俄罗斯和日本的想法是对中国鲸吞。

最终，戊戌变法失败了，中国又回到了过去。这说明中国长久的封建体系导致的顶层制度不可能和平地容纳新的权力更替。戊戌变法的失败，使清朝的国际境遇面临着灾难性后果。

戊戌变法失败的时机对清朝也非常不利。恰逢欧洲英德矛盾上升为主要矛盾，英俄矛盾开始化解，英国人用以牵制俄罗斯的英日同盟开始向制衡德国转移，法国更加倚重于英国和俄罗斯来抗衡德国，日

---

① 戊戌变法，又称百日维新，是指1898年6月11日至9月21日以康有为、梁启超为主要领导人物通过光绪帝进行倡导学习西方，提倡科学文化，改革政治、教育制度，发展农、工、商业等的政治改良运动。但戊戌变法遭到以慈禧太后为首的守旧派的强烈抵制与反对，1898年9月21日慈禧太后等发动戊戌政变，光绪帝被囚至中南海瀛台，维新派的康有为、梁启超逃往、日本，谭嗣同、康广仁、林旭、杨深秀、杨锐、刘光第共6人被杀，历时103天的变法失败。戊戌变法是中国近代史上一次重要的政治改革，也是一次思想启蒙运动，促进了思想解放，对社会进步和思想文化的发展，促进中国近代社会的进步起了重要推动作用。

俄在中国东北的争夺使中国雪上加霜。尤其是英日同盟的出现和日俄之间在中国东北的争夺，中国利用列强矛盾的空间缩减至洋务运动以来最小。清朝在洋务运动时可以利用的列强矛盾已经基本消失：英俄矛盾冰释，也就不可能利用英国来抗衡俄罗斯。此时的清朝就像一个流落于街头的病弱孤寡之人，任人摆布，日本和俄罗斯对中国的欺侮达到了历史的高峰，而且缺乏其他西方列强的制度和心理认同。

戊戌变法虽然只有百日上下便停止，而且诸多举措几乎一是夜之间得以废除，然而，舆情却没有因为停止变法而消失。因为甲午战败后的社会舆论成为戊戌变法的基础，而戊戌变法又开始释放对舆论的管制。舆情日益重要，在政治上导致了地方政府具备更多的对外事务的自主权。放开了地方，也就放开了政治和经济活力，这也许令清朝统治者始料未及。但西方列强却利用了这一点，深化和扩大了与中国的贸易。西方列强对中国的中央政府的交往诉求开始弱化。清政府也只好顺应舆情，开始允许、最终在实际举措上鼓励地方政府因地制宜自主发展。

专制制度的根基开始松动均是从公众舆情形成开始的，公众舆情的出现是中华民族开始进入实质巨变的起点。以前所有朝野言论均由中央朝廷统揽，这是封建社会存在两千年以来的制度，并且已经成为中国独特的政治文化。历代皇权，都把地方政府的自主权看成一个敏感问题，因为所有治乱兴衰，皆因中央与地方之间如何权力分配而起。虽然在镇压太平天国和捻子军时，清政府曾经鼓励曾国藩等人发展地方武装，但最终收回权力。而今，中央政府却是鼓励地方政府自主。西方政府和商业力量，直接与地方政府打交道，免去了与中央政府打交道的诸多障碍，从而开始使中国的地方经济更全面地焕发出市场的活力。这使得清朝更加进一步融入了当时的国际社会。

当然，地方政府的独立性，在政治上也导致了一些弊端，当遇到清朝与西方列强出现矛盾时，各地方政府便在西方列强在中央朝廷之间左右为难，名义上要服从中央朝廷，但又不愿意开罪于西方而损失利益，这使清朝一旦出现危机，便难以举国之力来应对。

西方对中国地方政府的影响力不断增强，在中央朝廷看来，西方是在不断深入干涉其权力体系的内部事务，中央朝廷日益对西方不满。而西方希望中国打开更多的市场，不希望中国重回封闭老路。因此，戊戌变法失败的后遗症开始显现。

戊戌变法失败是一场灾难，对清王朝的损害不亚于一场战争失败。西方列强认为中国人根本没有自强的意志和自强的能力，从而进一步蔑视清朝，使清朝遭到孤立的同时，公然开始介入内政。在戊戌变法之前，两次鸦片战争、中法战争、收复新疆和甲午战争，西方列强从未真正介入中国顶层权力体系内部事务，只是赔款和割地。而西方在戊戌变法后居然干涉到了中国权力体系顶层，直接导致顶层权力体系动荡，这无疑是在撬动清王朝的政治根基。西方列强开始绕过中央朝廷与地方政府接触，使传统上应被地方政府视为最高权威的中央朝廷的自尊心受到伤害。光绪皇帝在戊戌变法中各种举措以及显示出来的国家形象可能被西方列强认同，因而戊戌变法的突然结束令西方列强感到不可理解和难以接受，所以当光绪被软禁，慈禧太后重新主导朝政后，西方人并不买账。日积月累下来，冲突已经在所难免了。

当发生了一名低级军官在北京街头砍杀德国驻华大使的严重外交事件时，矛盾彻底爆发。清朝同时向11个国家宣战。当然，根源不是外交事件，而是清政府对西方列强日益不满。毫无疑问，以清朝的国力，向11个国家宣战的决定不是建立在理性地分析利益与尊严的基础之上。

战场胜负其实在战前便可知其结局，当西方列强联军打进北京时，清朝与西方开始谈判。此时的清朝出现了一个奇怪的局面：西方列强，尤其是英法和新崛起的美国在中国的东南有着广泛的利益，当时主政的张之洞和李鸿章等人，并不主张与西方开战，所以正当清朝的京津地区、山西、陕西等地战火纷飞时，而李鸿章、张之洞、刘坤一等重臣管辖下的东南各省却和西方人把酒言欢，互相做着生意。此时清朝虽然已经不可能以举国之力迎敌，但无疑可以在已经千疮百孔的清朝国土中保留一方平安，甚至一方繁荣，以维持清朝的体面，当然也维系着处于战争状态的清朝与西方列强之间沟通的渠道。

清政府与西方列强开战完全是感情多于理性，这反映中华民族刚刚全身心进入国际社会的不成熟，依据自己的感情来应对复杂的国际事务。然而，随着西方在清朝利益不断扩大，一个充斥着混乱、饥荒的清朝无疑是西方不愿意看到的，尤其是对英法和刚刚崛起的年轻的美国而言，损失巨大，但西方列强必须因为清朝的"错误"对其实施惩罚。

所以，"《辛丑条约》"[①]出现了，赔款自然不可少，然而，条约中的主要条款却反映了西方列强对清朝的真实意图。它们只是要求清政府严惩主战派，并没有要求清政府回到戊戌变法的轨道上来。这主要是因为西方国家之间对中国的意图不同，各怀异志，而且矛盾不可调和，又不想摊牌。

《辛丑条约》对清政府权威的损害是空前的，因为条约规定，外国军队可以进入京津地区，在部分大城市，各个外国享受治外法权并拥有后来被称为"国中之国"的租界。在巨大的压抑和危机感驱使下，清朝决心要进一步变法，这次变法和洋务运动、戊戌变法的目标都不一样，这次决心使清朝成为一个正常国家，加入主流国际社会。

耻辱越大之下的变法，决心越坚决，而阻力越小。这不仅是因为清朝在西方列强面前不堪一击所导致的痛苦使变法思想得以统一，还得益于《辛丑条约》要求清政府严惩鼓动宣战的大臣，他们中大部分思想保守、反对变法。

鸦片战争后的洋务运动，甲午战争的失利证明其是失败的，国际社会不仅轻视中国的革新能力，并质疑中国是否是真心愿意进行痛

① 《辛丑条约》，亦称《辛丑各国和约》、《北京议定书》，是中国清朝与英国、美国、日本、俄国、法国、德国、意大利、奥匈帝国、比利时、西班牙和荷兰在义和团运动失败、八国联军攻入北京后签的一个和平协定。条约签订于光绪二十七年（1901年）七月二十五日，辛丑年，故名辛丑条约。《辛丑条约》是中国近代史上赔款数目最庞大、主权丧失最严重的不平等条约。条约规定：（1）中国赔款价息合计9.8亿两白银（历史书上记载的是赔偿4.5亿两白银，这里是共计），（2）划定北京东交民巷为使馆界，允许各国驻兵保护，不准中国人在界内居住；（3）清政府保证严禁人民参加反帝运动；（4）清政府拆毁天津大沽口到北京沿线设防的炮台，允许列强各国派驻兵驻扎北京到山海关铁路沿线要地。该条约标志着清政府完全成为帝国主义统治中国的工具，中国彻底沦为半殖民地半封建社会。

彻变革；而戊戌变法的夭折，使西方人心中的质疑得以证明。西方列强认为，清朝缺乏变革能力是因为骨子里根本就是排斥变革。而经历了战败屈辱和两次变法的失败，清政府内心已经完全明白，没有西方列强认同，内部事务都很难推动。因此，此次变法，不仅较前两次更加深刻广泛，而且决心更大，更重要的是特别重视西方人对变法的印象，其改革对象直指朝廷和国体。

晚清宪政改革无疑是长期受屈辱后最强烈的自救。作为最高当权者的慈禧也首次公开表态："取外国之长，乃可去中国之短；惩前事之失，乃可作后事之师。"从这个表态来看，宪政改革的愿望是真诚的。然而，清政府并无先行经验可循，基本途径是向外国学习。而且仅仅解决宪政改革的基本目标和途径远远不够，还有诸多棘手的问题需要解决，这些问题的解决直接决定着宪改的成败。其中最为核心的就是：向谁学习？怎样学习？怎样汲取前两次变法的经验？这些问题的解答都没有，也不可能有一个明确的预想。

以前是别人将自己当作老师，今日是被别人欺侮后，将别人当作老师。这是中国封建制度两千年以来首次从内心中低下高傲的头颅，向内心中曾经蔑视的蛮夷学习。这种学习的主动性是建立在屡战屡败后的自信心消失殆尽而怀着自卑感的基础上的，使此时的中华民族面对西方的自信丧失殆尽。

然而，内在的自信心丢失并不代表外部价值亦丢失。在国际社会中，中国虽然是一个弱国，但却是任何一个西方列强都不能忽视的国际力量。这主要是因为列强之间的矛盾开始有新的激化。美国、德国、日本等新兴力量崛起之前，英法俄等传统列强有自己势力范围，互不干扰，尤其是克里米亚战争之后，战略格局业已稳定。然而，随着美国、德国、日本这三个新兴强国的出现，它们获得与英法俄的同等实力，但却没有同等地位。这使大国俱乐部成员数量增多的同时，新老俱乐部成员之间在旧矛盾的基础上，又增添了新的矛盾。

日本在东亚的崛起直接导致了日俄矛盾，间接导致了美日矛盾；德国的崛起和采取咄咄逼人的政策，在原有法德矛盾的基础上导致了英德矛盾、德俄矛盾；美国经济实力的强劲增长和金融扩张导致了美英在世界范围内的贸易地位和金融中心地位的竞争。这些错综复杂的矛盾反而使准备进行改革的清朝成为列强争夺的对象，因此清朝又有一个相对和平稳定的国际环境，这有利于推行改革。

但是，封建制度中两个固有的弊端和外部的一个恶邻，使改革最终胎死腹中。封建制度最大的弊端有两个：

一是整个政权体系能否保持稳定，甚至整个国家能否保持稳定，不是取决于封建制度本身，而是取决于皇权能否稳固，或者行使皇权之人能否始终保持足够的权威。1908 年11 月，宣布宪政改革后仅仅两年有余后，慈禧太后和光绪皇帝在不到24 小时之内相继去世，清朝政权顶层体系这架本已老旧的机器丧失了最核心的动力装置。从第二次鸦片战争开始，慈禧太后历经所有大事，在咸丰皇帝之后，是清朝政权顶层体系中的实质性中心人物，奕䜣、曾国藩、李鸿章、张之洞、袁世凯等一大批能臣干将在她力推下才得以发挥才干，可以说，她本人对于政局具有“一锤定音”的影响力，早已成为官员、甚至民众的精神领袖。光绪皇帝自从继位以来勤勉施政，虽然受甲午战败之责，而且推行戊戌变法功败垂成，成为有名无实的皇帝，他不仅获得国际社会同情，而且作为法理上的皇帝，并没有丧失朝野影响力。这两人一去世，便再无其他人具备足够的威信和能力来驾驭群臣和统御宪政改革全局。

二是封建制度在政治上天然的狭隘性：对所谓的异己盲目排斥与打击，导致内政外交的僵化。首先，戊戌变法后，对康有为和梁启超等人的通缉一直未废除。清朝开始启动宪政改革后，虽然立场有所松动，但并无对康梁等人谅解之意，使康梁等人利用一切场合，对清政府进行攻击，甚至有意夸大抹黑。实际上，尽管慈禧太后对其恨之入骨，但如果能够对康梁二人宣示互谅善意，不仅可以获得他们的智力支持，而且还可以在西方列强主导的国际社会中树立新的形象。其次，针对孙中山等提倡推翻清朝政权的“革命党人”，清政府始终将其看成死敌。虽然孙中山等人视推翻封建制度为最终目标，与清朝政权和制度势成水火，但因为自身制度的狭隘，国内越来越多的知识分子，日益同情和理解孙中山，甚至有部分官兵支持孙中山。对政敌的僵化态度实际上是动摇自己的政权根基。这是封建制度的通病，不是清朝的“专利”。从实际来看，康梁和孙中山等人，并无能力来影响西方和国际社会对清朝的态度和政策，但清政府树立政权之敌，亦是作茧自缚。再次，慈禧和光绪死后，摄政王载沣开始将所有关键岗位置于王公贵族手中，将袁世凯、张之洞等能臣干将逐一边缘化。当时诸多高级官员中，袁世凯和张之洞可谓改革的旗手和标志性人物，是决定和实施诸多改革重大举措的恭身入局之人，不仅获得国际社会认可，而且是李鸿章等要人之后，能够影响朝野大局之人。而慈禧和光绪的继任者，却感情用事，对袁世凯在戊戌变法中“出卖光绪皇帝”一直耿耿于怀，而慈禧指定的摄政王载沣又是光绪皇帝的亲弟弟。袁世凯和张之洞二人被非常草率地边缘化，尤其是掌管北洋和外交、警察等强力职能部门的袁世凯被边缘化，使主政的载沣等人不仅丧失了一大批支持宪政改革的知识分子、高级官员的支持，更是将袁世凯和其坚定支持者与追随者推向了对立面。

“武昌起义”①成为“压垮骆驼的最后一根稻草”。辛亥革命终结清朝300年江山，更重要的是两千年的封建制度被埋进历史。至此，中华民族开始以新的身份在世界上出现。

如果说，从夏商周至秦汉兴起为中华民族之初生，那么清朝覆灭则为中华民族之重生。中华民族之前是内乱而导致外患，但无论王朝如何更迭，中华民族始终是秩序的塑造者、主导者、仲裁者，除非自已乱，否则绝对是强大到无任何外力来威胁自己之生存。即使有外族入侵，甚至主宰一时，也被中华民族这个大熔炉吸收、成为中华民族一份子。秦汉之时，匈奴人欺侮中原王朝，最终被打败，一部分向北、向西迁徙，另外一部分则融入中华民族；隋唐至宋之时，五胡闹

① 武昌起义是1911年10月10日（农历辛亥年八月十九）在中国武昌发生的一场旨在推翻清朝统治的兵变，也是辛亥革命的开端。起义的胜利，逐步使清朝走向灭亡。起义军掌控武汉三镇后，湖北军政府成立，黎元洪被推举为都督，改国号为中华民国，并号召各省民众起义响应辛亥革命。

中原，金国甚至使宋由北向南退却，但北方少数民族最终被归化；蒙古建立欧亚帝国，却最终四分五裂，其中一部分在中华民族的土壤中被思想与文明所驯服；明朝之时，开始海上盗匪丛生。然而，外患之于中华，正如蚂蚁撼大树，内治则痛击之，内乱方有偷袭以求小利之机。

清朝最后50年，中华民族开始由外患引起致命之内乱。这说明中华民族面临的外部世界已经发生巨变。影响中华民族安危、治乱的外部力量越来越强，而中华民族影响外部世界的意志、能力却越来越弱。自从秦汉至清朝，中华民族看待“非我族类”时，总是先入为主地认为自己是道德君子而居高临下。面对弱敌，尚可应对，而面对强敌时，却会导致颜面尽失后的手足无措。清朝的最后10年，是中华民族自信心支离破碎的开始，但自诩为道德君子的心态仍然存在，一直延续到现在。虽然它使中华民族遭遇到巨大的挫折和耻辱，但也已经成为中华民族历经磨难而始终不屈的道德力量和生存意志。世界上有很多与清朝具有同样长久的古代文明，在历经众多混乱、挫折、亡族之危后，仍然生存下来的并不多。古希腊人和古罗马人早已进入历史博物馆，犹太人流离失所两千年，阿拉伯人被分成了20多个国家，印度人早已沦为西方的殖民地。

自从鸦片战争到辛亥革命，清朝被一个比一个更强大的敌人打败而受辱。这根源于政治体制僵化、思想保守、眼光向内，而不是民族性的不思进取。是封建制度束缚了整个民族，使具备的力量难以爆发。清王朝覆灭并没有导致中华民族覆灭。这本身就预示着民族的坚强。只要生存下来就一定会有强盛之时，无论其中过程多么曲折。

## 重生的艰危：前进中的反复与恶邻在侧

我政府当之，亦唯自问以存亡二字，而无其他之斟酌也。如自愿于亡则应曰可，如不愿自亡，尚欲亡中求存，则应曰否。

——《申报》1915年5月11日

正如一个人不可能选择自己的出身一样，一个民族的新生，更不可能选择自己的历史起点。清朝统治结束，但是中华民族仍然是那个中华民族，并没有因为辛亥革命的爆发，而改变国际地位。更加残酷的是，无论民族重生如何颠覆之前的历史，都不可能摆脱历史与现实的框定。中华民族以中华民国的新身份出现于国际社会，却不得不继承清王朝的政治遗产。清朝中央集权的突然坍塌，导致各个地方政府形成自身既得利益者，从而开始各自为政。中华民国在初始便面临着内外各方面的难题。这反映了一个令人无奈的现实，先进制度代替落后制度对于一个民族而言，旧的落后制度生命力越强，而新的先进制度出现所付出的代价就越大。

制度巨变对民族的影响总是复杂的，新生制度的伟大有时会被旧制度遭到破坏时所造成的灾难掩盖。辛亥革命结束了中国几千年封建制度，中华民族由王朝变成真正意义上的现代民族国家。中华民族遇到的第一个问题就是能否得到国际社会承认，也就是说谁来代表中国，谁来掌握中国，这个争议的问题不是取决于中华民族的民众，而是取决于外国政府的态度。

立场不同的国家，对辛亥革命的态度是不一样的。欧美自然乐见中国效仿它们的制度和意识形态，但是现实利益又促使它们不希望中国发生巨大动乱，从而维护中国市场的稳定和能源、廉价劳动力。有两个国家却希望中国走向混乱——俄罗斯和日本。俄罗斯可以利用辛亥革命后产生的局部动荡，煽动少数民族中的分裂分子进行分裂活动，这不仅有利于扩张，还有利于使其他西方国家陷入麻烦，从而坐收渔翁之利。与中国近在咫尺的日本，最重要的策略就是支持中国的一部分人打压另外一部分人，造成中国社会阶层之间的分裂以扩大日本对中国国内局势的影响力。清朝实施宪政改革，明显疏远日本、俄罗斯而亲近美英法，所以辛亥革命爆发，美英法现实利益受损，而日俄的战略地位提升。

清王朝下台使中国出现了两个政治中心，一个中心是以孙中山、黄兴等人为主，他们主张中国走美国或者法国式的共和制道路；另一个中心是以袁世凯为首的前清朝重臣，他们在中国未来的道路上出现摇摆倾向，却掌握着大部分的经济资源和战力最强大的军队。习惯于大一统的中国出现了历史经常出现的怪象：每当中央权威下降甚至消失时，地方诸侯式的人物就会出现。周王室衰落，五霸七雄等地方诸侯出现；汉王朝衰落，魏蜀吴出现；唐王朝衰落，出现权倾一方的地方节度使；宋王朝衰落，金蒙少数民族坐大；元朝衰落，郭子兴、陈友谅、朱元璋等地方势力兴起。清王朝衰落，各个省的督抚们开始坐大，日渐成为决定中国政治走向的地方势力，即是地方军阀的前身。中国成为地方军阀的组合体，只是一个名义统一的国家而已。地方军阀的出现并坐大，不得不说是民族灾难，因为它使民族无法成为一个整体，在经济、文化、社会等各个方面，都难以团结一心，尤其是当中国身处险恶的国际环境时。

当时并没有明显的历史事实表明孙中山和袁世凯分别受到哪些外国势力支持。孙袁达成妥协前，为外国介入中国内部事务提供了便利。首先，孙袁二人都希望国际力量支持自己，所以，他们都会争取国际社会支持。其次，地方军阀野心膨胀，不仅不完全信任和膺服孙袁二人，还利用孙袁二人矛盾为自己争取更高地位和优势，并且越过孙袁二人直接与外国力量联系，意在取得外国势力支持。

欧美对中国的需求是庞大的市场、投资场所和廉价的劳动力商品，因此，他们需要稳定的中国秩序，需要一个能够稳定中国局势的代理人。而扩张成性的俄罗斯和近邻日本则希望中国内部不稳定，这样他们便可以更加插手中国内部事务，不仅能够在经济和贸易上提高对美英法等国的竞争地位，而且可以对在心理上亲近美英法的孙中山和袁世凯等人加强影响，增强对中国的政治影响力，从而增强自己的地缘政治地位。

但是辛亥革命爆发之际，正值欧洲战云密布之时，英法德俄没有过多的精力注意中国事务；美国身处孤立主义思潮当中，连利益紧密相连的欧洲都无心思介入，何谈亚洲；也只有日本，可将全部的外部精力集中于中国事务当中。

从孙袁两支中国最重要的政治力量而言，欧美认为袁世凯具有更强的能力和更多资本包括经济资源、军队和政治号召力来稳定中国局势，确保市场稳定；孙中山与日本的关系更加密切，他将日本当作从事革命活动的重要国际舞台之一，甚至努力获得日本的官方资助，从某种程度上讲，是日本不断保护和支持孙中山等人，孙中山才能不断发动反清革命运动。而袁世凯从担任朝鲜国王身边军事顾问开始，便与日本争斗不休，至少在感情上难以与日本亲近，完全是赤裸裸的利益交换。

当然，从辛亥革命后的政治现实出发，袁世凯明显要比孙中山更加适合成为国家元首。但基于孙中山的主张在国内获得众多呼应，当孙中山和袁世凯二人两大中心达成妥协时，中国依照新的宪法要走共和道路，这是按照孙中山等人的主张而定，而正式总统由袁世凯担任。

中国的国体制度和宪法（即临时约法）已经设定，政权顶层体系也已按照宪法开始构建，中华民族应当处于现代化的正常的道路的起点上，这应当是好的开端，但中国又出现了历史上经常出现的乱国之局。袁孙两支势力达成妥协后，本应能够互相促进和监督其权力运行，以真正实现局势稳定和国家的正常发展。但从总统之位交接开始，两支力量就互相拆台，并未在内心中相信对方能够遵守承诺，始终都在怀疑对方搞阴谋而防范对方，这种心态下自然导致双方不可能有正常的良性互动与互相促进和监督，从而难以达成权力平衡。宋教仁刺杀案的发生更使中国两方最大的政治势力之间爆发战争。宋教仁刺杀案暴露了中华民族仍然有一个总病根，并没有因为新制度的诞生而消除，顶层权力之争导致国家陷入内乱。历朝历代，在一个旧的王朝陨落之后，总会有多支势力通过武力争夺顶层权力地位。从秦之后的楚权相争直到明衰亡之后的满族与李自成之争就是最好的佐证。清王朝覆灭后，袁世凯与孙中山立即做出妥协与平衡，实为中华民族一大进步，然而仍未根除病源。争权力的拥有而不是争道路的对错。当时中国已经决定了共和之路，原本倾向于君主立宪的袁世凯也冒着遭受历史骂名的风险，在孙中山和清王朝之间取得平衡，迫使清王朝和平逊位而走孙中山主张的共和道路，只是因为中国的政治现实而需要袁世凯来担任最高权力者。

最终，当孙袁之争导致的战争爆发后，军力弱小的孙中山被打败并逃到日本后，中国只剩下一股独大的政治力量和统一于名义下的中国的地方势力。在顶层，袁世凯势力独大，没有以其他权力制约；在地方，各个地方势力开始利用国家的混乱而坐大，直至后来发展成为中央政府难以制约的军阀。此时的中国陷入了清朝王朝结束后的最混乱时期。既无内部政治势力制约，地方势力又开始坐大，袁世凯基本上靠着个人威信，以北洋为班底，保持着中国最高权力者地位，然而其政令、军令在地方却难以畅通，甚至有的地方军阀根本不交税。这种情况下，为维护和强化自己的地位，袁世凯必须获取外部的政治和经济支援，强化内在的权威。

在没有外部的国际力量来维持孙袁之间稳固的权力平衡的情况下，袁势力独大后，一无制约，二无实权，三无足够财政。此时的日本，便开始加强对中国的插足。从实际情况看，中国内乱使日本可以更深入地介入中国的内政。另外还有更便利的国际条件让日本加深对中国的介入。自从德国首相俾斯麦就职，英德矛盾使欧洲的形势越来越紧张，英法德俄全部聚焦于欧洲事务，英国需要日本在远东制衡俄罗斯和德国。日本介入中国事务的条件是得天独厚，不仅没有欧美列强掣肘，而且还有一个可以制衡美国的英国作为帮手。所以日本对中国的战略野心再一次发酵，“二十一条”[①]浮出水面，这是日本继甲午战争、日俄战争后再次想加深对中国掠夺的开始，企图逼迫袁世凯让渡更多的特权给日本，让日本在中国事务上彻底把握其他列强没有的特权地位和实质利益。

“二十一条”的根源有两个：一是日本的野心，二是孙袁之争。由于两股力量存在根本分歧，互不相让，当宋教仁被刺杀后，孙袁彻底分裂，孙中山逃亡到日本，而袁世凯的北洋独立支撑国家分裂的破烂摊子，对内难以实质性驾驭互相尔虞我诈、互不买账的地方军阀，对外在国际社会中找不到其他制衡日本的帮手，而且不能够对日本强硬，因为担心日本支持国民党拆袁世凯的台。

袁世凯最终同意签订“二十一条”，反映了国势日衰，也就是说，自清朝以来的丧权辱国的位势，在民国时期根本没有好转，甚至有所恶化。袁世凯最终称帝，国内外举世哗然，纷纷反对，只有希望中国持续内乱的日本不反对。袁世凯称帝或许是因为他认为共和制根本解决不了中国当时的问题；或许是他认为只有恢复帝制，才能强化对日益坐大的地方势力的权威，以削弱他们对中央权威的威胁而导致的中国整体性损坏；或许是他的经历根本使他难以摆脱尊崇帝位的诱惑。总之，不管是什么原因，袁世凯称帝开了历史的回头车，是中华民族结束封建制度后的前进道路上的倒退，使本已经混乱的中国更加混乱。袁世凯死后，北洋群龙无首，其内部开始权力斗争，地方势力开始明目张胆地向地方军阀的蜕变。此时，列强早已卷入欧洲战争，中国在国际社会中孤独地面对一个咄咄逼人的日本，中国主权、尊严和实际利益的最大威胁暂时只有一个日本。但是国际格局的裂变对于

① 日本帝国主义趁第一次世界大战期间欧美各国无暇东顾的时机，1915年1月18日，日本驻华公使日置益觐见袁世凯，递交了二十一条要求的文件，并要求政府“绝对保密，尽速答复”。此后日本以威胁利诱的手段，历时五个月交涉，企图迫使袁世凯签订，企图把中国的领土、政治、军事及财政等都置于日本的控制之下的二十一条无理要求，这些条款称中日“二十一条”。袁世凯等人虽然奋力反抗，但这仍然是一部丧权辱国的条约。例如将旅顺和大连都延长租借至99年，让日本人无限制向满蒙殖民等都是不可思议的。该条约的部分内容由于影响到西方列强在华利益。华盛顿会议后，美国国务卿布赖恩致电日本和中国政府，称“不能承认有损于中华民国的政治或领土完整、或有损关于中国的国际政策（即门户开放政策）的任何协定或承诺。”

中日两国而言都是巨大的冲击，不仅影响了双方的心态，更影响了双方在国际格局中的位势。

袁世凯称帝前，“一战”便已爆发。“一战”爆发时，中国是矛盾的，既有幸，也不幸，中国其实处于一个非常尴尬的地位。对于强国之间的战争，弱国总会有恐惧感。所以中国在“一战”暴发之初，慎重地选择中立，因为当时并没有任何一方具备明显的优势来证明它会赢得战争，而且战争双方争取中国的压力不大。最重要的是当时主导中国外交走向的北洋，仍然由袁世凯执掌大权，他个人有足够的威信，令北洋内部接受其外交政策走向。而袁世凯死后，当战争胶着的双方加紧争取中国时，北洋内部对于中国应当采取什么样的立场产生了争执。

随着战争扩大，保持中立不是可靠的选择。战争初期保持中立，是因为中国弱小的国力，而且交战列强都没有料到战争会长期化，所以中国对于战争交战双方而言，并无实质性重要意义，顶多是外交和政治带来的心理安慰罢了。然而，当战争长期化后，双方都正在痛苦地咬牙坚持时，中国的地位便有所凸显。这不是因为中国能够对任何一方做出决定性帮助，而是在战争处于势均力敌的胶着状态时，哪怕一个微小的外力都可以影响战争胜负的天平。随着战争的持续进行，双方对中国的争夺也开始日趋激烈。这使中国面临一个越来越紧迫的必须选边站队的问题，如果站错了边，将会是战败国，本来中国已经内外交困，如果再成为世界大战的战败国，那命运将不堪设想；如果站队正确，中国有可能减少损失，甚至获取利益，也有可能因为在战胜国集团中出力不多，反而难以争取利益，并且会得罪战败国；如果继续保持中立，那么在战后，一个弱国将会面临更加强大的战胜国，将会降低甚至失去维护自身利益的有利地位。诸多问题困扰着中国。

中国在战争爆发之初，采取中立立场是可以理解的。但在战争持续并胶着时，再根据新的战争变化形势，拖延采取新的立场却无法理解。北洋在袁世凯逝世之后，群龙无首，意见难以统一，拖延了采取正确的外交步骤的时机。战争胜负无法准确评判，也是中国难以选择的重要因素。但无论如何分析，难产的外交走向，即使产生了最后被证明是正确的外交决策，也会造成对国家的伤害，尤其是处于弱势中的国家而言。因为在参战之初的犹豫不决和左右摇摆，美国、英国、法国，甚至德国、俄罗斯、日本把中国看作是一个弱小的机会主义者，也就是因为没有坚决的态度，所以他们没有给予中国足够的支持，虽然中国参加第一次世界大战，并且没有介入欧洲主要战场，但是中国与外界的关系已经不可分割。

中国的立场并不会产生决定性意义，但对于战后如何保护和争取利益却是关联极大。当中国内部争论不下时，无论是英法俄还是德奥集团，都认为中国是墙头草，虽然他们都是对中国进行外交争取，但内心都会对中国有所反感，无论谁胜谁败，都难以与中国在利益关联问题上让步。

当其他强国爆发战争时，弱国担心城门失火殃及池鱼的心态可以理解，但是不能清楚认识自己的主要威胁以及世界的大势，却是一个错误，这其实是巴黎和会外交失败的根源。中国在战争刚刚爆发时选择中立之初，就应当明白中立立场无法保持太久，应当尽早谋划选边站队问题，何时转变、向哪边转向、以什么样的方式转向，都应尽早考虑。陷入内乱的中国无法在短时间内统一考虑这么多的问题，反映了中国对外部世界变化反应的迟钝，总是等待外部变化以后，才考虑应对之策。这样的心态如何能不被动？

中国拥有的深厚的战争文化、以及丰富的战争谋略，拥有《孙子兵法》等教育人们判断战争走向和胜负的著作数不胜数。以当时的情势，中国必须明确自己要与列强打交道才能保护自己的安全与利益，独善其身是不可能的。为什么不能在关注战争时就注重预测战争走向呢？这说明当时的中华民族仍然没有利用自己传统的智慧结晶来分析复杂的国际问题，只是一味就事论事地应对列强。

当时的中国，之于世界大战，其安全和利益来自两个方面。一是必须站在胜利者的一方，通过站在胜利者的一边来争取利益；二是必须摆脱日本这个最大、最直接的威胁，增强对日本的战略地位，至少使其难以加剧伤害自己，甚至使日本让步。

所以，中国要判断哪一方能够最终赢得战争。首先从地缘来看，德奥集团被英法俄集团置于欧洲中部，难以突破到沿海地带，纵使德国凭借强大的陆军在欧洲大陆上战胜了英法俄，英国也可凭借强大海军而立于不败之地。其次美国虽然持中立立场，但从感情和安全依赖上明显偏向于英法俄，也就是说，德奥集团的最好结局也只是战胜法俄，最终与英美和谈，一个控制海洋，一个控制陆地。再者，德奥之远洋海军与英国海军差距过大，对中国的威胁能力，英法远胜于德奥。通过以上分析，中国应站在英法俄一边。或者说，如果站在德奥一边，英法具有远洋海军可以轻易威胁中国，而站在英法俄一边，德奥海军出海都难，何谈威胁中国。另外，从能否增强对日本的战略地位考虑，站在英法俄一边，明显有利于增强对日本的影响力，可以利用英国来减缓日本对中国的压力，否则英国，甚至美国都会支持日本加强对中国的压力。其实，即使英法俄输掉战争，德国也会制衡日本，减少日本在华对德国的利益威胁。

有人认为，中国如果在一开始就宣布加入英法俄，必定有利于提高战后的国际地位。这其实是一种误导。在美国参战之前，战场形势大大利于德国，而不是英法，俄罗斯的主力陆军在坦能堡战役中遭到惨败，而在德国的西部战场，英法联军处处被动，战场被限制于法国境内，作为旁观者认为，德国很难会失败。当时战争结果不够明了，中国不可能一开始就选边站队。

中国一直犹豫到美国对德国宣战，因为担心战后被战胜国排挤而遭受孤立，才姗姗来迟地向德国宣战。此时，大局已经基本明朗，中国作为战胜国的意义自然大打折扣。当然，此时宣布加入协约国一边，仍然比固守中立要好，至少在名义上可以凭借战胜国地位争取保护自己，否则在战后彻底陷入被动。无论谁胜谁负，都不可能照顾中国，战胜国不可能因为中国中立而减轻对中国的压力，尤其是战胜国可以任意处置其他列强在中国的殖民地，中国只能是哑巴吃黄连。

中国惹不起任何一方，尤其是不能得罪更加强势的一方。所以，中国虽然选边站队有些晚，但毕竟做出了明智之举。在此之前，中国从未在境外卷入过列强之争，顶多是在列强矛盾中“以夷制夷”。而这次选边站队，是第一次参与到国际秩序重构当中，虽然时机不是最好的，但依然是中华民族在历经耻辱后，甚至在内乱中的主动作为。可以说，这是中华民族在国际舞台上首次亮相，虽然仍然是一个弱者，但已经成为国际社会中不可忽视的一员。

从整个历史而言，相对于欧美列强、日本，中国是后来者居上，但中国并没有因为落后而自暴自弃，更没有因为衰落而束手待毙。清朝在国际社会中，根本无法选边站队，从客观上讲，那时候的列强矛盾并没有激化到爆发大战的程度，只能在列强中“闪躲腾挪”式地“以夷制夷”；从主观上看，清朝也不具备在列强中选边站队的魄力。北洋政府面对的更加明目张胆和肆无忌惮的外敌日本和崇尚实力的冷漠的国际社会，能够加入国际社会的权力博弈当中。清朝是被动的利用列强矛盾来“两害相权取其轻”，而“一战”时的中国则是对利害得失进行全面分析，这也是智慧和国际视野成长的体现，这无疑是中华民族一个相当了不起的进步。

当然，中国在真正向德国宣战前，就已经表现出了倾向性。而倾向性一表现出来，英法俄便极力推动中国尽快加入到协约国阵营当中来。此时，最受触动的是日本。当中国采取中立态度时，日本始终反对中国加入协约国阵营，因为日本需要一个在战后孤立的中国。如果战后中国获得英法俄或者德奥支持，那么对于日本而言，侵占更多的在华利益将会出现巨大的障碍；而如果中国始终保持中立，那么在战后，中国将很难得到任何一方的支持，这对于日本而言，扩大在华利益将会相对便利。

当中国日益倾向于英法俄时，英、法、俄对于中国的态度表现得极为友好。对于日本而言，如果再反对中国加入协约国，那么既在国际上的对华野心表现得过分露骨，国际舆论不利，又会开罪英法俄，尤其是对于日本具有举足轻重意义的英国。所以，日本在中国表现出对德宣战的意向时，甚至表现得比英法俄还要积极地催促中国向德国正式宣战。日本在中国签订了“二十一”条后，就再无反对中国向德国宣战的必要，也是为了防止中国倒向美国，但是日本显然失算。

中国加入“一战”，最大的影响不在欧洲，而在于影响了美日关系和欧日关系。“一战”中，最为支持中国的应当是美国，因为美国并不需要日本的帮助，也能参与第一次世界大战。美国在华利益不需要日本保护，更为重要的是美国在华利益与日本冲突。日本的兵力不可能延伸到欧洲，所以英法俄只需要日本在亚洲牵制德国，确保它们在华利益。日本露骨的对华政策野心使欧洲列强对日本开始心有余悸，这弱化了日本与欧洲国家关系的基础。日本对中国的野心无疑使日本孤立于西方。“二十一条”是日本受西方孤立的起点。这种鸿沟和日本的孤立地位，只能是加深，而不可能被淡化。只是因为“一战”爆发而使日本暂时成为欧洲争取的对象，或者不愿意激化矛盾的对象。

## 否极泰来：从巴黎和会到华盛顿会议

> 最高委员会无视中国人民的存在，出卖了作为战胜国的中国，我很愤怒，你们凭什么，凭什么把中国的山东省送给日本人，中国人已经做到了仁至义尽，我想问问，这样一份丧权辱国的协约，谁能接受？
>
> ——顾维钧在巴黎和会上的演讲

战胜国只有具备战胜的实力才能获得战胜者地位。显然，“巴黎和会”[①]上的中国难以获得与其他战胜国同等地位。但这是中国第一次

① 巴黎和会是“一战”结束后的1919年，胜利的协约国集团为解决战争所造成的问题以及奠定战后的和平而召开的会议。这个和会是胜利国举行的和会，又是个大国操纵的和会。美国总统威尔逊、英国首相劳合·乔治、法国总理克里孟梭主导了和会的进行。和会上签订了处置德国的《凡尔赛和约》，同时还分别同奥、匈、土等国签订了一系列和约。它们构成了凡尔赛体系，确立了“一战”后由美、英、法等主要战胜国主导的国际政治格局。会议通过一系列措施来重塑现实政治格局，遏制德国等战败国以及苏俄，与此同时又通过筹组国际联盟来企图建立理想的国际外交规范。

以胜利者的姿态在国际舞台上出现，也是以弱者反抗日本赤裸裸的欺侮。虽然最终“巴黎和会”遭遇失败，但是“巴黎和会”却是中华民族自鸦片战争以来否极泰来的起点，因为“巴黎和会”后的国际格局发生了有利于中国的变化。

其一，第一次世界大战使俄罗斯爆发了“十月革命”，俄罗斯沙皇下台，最终建立了信奉共产主义意识形态的苏维埃政权。刚刚成立的苏联，陷入国际孤立，这使中国北方安全压力得到千载难逢的骤减。自从俄罗斯向东扩张以来，几乎每一年都给中华民族带来巨大灾难，既有贪得无厌地割地索款，还有阴毒险恶地煽动民族矛盾。中华民族对俄罗斯既不能友好相待，也不能长年刀兵相见。当备受孤立的苏联需要邻国的友好相待时，作为最大的邻国，中国对于苏联安全的价值自不待言，中国取消了俄罗斯在中国东北部的铁路及采矿等特权。由于欧美担心苏联成立后退出战争，甚至向德国投降而与协约国为敌，包括日本在内，都希望苏联政府倒台，重新使俄罗斯站在自己的阵营。此时的中国，在毫无力量与日本抗衡之时，可以利用这段时期采用强力手段镇压北部边境内的民族叛乱分子。因为外蒙古独立势力，失去了俄罗斯这个最强大的外部支援，北洋政府得以采用强力手段扼杀外蒙古的独立倾向。

其二，第一次世界大战孤立了日本，使日本与美国、英国的矛盾得以发酵。日本在中国问题上过于强势，伤害到了美国在中国的利益与地位，美日矛盾开始浮显。另外，俄罗斯和德国分别战败而衰落，英日同盟存在的外部基础已经消失。英国基于美国的强大的经济实力和金融实力，当美国与日本矛盾微妙之时，维持英日同盟的意愿急剧弱化。当西方需要日本共同武装干涉苏联时以免俄罗斯退出对德战争时，日本尚有价值，而一旦大战结束，无须日本帮助抗衡俄罗斯时，日本不仅与中国关系恶化，在美英等西方列强面前，由具备一定价值的盟友变成潜在对手，而且苏联也不可能与日本友好。

“巴黎和会”后的日本，处境非常尴尬，中国内心中并没有屈服于日本。日本在苏联成立之初向苏联表示愿意单独处理西伯利亚，不仅遭到苏联敌视，而且还因此激怒了美国。如果让日本单独处理西伯利亚的行动成为现实，日本将由东北一直扩大在中国的力量，不仅使苏联利益受到损害，并且对美国造成更加大的威胁。

“华盛顿会议”[①]成为美国埋葬日英同盟决定性的一步。如果说“巴黎和会”的中心是欧洲地区的问题，那么“华盛顿会议”的中心却是亚太地区的问题。美国利用“华盛顿会议”来压制日本，塑造自己在亚太地区的地位。“巴黎和会”种下了欧洲战争的种子，“华盛顿会议”种下了太平洋战争的种子，使德国和日本成为对既定秩序最强烈的不满者。

“华盛顿会议”后，尽管中国对日本处于绝对劣势，但是无论在海上还是陆上都能够获得一些支持来制衡日本，在海上，是美英，在陆地上，则是刚刚成立的苏联。

其三，中国在“巴黎和会”中拒绝列强将德国在山东特权转让给日本的坚定立场，使得美英法等国对中国开始另眼相看。从此以后，中国一直是美英法等主要国家承认的独立主权国家，为以后中国积极参加战后成立的国际联盟，提高自身国际地位奠定了较为可靠的基础。第一次世界大战后，中国是唯一一个和列强能够对等进行外交事务的弱国。另外，中国虽然对德国宣战，但并没有为难德国，这使德国在心理上也认同中国。这使中国的国际环境处于一段较好的时期。

当段祺瑞、冯国璋等北洋最后具有权威的人退出历史舞台后，地方军阀已成尾大不掉。虽然北伐战争后名义上统一的南京国民政府在国际上得到承认，但只是中国混乱局面中妥协的产物，当时并没有一支政

① 华盛顿会议（1921–1922），第一次世界大战结束后，美、英、日等帝国主义国家为重新瓜分远东和太平洋地区的殖民地和势力范围，由美国建议召开的国际会议。亦称太平洋会议。1921年11月12日至1922年2月6日在华盛顿举行。有美、英、法、意、日、比、荷、葡和中国北洋军阀政府的代表团参加。中国问题是会议重要议题之一。中国政府《十项原则》，要求尊重并遵守中国“领土之完整及政治与行政之独立”，却又赞同美国要求中国实行的“门户开放”政策。华盛顿会议签订的各项条约和通过的决议案构成华盛顿体系。这一体系是在承认美国占优势的基础上，确定了凡尔赛体系未能包括的远东、太平洋区域的帝国主义国际关系体系，它是凡尔赛体系的补充（见巴黎和会（1919））。但它并未消除帝国主义之间的矛盾。此后,美日两国之间在远东及太平洋地区的争夺愈演愈烈。

治力量真正有决心、有意志、有能力来统一中国。

中国最严重的外患便是日本。它不仅占领着台湾，将中华民族最具有价值的海上岛屿控制于手中，而且时刻地威胁着中国东北、华北的安全。最严重的内忧是地方军阀，已经成为中国难以根除之顽疾。各个地方军阀自成一体、互相争斗，使中国难以团结，容易为日本所乘。地方军阀之间的争斗使中国重新又成为列强势力渗透的重要场所。从中国当时的政治生态环境而言，中国政治势力之间不团结，使中国难以对抗日本的威胁，因为日本总是能够找到中国境内的帮手来对中国各政治势力进行制衡。

所以，那时的状况是中华民族的领土被恶邻所占，内部不团结，各有各的利益、各有各的主张，名义上统一的民国中央政府开始腐败，内部派系林立，互相掣肘。强势的政治势力成为外国利益的代言人，各个地方军阀各自背后有不同的外国势力，而主张其他路径的中国发展道路的政治势力，又与外国具有千丝万缕的联系。这是中华民族在那个时期内处于水深火热的根源。

在这种情况下，中华民族要想强大起来，务必做好两件事情。一是彻底消除日本对中华民族的侵占，获得国际社会中与其他列强对等的国际地位；二是将各种政治势力凝聚起来，共同致力于国家建设。中国与国际社会已深入交融，使得两件事情必须共同推动，如果一件事情中，哪怕出现一个微小的波折，都会导致两件事情遭受重大挫折。

然而，当时中国面临的内外环境都不具备完成这两件事情的条件。

其一，意识形态斗争使国际社会更加复杂。

苏联的成立，一种新的社会制度代替旧的社会制度，基于苏联的地缘政治地位对于欧亚大陆腹地与欧亚大陆东端的意义，“十月革命”不亚于法国大革命、1848年革命对于西欧和中欧的意义，这种影响自然会扩展到邻近的中国，也就不可能不影响到中国的路径选择。

此时的中华民族并没有因为有了一个统一的受到国际社会承认的并且具有全国性号召力的民国政府而开始走上正常的发展轨道。不过，国民党的确需要与邻近的苏联稳定关系，但因为各种原因，俄罗斯时代累积下来的关税、铁路、矿藏等一系列问题都没有得到很好的解决，这为以后中苏关系增加了变数。

出于意识形态对立的原因，美英和苏联之间的意识形态斗争反映在中国身上，因为中国共产党的成立，使中国有可能按照苏联的意识形态来规划自己的道路。虽然最终的历史也证明了那种意识形态的胜利，但是那个时候，走社会主义苏联的道路，却只是中国可以选择的道路之一。在大多数中国人看来，无论走美英道路，还是走苏联道路，甚至走日本道路，都处于懵懵懂懂当中，没有一个绝对强势的政治力量可以统合。所有政党都有自己的道路选择，同时还有那些固守自己既得利益的地方集团。所以，中国在国际上的位置也是矛盾的，一方面不断兴起的共产主义运动使当时中国所有政党都不能忽略来自苏联的影响，所以作为执政党的国民党开始一边维持和美英等西方国家传统关系，一边又极力发展中苏关系。这影响到了美英在中国与日本之间的互动中的作用。

中国各种政治势力即使能够团结一致，也要付出巨大的代价与长期的时间来在国力和军力上超过日本。中国要自强，必须内部团结，还要利用国际战略格局的力量。第一次世界大战后，与日本存在矛盾的英法等欧洲列强专注于欧洲秩序问题和对德国惩罚问题，不可能与日本将矛盾激化，而虽然美国与日本矛盾已经浮现出来，但美国国内孤立主义占据主导地位，并且美日矛盾并存在很大的妥协空间。美国在华盛顿会议上极力推动《四国条约》[①]来埋葬英日同盟，说明美国开始对日本进行遏制，也开始有所妥协。苏联刚刚立国，政权初定，也无力帮助中国对抗日本，而且其安全重心仍然在欧洲。从根本上说，“一战”之后的中国是在独力应对强势的恶邻日本。

① 1921年12月13日，签订《美、英、法、日关于太平洋区域岛屿属地和领地的条约》，通称《四国条约》。有效期10年。条约规定：“互相尊重它们在太平洋区域内岛屿属地和岛屿领地的权利”，“缔约国之间发生有关太平洋某一问题的争端”，应召开缔约国会议解决。缔约国在太平洋区域的权利遭受任何国家威胁时，缔约国应协商采取有效措施。还规定：“1911年7 月13日英国和日本在伦敦缔结的协定应予终止。”签约同日，四国共同发表的声明指出，缔结上述条约，不能认为美国同意委任统治条款。此举表明美国不受凡尔赛体系约束。

只要日本扩大在中国的利益还不足以使其他列强的在华利益受到导致与日本激化矛盾程度的损失，列强对日本只会采取忍让和绥靖。所以，只要日本对华强势，不越过美英的越来越低的容忍底线，中国基本上就是孤立的。

其二，中国国内不可能团结。

首先，中国国内的各种地方势力已经坐大，互不服气、互相质疑双方，都对民国中央政府虚与委蛇。作为最强势力的国民党，并没有足够的能力与意志将其置于统一的政治框架之内。如果采取和平手段，削弱地方军阀力量，所需时间较长，而且民国中央政府，即国民党顶层权力体系也出现重大间隙，蒋介石和汪精卫等人长期不和，致使民国中央政府难以以全力应对地方军阀。如果采取战争方式，地方大小军阀众多，不仅陷国家整体于长期战乱局面，更为日本所乘。清朝封建制度倒台是好事，但也产生了负面影响。正如所有治病之药均有副作用一样，清政府威权下降，地方政府便会坐大，而清政府彻底垮台，地方势力便会拥政一方。

其次，作为执政党的国民党并没有足够的政治视野和政治胸怀、韬略来团结各种势力。一种新鲜的并且在某些地方取得巨大成功的思想意识形态自然会在其他落后与陈旧之处产生巨大的吸收力。当在苏联取得成功的马克思主义传入到处于混乱和落后的中国时，自然会产生前所未有的吸收力，中国境内怀疑既定思想、制度、道路的知识分子、政治力量便会对其产生兴趣。马克思主义的主要观点正好切中了那个贫穷与不平等的时代的要害——数量庞大的工农大众通过辛苦劳作创造巨大社会财富，却没有获得与付出劳动所匹配的待遇。因此，信奉马克思主义的中国共产党立即在工农阶层产生广泛影响力。虽然在1921年成立之初，中国共产党的政治号召力无法与国民党相提并论，但其影响力扩展之快，理论与口号与民众心态高度切合，立即成为执政党不可回避的重要因素。孙中山时期，推动两党合作，中国共产党虽然自知信仰相异，但仍然支持国民党。两党合作，在当时是非常有利于中国形势的。孙中山死后，蒋介石继任，开始大力反对中国共产党，并且制造了诸多血腥事件，将中国共产党推向了对立面，同时也使国民党在推翻清朝时树立的进步形象毁于一旦。国民党对中国共产党的血腥政策，不仅彻底毁了执政党的形象，还造成了中国内政外交一系列的恶果。

一方面，国民党对中国共产党的血腥政策，使中苏关系受到极大损害。本来中国就有一个恶邻日本，中国需要苏联的支持，而此时，国民党竟然对苏联支持的中国共产党赶尽杀绝，这使中国孤立面对四周，无一指望。除非中国与日本开战，而日本又与苏联交恶，否则中国实际是处于四面楚歌之境。虽然美英对苏联共产主义意识形态仇恨，蒋介石反共也有争取美英支持的考虑，但蒋介石反共无疑破坏了中国的地缘政治环境，并且因为美英与中国相距甚远，而日苏则近在咫尺。

另一方面，蒋介石政府作为执政党的中央政府，反共不仅使中国共产党走向对立，从而发动广大工农反对国民党，而且使民国中央政府与地方军阀之间矛盾加深，因为地方军阀纵使不支持、不同情中国共产党，但更加防范民国中央政府和蒋介石，特别是忌惮蒋介石以打击中国共产党武装力量为名，对自己行“削藩”之实，所以对民国中央政府基本上防范与阳奉阴违。民国中央政府反共使中国国内的政治矛盾和社会矛盾更加激化。

中华民族自清朝因力量衰落而仰人鼻息地屈辱求存，直到民国时期仍然面临险境。未来还要经历哪些磨难？怎样克服这些磨难？经历这些磨难后，又当如何？如果说第一次世界大战后，中华民族看到了一线希望，而此时的中华民族则是完全处于一个新的低谷。当时的中华民族，代表国家形象的民国中央政府腐败、狭隘；自成一体的地方势力自私、短浅；代表广大工农利益的中国共产党力量弱小、孤立。此时，中华民族仿佛难见希望。

# 大国地位初定：高昂代价的纵横之略

朕深鉴于世界之大势与帝国之现状，欲以非常之措置，收拾时局，兹告尔忠良之臣民。朕已命帝国政府通告美、英、中、苏四国，接受其联合公告，盖图谋帝国臣民之康宁，同享万邦共荣之乐，乃皇祖皇宗之遗范，亦为朕所眷眷不忘者。

——日本天皇投降诏书

中国充斥着贫穷、内乱的气息，而日本又开始在遭到强大的美国的压制而陷入孤立困境。这预示着中日之间确定无疑地会爆发更大的危机。从1929年开始，全世界陷入经济危机时，在亚洲扩张最便利的国家就是日本。一是欧美等国忙于欧洲事务，并且自身也为经济危机所困，无暇顾及亚洲问题；苏联也在集中进行工业化建设，不可能制约日本。二是日本国内经济危机爆发，促使政治转向，主张对外强硬的法西斯上台，向外扩张的欲望更加强烈。“九一八事变”①就是在这样的背景下爆发的。

“九一八事变”爆发时，中国内部没有统一。国民党正准备集中力量于剿灭中国共产党的战事；各个地方军阀，均心怀异志，有的在看民国中央政府的笑话，有的甚至想着在可能的情况下，在民国中央政府后背“插上一刀”。

此时的蒋介石有两种选择。第一种选择就是后来被证明错误的“攘外必先安内”，争取最大的时间来完成中国的统一和稳定，再集

① “九一八事变”（又称奉天事变、柳条湖事件）。“九一八事变”是日本帝国主义长期以来推行对华侵略扩张政策的必然的结果，也是企图把中国变为其独占的殖民地而采取的重要步骤。1931年9月18日夜，盘踞在中国东北的日本关东军按照精心策划的阴谋，由铁道“守备队”炸毁沈阳柳条湖附近日本修筑的南满铁路路轨，并栽赃嫁祸于中国军队。日军就以此为借口，开始炮轰沈阳北大营，制造了震惊中外的“九一八事变”。次日，日军侵占沈阳，又陆续侵占了东北三省。1932年2月，东北全境沦陷。此后，日本在中国东北建立了伪满洲国傀儡政权，开始了对东北人民长达14年之久的奴役和殖民统治，使东北3000多万同胞饱受亡国奴的痛苦滋味。

中国力来对抗日本。这意味着国民党不仅必须在短时间内消灭中国共产党力量，还要强制促使各地方军阀在民国中央政府的统一领导下共同对抗日本。但日本能给蒋介石足够的时间吗？日本的目标仅仅是东北吗？美英和苏联的态度又是如何呢？后来的历史证明，“攘外必先安内”给中国带来的不仅是比清朝还要大的耻辱，而且使中国在国际社会中彻底丢尽了脸。在美英看来，蒋介石不对与他们有矛盾的日本予以抵抗，反而让日本继续在亚洲强势，对蒋介石大失所望；在中国民众和看来，蒋介石不抵抗外敌，仍然继续发动内战，这反而给所有政治力量，包括中国共产党和地方军阀以口实，蒋介石个人威信和民国中央政府形象尽失；在日本人看来，中国军队不做任何抵抗，反而刺激了日本更大的野心，进一步筹划和准备对中国更大的入侵。

第二种选择就是立即化解国内各种政治力量的矛盾，至少先将各种矛盾搁置，共同对抗日本。这一选择能否成功，取决于蒋介石是否真心愿意化解矛盾，与中国共产党和地方军阀能否真正取得政治谅解。国共两党之间因为蒋介石的反共政策而存在太深的血仇，而且与各个地方军阀之间积怨过多。这两个原因使蒋介石担心如果采取第二种选择，最终导致自己独立抗日，而中国共产党和各地方军阀坐收渔翁之利，并趁机坐大。基于这样的心态，自然不会有第二种选择。其实，如果蒋介石在“九一八事变”爆发后不久，即使用自己的中央军独立抗日，其战略收益也是非常明显的，不仅在国际社会树立形象，从而获得美英支持，即使不是实质性物质和军事支持，也必将增强民国中央政府在全国民众心中的政治威信，并将其他政治力量置于道德上的被动。

在很短时间内，不放一枪一炮，不作任何抵抗，中国东北便落入日本手中，并出现了伪满洲国，这是中华民族又一个巨大耻辱。民国中央政府不仅处于风暴中心，在全国民众中威信尽失，极大挫伤民心、军心士气，也使其在国际社会和国内政敌面前难以挺直腰杆。雪上加霜的是，因为无抵抗无作为，中央政府的权威也日益下降，地方军阀更加小心翼翼地保护自己的既得利益。民国中央政府外交内政均处于失败境地。但对于中国未来而言，希望并未破灭。中国共产党军队从井冈山开始经过万里长征到达陕北后的近三年时间里，中国共产党奇迹般地生存下来。

军事让步必将带来直接的政治、外交恶果。蒋介石没有抵抗，而是集中精力所谓地进行“安内”；在“攘外”上，只能寄托外部力量制衡日本或者阻挡日本进一步更大的入侵。然而，民国中央政府自己都形象尽失，却指望国际组织主持正义，这无疑非常可笑。

“一战”后成立的“国际联盟”①，既无绝对优势的强制性力量使所有成员国必须遵守联盟条约，又没有形成对各个成员国的道德约束。一是因为美国出于不满《凡尔赛条约》退出国联，国联基本由英法意等欧洲列强操纵，在它们心中，只有现实利益协调与妥协，而无规则之权威，自然难以对日本产生实质性约束力。虽然民国中央政府将日本入侵中国东北提交国联讨论，出于对国联规则的认可，英法等国均对日本口头谴责。日本退出国联后，国联也无可奈何。

军事上让步，国联难以有实质性作为，中国能做的只有主动与日本谈判，希望通过谈判来缓解内外压力，以争取外交运作空间。谈判也确实是一个务实之举。从日本国内政治气候来看，并不是所有日本政治家都强烈主张入侵中国东北，通过谈判可以影响日本国内的政治博弈，从而减少主张入侵者在决策者的地位与影响，拒绝谈判便可能使极端的少壮派军人有借口扩大武力入侵。

但是，当时那种情况，谈判的最好结果也只能起到两个作用。一是给国际社会和国内民众一个交代，说明政府并不是不作为，这只能

① 国际联盟，简称国联，是《凡尔赛条约》签订后组成的国际组织，于1934年9月28日至1935年2月23日的最高峰时期，国联曾拥有58个会员国。宗旨是减少武器数量、平息国际纠纷及维持民众的生活水平。其存在的26年中，国联曾协助调解某些国际争端和处理某些国际问题。不过国联缺乏军队武力，所以要依赖大国援助，尤其是在制裁某些国家的时候。然而，国联缺乏执行决议的强制力，未能发挥其应有力作用，其国际制裁亦影响同样施行制裁的国联会员（如美国及西方国家）。由于它的设计上仍不尽完善，譬如曾规定全面裁减军备但却未能付诸实现，或是采取制裁侵略者的行动之前，须先经理事会全体一致投票。美国没有加入国际联盟，更使国联丧失了坚定稳和的支持力量，因此最终国联无从阻止国际纠纷，不能有效阻止法西斯的侵略行为及第二次世界大战的爆发。“二战”结束以后，国际联盟的角色被联合国取代。

聊以自慰而已；二是在一定程度上使日本处于道德下风，但这几乎没有任何实质意义。

“九一八事变”是蒋介石失败的国内政策和混乱的国内政治环境共同导致的结果。蒋介石无力也无意对地方军阀进行“削藩”，导致国内民众人心不齐，党心和军心不一。而对中国共产党的血腥政策，不仅使民国中央政府树敌，导致中国政治局面更加复杂，而且失去苏联这一制衡日本的有力杠杆。

苏联既是一个邻国，同时也是一个在战败后重生并且迅速恢复的大国。蒋介石在日本图穷匕首见之时失去苏联的支持无疑是失败和短视，即使是一个平庸的国家领导者，也应该具备一个普遍的常识，在同一个时间内，不能得罪两个重要邻国，然而蒋介石对此却置若罔闻。此时，失去苏联支持的中国，如果美英没有对日本进行实质性的军事和经济制裁，实际上就是对蒋介石的出卖，对中国的出卖。苏联却是实实在在地与中国一样面临着日本的威胁的，而且日俄战争的战果，使苏联人一直对日本怀恨在心。

如果蒋介石不反共，必将获得苏联支持，中国获得一个强大的外援；日本主张入侵中国的强硬派就必须考虑到苏联的态度。苏联虽然是赤裸裸的现实主义者，不能确定是否会帮助蒋介石，但至少不会质疑中国作为抵抗日本威胁的地缘政治价值。

当时，中苏关系不仅取决于中国在多大程度上需要苏联的帮助来抵抗日本，还取决于苏联对形势的判断。苏联的重心是在欧洲方向，所以，苏联希望中国牵制日本，使日本难以通过中国的蒙古和东北来入侵苏联。如果中日缠斗下去，日本就会无力威胁苏联。但蒋介石的重心不是抵抗日本，而是在消灭所谓的“赤色威胁”。所以苏联对于中苏关系的期待并不是像蒋介石实际需要的那样紧迫，但苏联又不希望中国和日本之间形成妥协，甚至中国向日本投降。

美英等国的态度令蒋介石大失所望，也说明了作为中国领袖的蒋介石，虽然具有统领国民党及其军队的威望与资历，但实无国际视野。蒋介石面对复杂险恶的国际环境的纵横之术，仍然没有脱离清朝那些重臣的“以夷制夷”的有限框架，而且还比李鸿章等人多了一份意识形态的僵化。

蒋介石在“九一八事变”之前的意识形态的僵化也源自于欧美的狭隘与肤浅，它们一味地反对苏联，一致抵制所谓的共产主义的扩张。僵化的思想导致了世界的混乱，使任何国家都有可能打着反苏反共的旗号来行野心之实，日本就是其中一个，美英天真地希望中国成为对抗苏联的一个重要力量，而此时中国实际上非常需要苏联来牵制日本，这不仅注定了美英对日本政策的失败，而且还使中国倍受孤立。

美英在意识形态上的狭隘与肤浅产生这样一种心态，即防范苏联比保护中国的命运要重要得多，而一些美国人也希望日本和苏联因为中国问题而撞车，从而对中苏关系采取的是既不赞成也不反对的态度。美国和苏联的游离、日本的顽固扩张导致了中国如此作为。同情是不可能产生实力的，蒋介石疏于对世界大势的准确洞察，对各国之间复杂关系缺乏深远洞见，这在“九一八事变”中暴露无遗。

邻国如此凶恶，远在天边的欧美列强又总是在口头上呼吁着正义和平的高尚论调而无实际举措，中国实际上已处于亡国的边缘。这种局面之矛盾复杂和艰难险恶，中国历史上几乎从未出现过。中国历史上任何一个皇帝，或者最高领袖者，都没有遇到过这种情况，偏偏蒋介石成为最高领袖后生于此时、位于此处。蒋介石在“九一八事变”及其随后一系列事件上的重大失败，他个人也处于政治生涯中的一个低谷当中。政策失败导致政局混乱，蒋介石难辞其咎而被迫下野。但中国处境并没有因为制定并执行错误政策的人的离开而改善。所以不久，蒋介石又重新担任中国领袖，而他似乎吸取了之前的惨重教训。

经过下野并重回政治中心的蒋介石无疑比以前更加深刻地洞察时局，比以前更具政治影响力，因为他的继任者和迫使他下野的政敌并不比他做得更好，他在国民党及其国民党军队中所受的制约更少。下野复出后的蒋介石无疑比以前成熟，他开始主动孤立日本，反对与日本感情用事般地断绝正式外交关系，因为一旦断绝正式外交关系，反而使日本可以寻找更多的口实来扩大侵略。

此时的日本也开始进一步滑向孤立。由于欧美列强矛盾随着第一次世界大战的结束而逐步得到暂时化解，英日同盟结束之后的日本已经很难在欧洲上找到可靠的盟国。无论从民族文化、意识形态、价值观，还是现实利益需要出发，日本与美国之间在亚洲很难找到共同利益。中国虽然积贫积弱，但是始终没有屈服。1933年，希特勒成为德国总理，开始走上法西斯道路。欧洲列强之间的矛盾开始重新发酵。企图突破《凡尔赛条约》限制的德国需要得到美、英、法之外的其他大国的支持。此时，同样遭受经济危机打击并且受到孤立的日本也出现了法西斯政权。相近的国际境遇和意识形态使日本和德国很快结成战略同盟。虽然双方均出于软化美英法立场的考虑，宣称该同盟以签订《日德防共协定》①为形式，表面意图是反对共产主义，但是并没有在地缘政治层面改变美英等国态度，而且加剧了苏联对日本的敌对心态。

日本因为与德国签订《日德防共协定》，使之在太平洋地区更孤立。一是在经济上，日本失去了与美、英、法等国和解以减轻经济危机影响的最后机会。日本出现经济危机，其实更加需要和美、英、法等发展贸易和金融联系来摆脱经济危机，德国的贸易和货物根本难以走出欧洲，并不能帮助日本摆脱经济危机。二是在地缘政治上，主动和德国签订《日德防共协定》，刺激了苏联的敌意，苏联和日本仅一海相隔，并且与中国东北地区直接接壤，可以直接威胁日本在中国东北的利益。三是和德国结盟，并不能解决生产原料、军工能源和商业市场的问题，相反使掌握巨大物资和能源的美国的战略地位更加主动。

这一国际形势，似乎也开始对中国有利起来。蒋介石顺势重启中苏关系，因为苏联对日本在中国的咄咄逼人日益加强防范，而且随着德国崛起，苏联虽然将德国作为主要威胁，但是受到来自德日的两线威胁，比以往任何时候更加需要中国来牵制日本。如果中国屈服投降，或者消极抵抗，那么无疑是在刺激日本考虑与德国对苏联两线同

① 《日德防共协定》，签订于1936年（昭和11年）11月。日德两国针对共产国际运动而制定该协定，在所附秘密协定中把苏联作为假象敌国而制定的对策。

时攻击的野心。苏联是极端的现实主义者，因为苏联不仅仅是期望中国帮助其制衡日本，拖住日本，而且它在中东铁路上也有所求，甚至以伤害中国的方式来要求中国抗日。只是抗日之急压过中苏之间的矛盾，才能使中苏之间共同对日。

蒋介石在这种时候重启中苏关系，也获得了美英理解，因为当时苏联越来越强大，强大到美英都无法回避和忽视，西方国家必须承认苏联作为一支重要的地缘政治力量而存在的现实。所以，中国在美英无法直接帮助对抗日本的情况下，与苏联共同对抗日本是合理的选择。并且日本与美英存在矛盾，美英同样也需要苏联来抗击日本。

中苏关系重启对日本的影响是致命的，这并不是因为中苏可以立即联合起来，而是中苏关系直接导致了德国对中国的政策变化，德国是日本最大的盟友，当中苏关系重启时，苏联开始对华进行军事援助，直接刺激了德国的神经。

《中苏互不侵犯条约》①已经签订，苏联给中国提供了巨大的军事援助。苏联对华提供援助，对日本影响是巨大的，这个巨大的影响因素在于德国。德国担心苏联向中国提供军事装备援助，从而使中国拒绝向德国提供生产军火所必要的稀有金属和矿物，德国也开始对中国进行军事援助，这导致了本来已经结盟的德日之间出现巨大的误解。日本在孤立于美英、孤立于苏联，开罪于中国的基础上，仍然还有一个德国做朋友，而当苏联向中国提供军事装备援助时，德国也向中国提供军事援助，那么此时的日本彻底陷入孤立境地。

德国对中国的军事援助又极大地影响到美英，美英担心中国利用德国和苏联的军事援助，减少对美英的依赖，因此增强了对中国的支持。应当说，中苏关系的重启并快速发展，改变了整个世界形势，当然，这不是因为中国的实力，而是因为苏联的地缘政治价值和中国不

① 《中苏互不侵犯条约》是指中国国民党政府与苏联政府于1937年8月20日在南京签订的条约，规定："倘缔约国之一方受一个或数个第三国侵略时，彼缔约国约定，在冲突全部时间内，对该第三国不得直接或间接予以任何援助。"通过该条约苏联政府向中国提供物资援助，1937年11月派遣空军志愿队来华作战。到1941年6月苏德战争爆发前，先后来华的苏联志愿人员约2000名，其中约200名志愿人员在中国战场牺牲。

屈服日本。然而更加重要的是，中国利用苏联的地缘政治价值撬动了全球秩序，使日本极度孤立。

整个形势对中国是有利的，这不仅仅是因为中国外交的胜利，也是因为中国内部解决了，至少是暂时化解了各种政治势力之间的深刻分歧。蒋介石重新掌权后，对国际形势的判断和对国际格局的利用是正确的，但正确的外交需要统一的内政来支撑。而蒋介石恰恰是忽略了这一点，蒋介石重新掌权后，虽然在外交上开始有所作为，但是忽略国家内部的矛盾。从当时中国面临的国际危局而言，中国急需的是化解各种政治力量之间的深刻间隙，共同御侮，但蒋介石仍然坚持先消灭中国共产党再一致对外，忽略了自身权力体系内部的实际情况。

"西安事变"就是在这样的背景下爆发的。"西安事变"说明，中国共产党尽管处于弱势境地，但已经成为中国政治舞台上的重要角色。如果没有中国共产党的支持，民国中央政府不能凝聚全国力量，甚至蒋介石权力体系内部，也开始质疑蒋介石的内政外交政策。

"西安事变"的和平解决，加快了中苏关系发展，从而推动中德关系的快速发展，以致日本陷入全面孤立的局面。"西安事变"的和平解决，促使中国提前采取正确的举措解决中国问题，并且在世界上造成了这样一个印象：蒋介石是中国无可争辩的政治领袖和军事统帅。

日本自身能源匮乏和市场狭小，除非向外扩张，便是坐以待毙，日本只能在没有做好与美国、苏联开战的充分准备而冒险扩大对中国的侵略。日本于1937年全面侵华，不仅激起了中国军民的强烈反抗，也激起了美英等国对日本的制裁。这使日本面临这样的情况——除非日本能够在短时间内全面控制中国，并且获得美英等国的让步与谅解，否则日本四面楚歌已成定局。

全面侵华是日本走向绝境的起点。当日本1931年以武力占领中国东北，扶植满洲国时，正值蒋介石政府推行"攘外必先安内"的国策，主要精力在于消灭中国共产党势力和巩固其个人在国民党内权威，故对日本占领东北采取"不抵抗政策"，将问题提交国联解决。而美英等国正被经济危机和欧洲问题束缚住手脚，并无实质性举动来反对日本侵占它们的在华利益，再加上蒋介石政府本身的软弱退让，使日本并没有付出超乎意料的代价便基本达成目标。而1937年的形势已经完全改观。从中国国内看，由于“西安事变”的爆发及和平解决，国共两党暂时将政治矛盾搁置，成立抗日民族统一战线，虽然两党仍然存在芥蒂，但是举国抗日的政治条件已经成熟。日本全面侵华遭到中国殊死抵抗，导致“三个月消灭中国”的计划破产，日本不仅没有获得支持战争所必需的工业原料和政治控制，而且经过长期的战争消耗，战争物资短缺，日本已经不堪重负。从国际情势看，日本全面侵华，引起美英和苏联的强劲反弹。尤其是苏联经过社会主义建设，已经成为欧洲第一工业大国和军事强国，并更加积极向中国提供军事援助。此时，美国强化了对日本的制裁，尤其是石油禁运，更是扼住了日本的咽喉。

此时的中国成为各个重大力量进行纵横捭阖以及战略博弈的主战场，关键点是中苏关系，而决胜点是在中国战场上。几次重大战役后，虽然中国在战略上仍然处于被动防御之势，但日本离它的战略意图越来越远，压力越来越大，这种压力不仅来自于中国战场，也来自于美国英国的制裁与禁运。在压力越来越大，甚至已经到了近乎绝望之时，日本只能孤注一掷，最终选择南下，“珍珠港事件”由因此爆发[①]。

在“珍珠港事件”爆发之前，苏德战争已经爆发，虽然德国横扫西欧，但英国和苏联并没有屈服，英国更是在苏德战争爆发前，在不列颠空战中生存下来，使纳粹德国第一次在没有胜利的情况下结束了与一个国家的战争。而苏德战争，德国虽然自开战后所向披靡，但在莫斯科的严寒下停止了前进的脚步。“珍珠港事件”爆发前三天，德国军队第一次溃败。日本偷袭珍珠港，无疑把明显支持英国和苏联的美

① 偷袭珍珠港是指由日本政府策划的一起偷袭美国军事基地的事件。1941年12月7日清晨，日本海军的航空母舰舰载飞机和微型潜艇突然袭击美国海军太平洋舰队在夏威夷基地珍珠港以及美国陆军和海军在瓦胡岛上的飞机场。太平洋战争由此爆发。这次袭击最终将美国卷入第二次世界大战，它是继19世纪中墨西哥战争后第一次另一个国家对美国领土的攻击。这个事件也被称为“珍珠港事件”或奇袭珍珠港。

国拖入了战争。

中国战场已经成为全球战场的重要部分，虽然并不是决定性战场，但对于决定性的欧洲战场和太平洋战场的走向具有举足轻重之意义。中国一边影响着苏德战争，一边影响着美日太平洋战争，这是基于中国对于美国和苏联的地缘政治价值而言。单独面对强大的纳粹德国的苏联需要中国，因为苏联在苏德战争中的险恶处境，更加担心日本趁机向苏联远东地区进攻，中国如果能够强力与日本争斗，无疑使苏联可以集中力量应对强大的德国。中国对于美国的价值在于牵制日本主要地面作战兵力，让日本无法将其用于太平洋诸多岛屿作战中，减轻美国在太平洋战争的压力。中国战场加快了日本本已捉襟见肘的资源消耗，使日本始终不敢攻击苏联，只能南下攻击东南亚国家，因为日本消耗于中国的资源已经无法及时弥补，攻打苏联需要消耗更加庞大的资源，日本根本负担不起，只能进攻能够很快获得资源的东南亚。如果中国不抵抗或者抵抗强度不足，很难以保证日本不会攻击苏联。中国战场对日本陆军和空军的牵制，使美国可以以有限的海空军力量在太平洋战争初期周旋防御，争取到了开动机器进行大量的军工生产的时间，从而迸发出强大的国力压垮日本。

然而，中国抗日战争的意义不仅仅限于战场上。“珍珠港事件”之后，美、英、苏三个大国立即成立人类历史上规模最大的战争同盟。基于中国战场在共同对抗日本和苏德战场中的重要作用，中国也成为这个最大的战争同盟的重要成员。此时，对中华民族而言，紧迫的直接的挑战是尽快取得对日作战胜利，而作为远见者而言，却是需要如何参与构建战后国际秩序。可惜的是，那时候的中国并无筹划和落实远见的机遇，因为虽然“珍珠港事件”爆发，还不能明确何时可以战胜日本，甚至还不能确定苏联就一定能够打败德国。苏德战争和美日太平洋战争取得决定性的逆转，德国和日本由主动转为被动。

中国能够参与大同盟，既付出了巨大代价，也有着相当的成功经验。这主要体现在蒋介石的对日策略上。蒋介石认为凭借国民党军队，无法与强大的日本抗衡，将来自己的军队打光了，可能会使中国共产党和其他军阀受益，自己最终成为失败者。所以，蒋介石认为能保存实力便保存实力。政治短视必将导致外交投机。蒋介石将战胜日本的希望寄托于美英与日本爆发冲突，这种想法具有一定合理性。其转折点体现在推动中苏关系和中德关系上，这超越了当时中国战略视野的历史局限性。中国争取到了德国的军事援助，使德国在中国抗日时仍然给予中国援助，让作为同盟者的日本难以理解，产生了被出卖的愤怒，这也从一定程度上导致了德国和日本难以共同攻击苏联。而德国和日本难以共同攻击苏联，使苏联更加安全。蒋介石发展中苏关系的效果体现在“西安事变”后，苏联承诺不再支持中国共产党，承认蒋介石是中国唯一合法领袖，并支持中国抗日。当中苏走近时，美国又岂能熟视无睹。所以，中国在忍受了美英有意无意的敷衍和轻视后，终于获得了这个与美、英、苏结成同盟的地位。

中国的盟国地位来自于中国没有屈服于日本和美国的参战，而盟国地位的提升，则得益于美国对中国日益需求。这是中国人民全体团结起来一致抗日的必然结果。对于中国而言，最重要的莫过于如何与美国、英国共同打击日本。国民党军队在正面战场抵抗日本和出兵缅甸，是近代以来中国大国地位的第一次彰显，是中华民族自从清朝以来从未达到过的高度。此时的中国，同时影响着世界最强大的三个国家的命运，这种影响再也不像清朝和民国初期那样是通过甘受屈辱而产生，而是通过经历几近亡国之险、众多受侵之辱而屹立不倒、坚强不屈而来。此时的中国不仅影响着战争的走向，而且也必将影响着战后秩序的重构。中国潜力巨大，前途无可限量。

# 现实篇：大成若缺的新生力量

当“二战”结束时，中华民族凭借着强大的生存意志和会出重大牺牲的代价获得与当时主要战胜国——美国、苏联、英国同等的战胜国地位。这是令中华民族骄傲的新生之时。然而，中国没有像美、苏、英那样的国力，也没有它们那样显赫的影响力；但是，中华民族从此开始了充满希望的新生。冷战时，中华民族经历了盟友背叛、面对过分裂图谋，凭着自己的智慧与胆略，推动构建大三角、重新走向世界时，已经成为举足轻重的大国；冷战结束后，打破孤立，并实现经济腾飞，反对强权、维护民族大义，直到今天，仍然能够自强于世界。这期间虽然有那么多不完美，但正是诸多的不完美，激励着中华民族向着新的高峰迈进。

# 善变的邻居：亦敌亦友的苏联

国际政治中几乎看不到维持现状的国家。

——米尔斯海默《大国政治的悲剧》

作为第二次世界大战的胜利国，中国处于加入西方主导的国际秩序以来的顶峰地位，虽然是建立在旧封建制度垮台而新的制度尚未完全重构的基础上，但经历过自从鸦片战争以来诸多耻辱与不幸后，可以和美、英、苏这三个最强大的国家结盟，并且获得历史上前所未有的尊重，中国的民心空前团结、士气空前高昂。但是，有一个事实却不容忽视，拥有同盟的平等地位，而实力不平等，并未造就心态对等。在同盟国中，中国虽然与美、英、苏等国处于同一地位，但受制却是最大的。这也决定了其他战场不结束，中国战场就不可能结束；其他战场不胜利，中国战场就不可能胜利。除非中国有足够的力量能够快速取得战场胜利，而中国并无能力做到。中国的胜利不仅来自于自我的坚强，还需要其他同盟大国的胜利，自然会受制于其他大国，尤其是距离最近的苏联。俄罗斯，包括苏联，应当是中华民族历史上最复杂的邻居了。新的时代的到来，中国与苏联的关系实质上从来没有超越过中国与俄罗斯关系的模式，变化的只是外部世界对二者的影响。

苏联的主体仍然是俄罗斯，它不可避免地带有俄罗斯的历史遗迹。苏联的生存之道既根植于新制度迸发的新力量，也根植于俄罗斯民族谋求生存和发展的传统当中。斯大林时期的苏联，其对外战略更像旧俄罗斯的延续者，因为他使苏联走向顶峰的过程中，无一不带有浓重的俄罗斯的历史印迹。

苏联希望中国牵制日本，使日本难以从远东进攻苏联，但苏联又担心中国能否按照苏联的需要牵制住日本。当然，站在苏联的角度看，也不可能把国家安全完全置于中国抵抗日本上。因此，苏联在中国和日本之间始终两边下注，一边向中国提供军事援助，一边推动苏日关系发展，意在稳住日本，保持其远东地区的既定态势。所以，苏联不可能故意激怒日本，而且甚至有可能通过牺牲中国的利益来换取与日本的妥协，尤其是苏联和日本签订了牺牲中国主权和利益的《苏日中立条约》①以后，中苏之间产生微妙心理变化。中苏之间并没有把对方当作内心中的伙伴，而是现实利益的交换。

苏联有自己的苦衷，面对德国咄咄逼人的威胁，必须要避免德日两面夹击的危险。然而美国卷入战争后，中国对苏联的军事援助需求开始弱化，不仅出于意识形态，而且出于感情。虽然蒋介石仍然在外交上希望苏联对日宣战，但仅仅是出于政治上的需要，而不是军事上的需要。

《开罗宣言》②标志着中国拥有了法理确认的大国地位，说明未来世界秩序中，中国将会是一个重要的参与者。然而，中国作为一个弱者的国际形象并没有彻底改变，有两个国家是不赞成中国进入大国俱乐部的，它们分别是英国和苏联。英国从心理上难以接受中国和它平起平坐。自从鸦片战争以来，英国一直以强者自居，一直轻视被自己打败的清朝，对“二战”时中国仍然定格于清朝。苏联根本就不希望在日本和德国被打败后，在它南部直接接壤之处又出现一个比日本和德国国土面积更大、人口更多潜力更大的大国。因此，苏联和英国尽一切可能来压制中国的国际地位。在1945年欧洲战场结束后的“雅尔

① 《苏日中立条约》是第二次世界大战期间，苏联与日本于1941年4月13日签订的在战争中相互保证中立的条约。又称日苏中立条约、苏日互不侵犯条约、日苏互不侵犯条约。要内容是：双方保证维护两国间的和平友好关系，相互尊重领土完整和不可侵犯；如缔约一方成为第三者的一国或几国的战争对象时，另一方在整个冲突过程中保持中立。并同意暂不签订有关北库页岛权利转让的附属议定书。签约同日，双方还发表声明：“苏联保证尊重满洲国的领土完整和不可侵犯。”苏方代表莫洛托夫在条约上签字，日本保证尊重蒙古人民共和国的领土完整和不可侵犯。”这显然是对中国内政的无端干涉，也是对《中苏互不侵犯条约》的严重违背。自此苏联对华援助逐渐减少。

② 1943年，在世界反法西斯战争胜利曙光初露的时候，中、美、英三国首脑蒋介石、罗斯福、丘吉尔于1943年11月22日至26日在开罗举行会议（即开罗会议），此后的1943年12月1日，美国白宫发表宣言，宣示了协同对日作战的宗旨，承诺了处置日本侵略者的安排。这就是有名的《开罗宣言》。《开罗宣言》中明确规定，日本所窃取的中国之领土，例如东北、台湾等岛屿归还中国。

塔会议"[①]上，苏联在中国的问题上表现得非常露骨和傲慢。苏联利用苏德战争胜利形成的巨大政治气势、国际威望和强大的军力，提出了对中国来说是极具危害和耻辱的条件。通过这些条件，苏联在中国东北开始存在特权，将外蒙古分裂出中国，并且将整个新疆地区辐射在它的势力范围之内。尤其当苏联出兵中国东北去攻击日本关东军时，对中国来说无疑是一场灾难。

尽管蒋家父子据理力争，但是孤立无援，当美国和苏联达成协议时，美国只能对中国规劝，这无疑又是一次伤害。中国和苏联处于矛盾时，美国选择了苏联而不是中国。当然美国并不会放弃中国，相反，苏联利用《雅尔塔协定》对中国的欺辱，使中国更容易倒向美国，增强了美国对中国的影响力。

苏联能够得逞，除去美国需要苏联攻打日本外，还利用了中国的一个致命的软肋，就是国民党不愿意看到中国共产党日益壮大，而且也非常担心中国共产党壮大。所以，每次苏联和国民党政府进行谈判时，都会利用中国境内日益壮大的中国共产党的力量来制约国民党。当然，最终苏联也确实帮助了中国共产党。

当苏联用《雅尔塔协定》完成了对中国的侵略和伤害时，中国终于获得了暂时平静和稳定的外部环境，中苏之间关于东北、新疆和外蒙古的问题已经谈妥，并且签订了《中苏友好同盟条约》[②]。此时的中国成为美国的朋友，也许在外界看来，是保证中国作为一个世界大国应有地位的新的最佳起点，然而事实并不是这样。

---

① 雅尔塔会议是第二次世界大战末期美、英、苏三国首脑罗斯福、丘吉尔、斯大林在苏联克里米亚半岛雅尔塔举行的会议，又称克里米亚会议(Crimea Conference)。会议时间为1945年2月4～11日。雅尔塔会议对于缓和反法西斯盟国之间的矛盾、加强反法西斯统"一战"线、协调对德日法西斯的作战行动、加速世界反法西斯战争胜利进程以及在"二战"后惩处战争罪犯、消除纳粹主义和军国主义势力影响等起了重要作用，对战后世界格局的形成产生了深远影响。在会议上，苏联承诺在欧洲战争结束后2–3个月内参加对日作战，其条件是：维持外蒙古（原属中国领土）的现状，库页岛南部及邻近岛屿交还苏联，大连商港国际化，苏联租用旅顺港为海军基地，苏、中共同经营中东铁路和南满铁路，千岛群岛交予苏联。这些条件无疑伤害了中国的领土完整和主权独立。

② 《中苏友好同盟条约》是1945年8月14日中华民国政府与苏联政府就对日作战后期及战争结束后解决双方争议问题的条约。根据条约换文，中华民国政府允许将依公正的公民投票的结果决定外蒙古是否独立。

中华民族在日本投降后，应当说是结束耻辱后站在一个新的起点上。无论如何，都有理由相信此时应当是开始致力于国家建设的最佳时机了。民心民意的巨大驱动力使当时执政的国民党和已经成为国内不可忽视的中国共产党都必须面对现实，但双方巨大的意识形态差距，在中国的建设道路在根本出发点上便出现了分歧。1946年的中国，国共两党分歧是否可以得到解决，或者最终爆发战争。这个问题，国人都希望是前者，而不是后者。然而，中国到底向何处去，此时似乎都难以以自己的意志为转移了。

国共两党在抗日战争后的难以调和，其实在“雅尔塔体系”建立时便已经注定，因为“雅尔塔体系”的建立已经预示着美英和苏联之间同盟的终结。虽然建立之初的氛围并不意味着冷战不可避免，但冷战却成为“雅尔塔体系”的强化。

早在美国首次从政治层面介入欧洲事务时，正如英国担心欧洲大陆被一个大国独霸一样，美国对欧亚大陆出现一个强权非常担忧。这样的担心并没有因为第一次世界大战后俄罗斯变成苏联、德国战败而消失，而且俄罗斯变成了与美国意识形态上互相仇恨的社会主义苏联，美国对俄罗斯的担心演变成对苏联的天然的心理排斥和防范的综合。从威尔逊主张与协约国共同出兵苏联可以看出，美国企图用武力推翻苏维埃政权，使苏联开始感到被“资本主义包围”，双方互相对对方的认知已经为冷战开启定下了基调。

追究二者到底是谁先挑起矛盾才开始敌对性的冷战没有任何意义。当美苏两个大国分别成为第二次世界大战后最强大的国家后，历史经验和现实需求的差异难以弥平。美国在欧洲任何举动都会被苏联视为对苏维埃政权和苏联利益的直接或者间接威胁，苏联的任何举动也会被美国视为对自身价值观、制度和安全的挑战。

自从美国在美洲大陆上完成对领土的扩张之后，美国并没有对任何国家提出过领土要求。美国把任何一个重要的国家和地区首先都看成潜在市场，希望既可以从中通过发展贸易和金融牟利，又可以寻求需要的能源来支撑规模庞大的工农业生产和民众生活消费。美国需要其他国家政府与美国“合作”，将自己国门打开。

苏联是扩大版的俄罗斯，与生俱来缺乏安全感，造成了自己几乎永远处于领土扩张的状态中，越不安全，越谋求领土，而越谋求领土，越产生外部的安全威胁。俄罗斯就在这样的历史循环中不断扩大版图，也在不断制造着与外部世界的封闭。苏联需要让能够威胁自己安全的国家远离自己或者遭到削弱。

每次大战的战胜国都希望战后秩序符合自己的期望，然而除了拿破仑战争之后的梅特涅治下的奥地利外，似乎每个战胜国安排战后秩序的能力要远远逊于战胜敌人军队的能力。第二次世界大战的结束也不例外，第二次世界大战结束后的秩序既没有按照美国设想的集体安全，也没有按照苏联设想的那样真正实现了内心中的安全，更没有按照英国设想的那样世界仍然处于“日不落帝国”监管之下。

第二次世界大战时的美英苏大同盟为什么没有延续到战后，这说明传统的地缘政治思想并没有因为惨烈的大战而消失，英法、英俄、英德之间的海权与陆权之争，因为传统的地缘政治思想的催化而延续到了美苏之间。因为意识形态的对立，美苏之间的对抗不仅超越了欧洲传统强国对抗所关系的民族国家的国际地位、治国者的声誉、经济利益等有限因素，而且最为紧要的是关系到了两大制度和国家的生死存亡。

美苏之间虽然战胜了共同的敌人，但也开始出现了天然性矛盾。一是地缘政治上，海陆大国争夺的新版本，逐步在“二战”刚刚结束时出现；二是在意识形态上，美苏二者信奉的意识形态和国家存在的价值观是天敌；三是在民族文化上，美国与苏联之间的差别，俨然是“一战”爆发前英国和德国的延续。

国民党的背后是美国，中国共产党与苏联渊源深厚，中国国内的所有问题都无法脱离美苏之间的“互动”。在欧洲，西欧由美国主导，东欧由苏联掌控；在亚洲，尤其是东亚，美国占领了日本，朝鲜半岛地位也已划分完毕，只有中国这一大片地区，尚未确定与谁更加亲近。中国的最后结局对于美苏双方中哪一方能够获得欧亚大陆的地缘政治优势具有决定性作用。

美苏双方都在根据自己的需要与实际来影响中国内政走向，它们双方对于尚不可知前景的中国的态度，也反映出了它们不同的价值观、不同的民族文化和战略取向。

此时的苏联西边仍然是强大的美国，并且主导了西欧，但苏联掌控了东欧国家，建立了一定的战略纵深。在苏联东部，美国占领了日本，而且与美国在朝鲜半岛达到了协议，以北纬38度线为界先分治、再进行统一。在苏联南部，外蒙古已经独立成一个国家，并且为苏联控制。苏联基本上在其四周建立了安全屏障，但从地缘政治形势看，苏联有两个安全软肋。一是缺乏海岸线，无法保障在关键出海口问题上的主动权，因此在后来冷战开启之初的希腊和土耳其问题上，苏联最后只能做出让步；二是没有原子弹，而美国独享原子弹优势。所以，一个友好的中国对苏联的安全极为重要，中苏之间漫长的边界线将会因友好的中国而使苏联获得安全感，相反一个与美国交好却与苏联敌对的中国，则可能使苏联大部分国土都会遭到安全威胁。而且，对苏联更加具有重大价值的是，中国拥有漫长的海岸线，对于在大西洋和太平洋方向上缺乏海岸线的苏联来说，极具战略意义。

其实，苏联对中国的期望，上策是统一的中国成为苏联的小伙伴，正如东欧诸国之于苏联；中策是中国形成国共两党南北分治，由一个听话的中国共产党掌握中国北方政权，而苏联坐享自己南部安全；下策是由国民党统一中国，即使最终会亲近美国，但也会对苏联友好。

苏联对于中国的实际态度取决于斯大林认为通过苏联的运作能在多大程度上影响中国的未来。如果要达成上策的最优结果，那么则必须是由中国共产党彻底掌权，而国民党要彻底退出中国的政治舞台。在斯大林心中，中国共产党能够在将来完全取得政权吗？掌握了全部政权的中国共产党会像波兰、匈牙利那样言听计从吗？即使中国共产党占得对国民党的绝对优势，美国会允许吗？美国又会如何作为？如果要达成中策的中间结果，国民党、中国共产党会产生妥协，但会甘愿中国分裂吗？如果南北分治，那么美国的优势是否会最终使南方国民党政权获取优势？如果达成下策的最差结果，由国民党彻底掌权，美国能够允许国民党治下的中国在美苏之间长袖善舞吗？

我们不得而知斯大林是如何考虑的，但无论如何，苏联至少希望未来的中国对苏联友好，至少不敌对。在此基础上，苏联是立足于促使中国倒向自己而发挥影响。

所以苏联既要口头上支持蒋介石，防止蒋介石真正掌握中国后不产生敌对之心，又要制衡蒋介石，支持中国共产党，如果中国共产党在中国掌权，那么苏联将会面对比蒋介石更加友好的中国政府。

苏联站在国际法理的立场，承诺支持蒋介石统一中国，同时也在帮助中国共产党来谋求和巩固其在中国的政治地位。但有一点肯定，一个富裕强大的中国在其南部出现，在苏联看来是不利的，它要的是保证对中国的控制能力和影响力，以及满足它不断增长的扩张需求和安全需求。

苏联此举无疑促使中国爆发内战的各种因素开始发酵，而非促成帮助中国走向和平的因素发酵。苏联对于中国未来的影响莫过于利用它在东北的地位来改变国共两党之间的态势。苏联出兵中国东北时，即便日本已经宣布无条件投降，但仍然继续进攻，不仅有报日俄战争一箭之仇的目的，更重要的是确保苏联对中国未来政治局势的影响力。

显然，苏联这一做法使之占据主动地位。根据接收协议，苏联应当将中国东北移交给国民党当局，但在此之前，苏联附加了一个条件，即不允许美军进入中国东北。这已经很明显，只要美军不进入东北，苏联便可以非常便利地利用中国东北的交接来影响国共两党。当苏联承诺由国民党接收东北时，也帮助中国共产党在东北发展军事力量。当中国共产党在东北以出人意料的速度壮大军事力量时，国民党只能吃哑巴亏。

如果没有苏联的帮助，中国共产党能否在东北站稳脚跟，甚至能否还能保持影响，不得而知，但有一点可以肯定的是苏联在中国东北的两面性政策，对本来没有互信的国共两党之间无疑是火上浇油。中国共产党增强了力量，使之在不相信国民党的基础上，又增加了当国民党翻脸后与之对抗的底气，这使本来防范并意图限制中国共产党发展的国民党，不仅增加了担忧，而且认为中国共产党根本没有诚心来尊重国民党的执政地位，甚至要威胁并取代国民党的领导地位。这种心态增加了国民党对中国共产党的敌意，成为国民党做出发动内战的“门槛”性决定的助推器。苏联在接收中国东北时，帮助中国共产党强化了在东北的力量存在，增强了中国共产党对苏联的依赖性，还向国民党发出一个明确的信号：“苏联对于中国未来的影响不可忽视。”

苏联在中国东北的两面性政策，也影响到了美国。美国本来偏向于国民党，所以当苏联在落实协定时“耍花招”，便使美国在一系列言论和举措的设计与实施中，无疑会有意识地偏向于国民党，这又使中国共产党难以相信美国调停的客观性和公正性。中国共产党这种心态，又影响到了国民党，恶性循环由此而生。当所有中国人都在对和平与正常的国家建设翘首以盼时，苏联此举无异于使国际社会又对苏联的信誉产生置疑。

事实上，苏联之所以采取两面性策略不仅是因为苏联对中国共产党的矛盾态度，更主要的原因是美国因素。苏联从内心不愿意在中国问题上激化与美国的矛盾，因为在1949年之前，美国是唯一一个掌握原子弹的国家，美国的经济实力、常规军力都远超苏联。如果苏联主动公然破坏协议，美国在其他问题上对苏联的底线就会被抬高，尤其是在苏联最为关注的欧洲事务上。当然，可以肯定的是，如果苏联公开支持中国共产党，美国便一定会公开支持国民党，那么，中国的政治进程将受到美国更为激烈的干预，这样对苏联更为不利。

斯大林对中国共产党的蔑视心理对苏联对抗日战争胜利后的中国的政策产生了重要影响，斯大林对中国共产党最终获得什么样的地位的判断，存在于他个人内心，无法考证。但从他公开支持蒋介石统一中国和欢迎美国政府推动国共和谈来看，斯大林至少对中国共产党未来掌握中国政权是心存质疑的。也就是说，既然斯大林认为中国共产党未来掌握中国政权的可能性不大，也就不可能完全支持中国共产党，而是使中国共产党在未来的中国具有重要影响力，成为苏联影响中国，从而经营周边地缘政治格局的棋子。如果中国共产党最终丧失在中国的地位，苏联也可以以“当年公开支持蒋介石统一中国”来发展与民国政府的关系。

这就造就了这样一个结果——对于苏联而言，如果没有看到中国共产党占有优势，苏联就不会贸然使中国共产党获得它所希望的来自苏联的支持；而如果中国共产党占有优势，苏联则会通过支持中国共产党来控制中国共产党；而如果中国共产党与国民党之间取得均势，那么苏联将会实现它自己利益的最大化。

苏联的如意算盘打得太过于精明和细致，反而使自己的手脚被束缚。这使美国推动国共和谈的作用便凸显出来。美苏对于中国的不同作为，可以使苏联成为中国未来的重要邻国，而不可能在心理上产生深厚的政治认同。即使是最终中国共产党掌握了政权，因为苏联在中国问题上的两面性，既没有得到中国共产党发自内心的完全理解，也导致了国民党强化了对苏联的质疑心态。所以，无论中国的将来如何，苏联都不可能获得中国的好感。后来的历史也证明了，苏联如此作为，无疑是在中苏之间自设樊篱。

如果中国将来由中国共产党主导，苏联可以成为盟友，但仅限于意识形态的认同和物质的互相交换，并且苏联对于这样的中国，其价值就是最重要和最主要的外援，国家上安全方面绝对不可能处于同一个心理状态之中。

如果中国将来由国民党主导，苏联不可能成为盟友，因为在美苏关系日益开始互疑、开始对抗的情况下，蒋介石虽然不可能主动与苏联敌对，但对于苏联在外蒙古问题和接收东北问题方面的伤害之举，蒋介石将成为苏联周边的一个危险“炸弹”。

## 失败的主导者：由朋友变敌人的美国

“难道我们要逃避胜利的责任吗？……难道我们还要把这次大战前弥漫着的国际间的不信任，重新又请出来？我们不能浪费这个胜利！”

——马歇尔赴华调停国共前的演说（摘自《时代》杂志，1945年3月25日）

美国之于抗日战争胜利后的中国，其地位远比苏联更具主导意义，因为美国当时首先提出了一个符合中国民众心理需求的调停目标——避免内战。自从鸦片战争爆发后一百年来，中国一直处于落后挨打、贫穷内乱当中，当中国在第二次世界大战成为举足轻重的胜利国时，中国民众对于和平建设国家的渴望非常迫切。从知识分子到普通民众，都希望各自掌握着大量军队和地盘的国共两党能够放下历史积怨与成见，共同主导国家走向和平。

美国调停无疑令中国民众感到欣慰，中国民众对美国的调停也充满了希望。美国对调停是积极的，罗斯福总统和杜鲁门总统最为倚重的马歇尔担任调停任务，可见美国对中国的重视，也反映了中国对于美国未来的全盘战略有多么重要。

对于美国而言，最佳的状况是中国统一，秩序稳定而不是混乱和分裂，成为美国海外的一个巨型市场。这需要未来的中国政府亲美而且尽量认同美国的价值观，并且最终在政治制度构建上走美国式道路。

中间的状况是国共两党和平共处，中国即使不按照美国的政治制度，那么也是一个不反对美国的中国政府来统一中国。这对于美国而言，风险是苏联从中作梗。

最差的情况就是最终由中国共产党掌握中国政权，中国信奉与美国完全相反的意识形态，并且与美国敌对。所以，基于自己的内心对中国的期望，美国的调停设想是首先避免国共武装冲突，一旦出现武装冲突，也要立即停止，从而为和平解决其他矛盾创造条件；然后是推动，甚至是必要情况下主持国共两党进行议题广泛、先易后难、先局部问题后全局问题的政治谈判，成立一个广泛的代议制政府；最后是两党交出军队，完成军队“国家化”的统一整编。

应当说，这种设想是符合当时中国民众的政治憧憬的，至少是从形式和规划上可以为国共两党所接受。“避免冲突——联合政府——军队国家化——稳定制度”的步骤也立即得到国共两党、中国普通民众、国际社会的一致认可。

但美国在具体操作中，立场具有明显的偏向性。因为国民党军队在对日本战争承担了主要正面战场的作战任务，而且蒋介石比中国共产党与美国的渊源更加深厚，在美国的政治心态中，中国共产党几乎是一片空白，甚至被妖魔化。这些因素自然不可避免地在美国调停中有所体现，这使美国、国民党、中国共产党三方互动中，出现巨大的裂痕。从一定意义讲，美国在调停上，既没有充分照顾到不可忽视但却处于弱势的中国共产党，也没有充分照顾到处于执政地位但又不够强势的国民党。所以美国在国共两党之间，言论上属于不温不火的客观立场，但却低估了操作过程中的复杂性，其国共调停失败归结于昧于中国政治现实，过于理想化。另外，美国设想联合政府的组建方式，既与蒋介石个人主张格格不入，也与中国共产党的主张不尽相同。可想而知，美国的调停如何能取得成功呢？

美国既难以取得中国共产党完全信任，也使国民党认为美国在偏袒中国共产党，没有照顾战时血肉联系的坚定盟友的利益。

美国没有使蒋介石改变对中国共产党的根本态度。当然，美国也不可能改变蒋介石对中国共产党的根本态度，因为美国自己就改变不了。蒋介石从来就没有放弃过对中国共产党进行军事扼杀的意图，他一直在积极准备内战。在蒋介石看来，国民党军队经过与日本的血战，又获得美国的装备支持，战力自然远远高于中国共产党军队，应当可以较为轻松地歼灭中国共产党军队。这一判断，从蒋介石宣布准备利用三个月时间来“戡乱建国”便可看出。蒋介石对中国共产党既恨之入骨，又担忧中国共产党壮大实力。在这种心态下，蒋介石其实是把美国的调停当作攻打中国共产党的准备期，美国甚至被蒋介石认为是在“帮倒忙”。

此时的中国共产党并没有正式的名分在国际社会中代表中国，而且已经承诺认可蒋介石作为中国政府首脑的地位。此时，蒋介石仍然致力于包围中国共产党领导下的地区的军事部署，调兵遣将，其意图路人皆知。中国共产党也不可能将希望置于美国对蒋介石的“劝阻”上，反而认为美国的调停是缓兵之计，是帮助蒋介石抢占地盘，准备包围中国共产党。

所以，当蒋介石主动将小规模摩擦扩大为大规模军事进攻时，美国便只能有一个选择，那就是支持蒋介石政府尽快完成军事扼杀共产党，尽快按照美国的需求建立一个亲美的中国。这也使美国面临这样一个结局，即除非国民党赢得内战，否则，美国便会失去中国。

## 格局初定：陆海分离

盖太平洋之重心，即中国也。争太平洋之海权，即争中国之门户权耳。谁握此门户，则有此堂奥，有此宝藏也。人方以我为争，我岂能付之不知不问乎？

——孙中山《建国大纲》

中国内战的爆发，不仅是因为中国国内的意识形态问题、社会阶级矛盾问题和民国政府的腐败专制问题没有得到解决而导致国共两党对于中国走向何种道路的争夺，而且是因为国际战略格局中，美国和苏联两种意识形态、地缘政治力量斗争和较量不可调和的结果。此时的中华民族，开始成为世界上最强大的两个国家的博弈中最重要的力量筹码，影响着美苏各自的形势和各自未来的战略走向。

内战的结果是中华民族分成了两个部分，即一个是中国大陆，另一个是中国台湾。内战刚刚结束时，由于战争创伤，它们都依赖于外部力量的支援，一个背后是苏联，一个背后是美国。它们之间的关系反映了已经开始的美苏之间的冷战在东亚地区的主动和被动。

中国共产党在短短三年之内，打败了美国支持的国民党，无疑出乎斯大林意料之外，使斯大林增添了复杂的心理。因为自己支持的政党取得军事胜利，自然会有胜利感，而且意味着苏联南部除了刚刚获得独立地位的蒙古之外，又多了一个国土面积庞大得多、并具有共同意识形态的新中国。但是这个新中国对苏联的期待具体会有哪些？毛泽东等人虽然获得过自己的支援与帮助，但毕竟是通过自己在艰危中武装斗争而取得如此成就，必定会有强烈的独立性，此时的苏联应当怎样来影响新中国从而服务于自己的利益呢？从地缘政治斗争的历史经验出发，一夜之间，在旁边出现了一个庞然大物，作为赤裸裸的现实主义者的斯大林的心态之复杂不言而喻。

从历史上看，苏联，尤其是斯大林时代的苏联，针对中共是极富戏剧性的。作为中国共产党的主要创始人，毛泽东在成为中国共产党领袖之前，经常被斯大林控制的共产国际组织派出的代表极力排挤，而且排挤的结果是毛泽东提出的有利于中国共产党生存和发展的正确主张遭到弃用，从而使中国共产党的生存和发展走过许多弯路。在西安事变中，苏联和美国一起谴责扣压蒋介石并受到中国共产党支持的张学良；在国共内战爆发前，苏联政府宣布支持国民党统一中国，不承认除国民党之外的任何中国政府。苏联对于中共的现实主义手法使中国共产党的内心充满了积怨，虽然承认自己是共产国际的一部分，也接受它的领导，但存在诸多不满。中国共产党掌权后的新中国对苏联不可避免地会带有这些历史积怨的痕迹。

但双方是现实的，因为从根本利益而言，中国共产党执政对于苏联是最理想的结果，而新中国也需要苏联的支持。1949年夏天，国共两党战局已定，中国共产党便开始筹划新政权、新制度，自然需要得到苏联的帮助和指导，这对于巩固苏联在“二战”结束后本已很高的国际威望是非常有利的。新中国的成立，不仅壮大了社会主义阵营，而且导致了国际局势的一系列剧烈的变化。1949年前的苏联，凡是与美国西方产生矛盾，最后总是以让步而结束，处于明显弱势。而新中国的成立，在国际社会代表着美苏在中国问题上的较量中，苏联获得完胜，是“二战”结束后的美苏对抗以来，首次使美国产生挫败感。美国感到苏联共产主义正在欧亚大陆东端扩张，而苏联感到社会主义阵营正在越来越强大，增加了与美国对抗的底气。新中国的成立，使得美苏之间更加不可能考虑妥协，而使冷战刚刚开始便剧烈起来。

虽然国民党败退台湾，但对于蒋介石政府在中苏关系方面遗留的一些问题却必须由新中国“接管”，这是任何一个政府必须对自己的国家与民族承担的责任和义务。蒋介石政府与苏联政府之间主要包括中国长春铁路、外蒙古等问题，由新政府与苏联共同解决。

此时的中国虽然更换了政府，更换了意识形态，但与苏联的地缘政治关系并没有发生改变。因为国土饱经战乱，新中国对苏联的依赖比抗日战争时的民国时期还要严重。作为穷弱之国，民国时期与苏联交涉长春铁路和外蒙古问题时，尚有美国撑腰，但新中国与苏联交涉这两个问题时，是独立进行，自然无法动摇苏联的立场。

从当时的现实来看，这些问题不可能超越中苏两国战略格局大势，苏联需要新中国壮大社会主义阵营，同时通过新中国利用其影响力，将共产主义意识形态继续向外辐射，使美国在亚洲增加了一个倔强的对手。而从战乱中而来的新中国，需要大量的资金和物资、人才来进行正常的国家建设，而且需要进一步攻击败退到台湾的国民党残部以统一全中国，这些仅仅依靠自己独立进行肯定是不可能的。

所以，新中国和苏联之间所有问题都不可能跳出这个大势的框架，其中也包括涉及新中国主权和尊严的一系列敏感问题。在处理这些问题时，对于苏联而言，既要对新中国表现出友善和坚定的支持，还要不露声色地进行心理上的打压，甚至是震慑。因此，当中国共产党在1949年5月国共内战大局已定，正式组建以刘少奇为首的代表团秘密对苏联进行访问，与斯大林讨论建国问题时，斯大林表现出少有的谦逊，甚至还对当年在指导中国共产党革命战争时所出现的错误进行了含蓄的自我批评。然而，过后不久，当身处中国的毛泽东提出希望苏联同意外蒙古并入内蒙古管辖时，得到的却是冷漠而傲慢的拒绝。

这也说明，在中苏之间，意识形态的趋同对于国际关系的影响力远远不及地缘政治现实。从这个逻辑进行推理，新中国的建立使欧亚大陆上出现两个互不信任，并且存在诸多历史积怨的大国。新中国的成立使欧亚大陆的陆权争夺出现了一旦爆发便颠覆历史的新的“火药桶”。

中苏是互相需要，而不是战略心态上的契合，这主要取决于两个方面。一是民族属性的差异和领导人特点。从民族属性而言，苏联无非是俄罗斯的新身份，没有超越俄罗斯内在的民族历史和文化，不可避免地带有俄罗斯的历史遗迹。苏联的生存之道既根植于新制度迸发的新力量，也根植于俄罗斯民族谋求生存和发展的传统当中。斯大林是苏联的开创者之一，但本质上就是旧俄罗斯的延续者，他使苏联走向顶峰的过程中，无一不带有俄罗斯的历史印迹。而新中国自认为是具有五千年文明的继承者，悠久的历史使民族自尊心和对民族历史的自豪感极强，毛泽东个人独立、倔强的性格，以及对中国历史的深厚素养，决定了新中国不可能甘于附庸和摆布，可能会因为一时困难而暂时寻求妥协，甚至忍辱负重，但丝毫不可能改变中华民族在骨子里面对困难时不屈不挠的坚强性格。否则，有哪个民族能在短短一百年里经历那么多的苦难，又能重新屹立起来呢？

新中国在立国之初，积贫积弱，自然无法奢谈陆权。但从地缘政治现实与逻辑演进规律看，陆权态势却并没有因为新中国对苏联援助的依赖而确定下来。这主要是因为新中国学习和借鉴苏联进行工业化建设的方法和道路，但并没有“邯郸学步”式的完全按照斯大林为自己设计的模式。如果新中国在所有方面都对苏联照搬照套，发展下去免不了就会成为苏联的附庸。新中国保持独立性，对苏联而言，既然蒋介石政府遗留下来的问题已经得到解决，那么中苏之间关系的稳定，有利于使苏联收敛在欧亚大陆东端的扩张欲望。

东亚的地缘政治现实决定了必须取得海权和陆权的全面支配地位，才能主导秩序。当东亚封贡体系崩塌后，具有陆权的可能——苏联、中国、日本、美国。这四个国家有两个在海上，因为日本资源奇缺，对近在咫尺的欧亚大陆的东端的资源高度依赖，美国出于对贸易和海权的双重需要，美国需要陆权，而苏联和中国就是陆地大国，陆权决定着这两个国家的生死存亡，自然为它们所关注。对于美国和日本而言，不希望欧亚大陆东端出现一个独大陆权力量，而对于苏联和中国而言，既要避免美国和日本的威胁，又要防止对方成为自身最直接的威胁。这样的四者互动决定了一个现实，即是除非美国和日本同时衰落，并且苏联或者中国有一方衰落，否则陆权就不可能被一个大国所垄断。现实是苏联不断强大的同时，还面临着越来越大的冷战压力，南部又出现一个新的大国。此时，日本已经战败并被美国控制，而美国也因为新中国的成立而退出欧亚大陆东端。

如果新中国不出现，或者中国大陆没有统一，那么苏联将会成为历史上首个从北面包围欧亚大陆腹地的霸权强国。而中国以社会主义意识形态完成大陆的统一，刚建国便与苏联结盟，实质上也完成了对苏联边界的确定，苏联便没有理由再向南扩张。中国大陆的统一对于遏制东亚地区，甚至是整个欧亚大陆的霸权具有决定性作用。当中国共产党完成对新疆的主权维护后，更是对苏联的限制。虽然同盟关系造成了中苏关系蜜月，但却在客观上固化了这样一个事实——欧亚大陆不存在一个独霸力量。因为中苏同盟，中国大陆的统一对苏联最大的抵制不是中俄漫长的位于欧亚大陆腹地直到东端的边界线，而是使欧亚大陆东端漫长的海岸线避免被苏联掌握。因为如果一个超强之陆权又掌握海岸线，那么陆权秩序便已确定。

因为美国在国共内战时支持国民党，尽管新中国与美国均有意接触，然而在意识形态主导大国关系的时代，新中国与美国之间很难抓住稍纵即逝的时机进行接触。其实，在国共爆发内战之后，新中国在三年内出现，完全出乎美国意料之外。美国和新中国都没有做好与对方打交道的准备。

美国大使司徒雷登并没有在国民党“迁都广州”[①]之后，离开南京。这说明美国并不完全排斥与新中国打交道，并想对新中国摸摸情况再决定，但是，中间爆发的一系列事件以及美国表现出来的游离与犹豫之态，新中国政府便对美国形成如下认知：美国仍然坚持反对、甚至扼杀新中国的立场。因为当苏联刚刚成立时，也遇到过资本主义国家的联合武装干涉。而当司徒雷登大使离开中国后，新中国与美国之间便彻底断绝了往来。

新中国此时完全有理由认为以美国为首的西方是新中国的唯一威胁，为安全以及进行正常的国家建设考虑，中国必须紧紧团结苏联。因此，中苏同盟便立即出现。中苏同盟是新中国走向世界舞台的第一步。新中国刚刚诞生便成为社会主义阵营中举足轻重的一员。

此时，新中国暂时抛开与苏联的历史积怨与芥蒂，苏联的资金与物资援助，对于新中国而言，是非常重要的。然而，新中国对待西方却是怀着怀疑、警惕和敌对的心态。

当然，还有一件事情，使新中国对于冷战产生了重大影响，即是苏联于1949年成功引爆第一颗原子弹。打破了美国核垄断的苏联，内心中追求与美国平起平坐的国际地位的意志更加强烈，也可能利用打破核垄断的有利时机，与美国缓和。苏联开始具备核打击能力，对于新中国而言，无疑既是一种鼓舞，也是一种担忧。鼓舞的是，如果美国对中国进行核讹诈时，可以利用苏联的核力量。但是，苏联具备核打击力量，也可以更加利用核优势，更加容易做出令中国心理难以接受的对内政的干预，使中国受到苏联制约。

当然，美国并没有因为苏联成功引爆原子弹而向苏联让步。欧洲

① 1949年初，蒋介石下野后，李宗仁任代总统。因为解放军已经完成突破长江的作战部署，所以，南京国民党政府决定1949年4月25日南迁广州。

局势因为第一次“柏林危机”[①]差一点走向直接的武装冲突，使美国难以相信苏联真心缓和，而更加愿意相信苏联不仅在挑战美国的国际地位，而且处处与美国作对并拆美国的台。苏联引爆原子弹，使冷战态势从一开始就朝着加剧的方向迅速发展。而新中国的成立，无疑是苏联引爆原子弹后加剧冷战的又一次“火上浇油”，美国也无疑不会从外交上承认新中国的国际法理地位。

美国既然不承认新中国地位，那么自然会维护败退至台湾的国民党。此时，国民党尚未在台湾立足，而且大部国民党党员和军人，祖籍均为大陆，由于被打败而“背井离乡”，还不知道什么时候可以“还乡”。内战失败致使士气低落、人心不稳。但是，台湾岌岌可危的处境并不是国民党在台湾被赶走，而是美国不保护台湾，使中国共产党趁势武力攻打台湾。新中国刚刚成立时，在没有足够的海上力量的情况下，便解放了海南岛，这使中国共产党对于武力攻打台湾具备了积极的心态。

对于丧失了中国大陆的美国，自然会考虑到自己在中国问题输给苏联后，应当如何挽回一着。台湾的作用取决于美国如何在西太平洋地区对抗苏联和中国。如果美国仅仅满足于通过占领日本和在东南亚诸多岛国驻军来维护自己的海上优势，那么台湾便在美国的保护范围之外。当然，如果台湾失去美国的保护，那么当台湾被新中国解放后，美国在西太平洋的军事部署将会处于急剧不稳定当中。因为台湾位于欧亚大陆东南端，向北可制约日本，向南则可辐射到东南亚，对于已经在日本和东南亚存在军力部署的美国而言，如果台湾不被国民党掌握，那么美国在西太平洋上的军力部署处于被分割状态。西太平洋的冷战态势将会出现决定性倾斜。后来的历史也证明，美国因为丢

① 柏林危机（Berlin Crisis）共有三次，第一次发生于1948年，又称“柏林封锁（Berlin Blockade）”，是冷战开始后最早发生的一次危机，其导火线为1948年6月24日苏联阻塞铁路和到柏林西部的通道，至1949年5月12日苏联宣布解除封锁，停止行动之后，危机得以缓和。第二次发生于1958年，苏联发出最后通牒，要求英美法6个月内撤出西柏林驻军，后来以苏联让步完结。第三次发生于1961年，苏联重新提出西柏林撤军要求，事件以苏联在东柏林筑起柏林墙完结，美苏关系以苏联冻结柏林问题而得以缓和。

失了中国大陆，致使冷战拖延至50年后才宣告结束，可见中华民族在冷战格局中的关键地位。

如果在美国与苏联开始冷战之初，中国便亲美，苏联的压力可想而知，整个冷战态势将会逆转，导致美国失败并在冷战中处于劣势的朝鲜战争和越南战争便难以爆发。如果美国在丢失了中国大陆后又丢失台湾，那么整个太平洋战略格局将会出现颠覆，即使不一定激励新中国大力发展海军，那么也会使日本的心态出现变化，使美国利用日本来对抗苏联和中国的风险急剧增加。

新中国没有解放台湾，使中华民族处于两岸分治状态，但也可以看出，中华民族的分合对世界格局的影响。对于陆地而言，如果新中国解放了台湾，那么毛泽东等人在中苏同盟的心态上产生变化，至于哪些变化不能贸然推定，但必定更加具备独立性，甚至可能使苏联早于美国对新中国进行防范和围堵。如果新中国解放了台湾，那么导致中美之间更加剧烈的军事对峙，即使当时的毛泽东没有强烈的海权意识，那么也会使台湾成为与美国斗争的重要地缘政治支点。对于美苏而言，此时的中华民族，如果太强大，不好控制，如果太弱小，担心被对方控制而使自己处于弱势。所以，两岸分治使美苏在东亚取得平衡，而两岸分治又成为美苏各自减小压力的缓冲。正如欧洲的德国，分成东西两部分，美苏冷战走势，在欧洲取决于德意志，而在亚洲取决于中华民族。

朝鲜战争确保了美国在第二次世界大战之后的海上霸主地位，朝鲜战争之后的新中国也必须加紧全力来进行经济和军事的国家建设。然而，因为意识形态对立和地缘政治斗争使亚太地区在西太平洋出现不同境况。虽然中国在朝鲜战争没有输，而且还在20世纪60年代开始拥有原子弹，在第三世界国家中享有极高的威望。然而新中国在20世纪60年代的经济出现停滞，而海峡对面的台湾经济却越来越繁荣。不能说这是两岸制度之间的优劣，而是特定的历史环境下的中华民族内部的差异，因为冷战而开始出现鸿沟，而且鸿沟随着两岸制度的不断巩固互相可以妖魔化对方，逐渐成为中华民族的一大遗憾。

# 奠基陆权和丧失海权：朝鲜战争

如果最聪明的人们在世界上企图与我们寻找进行这场该死的战争的最糟糕的地点的话，无论从政治上和还是从军事上考虑，都会无一例外地选中朝鲜。

——美国前国务卿迪安·艾奇逊《艾奇逊回忆录》

“朝鲜战争”[①]在新中国立国之初便发生，其意义是巨大的，也是复杂的。从战争的破坏性角度看，既然要发生，早打比晚打要更加没有包袱，因为战争肯定要造成破坏，等到建设具有丰富成果再因为战争而破坏，更显得不值。从战争威胁程度看，如果不打，那么即使美国仅仅满足于只占领朝鲜半岛，也会使新中国面临新的被动，那时候的新中国，东北、西北背靠苏联这个社会主义阵营中的盟友。东北是新中国发展先进工业的基地；西北虽然出现了新疆的独立势力与活动，但由于当时具有丰富斗争经验的领导人采取了坚决而又灵活的斗争策略，基本上保证了稳定；西南方向上，主要涉及印度和东南亚诸国，由于印度刚刚脱离英国殖民体系不久，中印两国在西藏问题上的矛盾尚未凸显，西南方向的安全形势总体上是稳定的。东南是20世纪50年代的焦点与难点，美国出于冷战需要、意识形态、地缘战略等多种因素考虑，形成了对新中国的海上威胁与封锁。同时，在东南方向上，新中国也面临着解放台湾的现实任务。但是由于朝鲜战争爆发，使得东南方向继续成为威胁新中国的主要方向外，东北方向又成为最直接、最紧迫的现实威胁。新中国在东北方向随时面临着美国的威

① 1950年6月25日，朝鲜进攻韩国，7月7日，联合国安理会通过第84号决议，派遣联合国军（美国、英国、加拿大、澳大利亚、新西兰、荷兰、法国、土耳其、泰国、菲律宾、希腊、比利时、哥伦比亚、埃塞俄比亚、南非、卢森堡）支援韩国抵御朝鲜的进攻。10月25日，中国人民志愿军应朝鲜请求赴朝作战，经过5次战役最终将战线稳定在“三八线”一带。1951年7月10日，中华人民共和国和朝鲜方面与联合国军的美国代表开始停战谈判，于1953年7月27日签署《朝鲜停战协定》。

胁，如果不在东北遏止美国入侵威胁，那么新中国的安全形势将必定是国家整个东部都面临着巨大威胁，在东部，有新中国发展工业的“种子力量”，也有自古以来的主要税赋重地（江浙沪），还有一个随时可能利用新政权面临安全危机进行反攻的台湾国民党政权。如果整个东部面临威胁时，苏联可能利用新中国的安全需求而采取大国沙文主义政策，致使新中国整体安全形势处处被动，受制于人。所以，新中国在20世纪50年代中，不仅需要在东南方向维护领海、领空，而且当东北方向出现现实、紧迫的安全危机时，果断抗美援朝，保证整体安全态势的稳定。

新中国的成立，其地缘政治意义已经超越新中国的管辖之领土，对朝鲜半岛也产生了影响。受到毛泽东没有接受斯大林划江而治的提议的影响，在北朝鲜已经建立政权的金日成深受鼓舞，更加坚定了要统一朝鲜半岛的决心。在中苏缔结盟约不到半年内，便开始进攻南朝鲜，导致朝鲜战争爆发。朝鲜战争的爆发，又使美国与苏联、中国正面相撞的几率大为增加。

朝鲜战争爆发对世界的影响，其转折点在于美军在“仁川登陆”[①]。从此，无论中苏如何应对，袖手旁观或者正面与美国冲突，都会导致冷战不可逆转深度加剧。袖手旁观，使美国认为中苏色厉内荏，更加会强化对苏联与中国的遏制；正面与美国在朝鲜半岛冲突，那么，就会导致新的世界大战。这无疑在考验着中苏联盟的决心与能力。

美国认为，朝鲜半岛已经签有协议，协议必须严肃执行。然而，北朝鲜金日成政权却违反协议，这无疑带有相当严重的后果。美国便判断这是苏联在支持中国共产党取得中国大陆后的又一次推动共产主义扩张的重要信号。如果不做出明确有力的反应，无疑会造成美国的信誉、地缘政治安全和意识形态等各个方面难以估量的损失。届时，

① 朝鲜战争爆发不到两月，即1950年8月中旬，朝鲜人民军将韩军驱至釜山一隅，攻占了韩国90%的土地。联合国军于1950年9月15日开始在朝鲜人民军后侧实施两栖作战行动计划，不到两周时间便攻占仁川及突破了釜山地区在敌军后方之一系列登陆，当时参与这次进攻的联合国军主要组成部分是由美国陆军五星上将道格拉斯·麦克阿瑟所指挥的美国海军陆战队。

西欧和日本都会质疑美国保护它们安全的能力，从而动摇美国领导地位。这使美国认为，如果不做出反应，在国际社会中的实力地位受到巨大影响，对于刚刚开始的冷战而言，遏制战略初定便遭遇挑战。

事实证明，美国是否应当在北朝鲜半岛的仁川登陆直到现在都在争论。然而，有一点是可以肯定，自从冷战开始以来，苏联掌握原子弹和新中国的出现，在短短三年内便已经产生巨变，对于当时非常缺乏大国之间联络机制的国际社会而言，完全有理由相信，走社会主义道路的国家不会停止增加，而背后的推力必定来自于苏联。

不能否认，苏联出于地缘政治和意识形态，当然希望周边出现更多以苏联唯马首是瞻的社会主义国家，但如果美国认为苏联正在有计划地进行意识形态扩张，倒是高估了苏联的向外输出意识形态来改变地缘政治劣势的能力与意志。斯大林的目的无非有两个，一是给美国人制造麻烦，分散苏联在欧洲感受到的压力；二是在这个基础上，支持社会主义阵营的扩大。斯大林在第一次柏林危机中最后时刻还是选择让步妥协，足以说明斯大林并没有破坏美苏现实态势的意志。

朝鲜战争爆发，并不是斯大林的主动作为，至少是斯大林没有将其作为解决朝鲜半岛问题的首选。即使是苏联极力支持并主动鼓励北朝鲜攻打南朝鲜，那么斯大林也是以不过分刺激美国为前提的。完全可以肯定，如果斯大林知道北朝鲜如此作为会导致美国出兵朝鲜半岛，斯大林不可能不对金日成进行强力的约束。

此时的新中国，刚刚成立，出于共同的意识形态立场，当然支持朝鲜半岛最终成为社会主义国家。因为无论是意识形态，还是地缘政治安全，无疑对新中国具有积极的意义。但新中国此时需要进行正常的国家建设，还面临着解放台湾最终统一全中国的重任，无论哪个任务，其艰巨程度，都需要长期和平，这决定了新中国从内心中不可能希望周边出现导致美国强力介入的战争。

朝鲜战争爆发反映的是大国博弈，金日成获得来自苏联和新中国的支援后对形势的错误估计。苏联向朝鲜武装力量援助了坦克、火炮等重型武器，新中国将自己军队中几乎所有朝鲜族官兵编成整师，送回朝鲜。而美国极力控制南朝鲜军队获得重型武器装备，其训练和编制仅仅比警察严密。苏联、中国的支援和美国对南朝鲜非常有限的支援，无疑使金日成有了冒险一搏的心态。

两次世界大战的导火索都是来自小国。第一次世界大战的导火索是萨拉热窝、第二次世界大战的导火索是苏台德，但都是大国博弈的结果。第二次世界大战爆发前，刚刚强大起来的德国吞并奥地利和苏台德地区，西方均在采取绥靖政策而且不团结，使德国野心越来越大。朝鲜战争与第二次世界大战爆发有相同之处，就是美国、苏联和中国之间互相敌对、互不信任，这种互动无疑是错误信号，使小国判断错误。朝鲜战争爆发的根源与第二次世界大战一样：大国不能形成一致，便被小国所乘。

新中国的问题就是只盯着美国和苏联，而忽略了周边小国对美国、苏联的影响，从而对自己周边产生影响。这对于希望和平和解决最后的统一大业的新中国，无疑是刚准备修理自己屋子，邻居却点火导致火灾，只能被迫以延误修理自己屋子为代价先替邻居灭火，以免自己尚未修理的屋子付之一炬。当然，新中国初建，目光也只能聚焦于大国。

朝鲜战争最失望者是苏联。按理说，新中国与美国正面相撞，作为苏联而言，应当是坐收渔翁之利的难得机遇。从冷战局势而言，苏联相对于美国，缓和美苏紧张关系的意愿更加强烈，而新中国成立后，被美国认为是苏联进行意识形态扩张的工具。尤其是朝鲜战争爆发，北朝鲜进攻南朝鲜，中国又大规模出兵，都被美国认为其幕后是苏联的操纵。如果北朝鲜达到目的，苏联将步步对亚太进行吞并，会使中东和整个欧洲处于危险之中，最终不得不打世界大战。所以，美国出兵朝鲜势在必行。

朝鲜战争的过程无须赘述，但有一点必须注意的是，苏联缓和冷战局势的愿望落空，而且刺激美国在朝鲜战争停战不久便重新武装西德，将西德纳入北约军事体系，强化在欧洲对苏联的强势姿态。欧洲是苏联的战略重心，苏联最担心的是德国问题，而美国重新武装西德之举，迫使苏联只能放弃缓和之略，以对等的强硬之举应对。

对于苏联而言，南边的新中国通过朝鲜战争站稳了脚跟，并提高了国际地位，本来新中国与苏联就存在着很大的历史积怨，而苏联在朝鲜战争中的一些出尔反尔的举动加剧了新中国领导人这样一种印象：苏联根本靠不住。中苏关系最后的破裂，实际上始自于朝鲜战争。新中国参战前，苏联答应为入朝作战的中国军队提供空中掩护，最后却失言。朝鲜战争后，苏联不得不面对一个独立性更强的新中国。从这个方面讲，朝鲜战争，名为中美正面相撞，实际上出现了新中国彻底摆脱苏联影响的萌芽。

朝鲜战争使新中国成为欧亚大陆东端的一个强大陆权和太平洋西端的一个潜在的强大海权，导致了苏联、美国都在防范中国。苏联防范中国，是通过加强对中国的影响力，使中国听命于自己，并且适当地给新中国的建设以援助，比如派出顾问援助中国的科学技术以及经济建设，而美国则是利用海权，在军事上威慑新中国，并且通过支持台湾国民党政权来遏制新中国。

美国最终通过朝鲜战争，巩固了自己的海洋霸权，因为它不仅在欧洲周边主要海域上取得绝对优势，还在朝鲜战争中，派出海军第七舰队部署于台湾海峡，这无疑使自己在“二战”中战胜日本后，强化了对太平洋岛屿链的控制。至此，美国彻底完成了对世界各大海洋和关键海域的控制。

此时的中华民族，被一道狭隘的海峡阻隔了统一。这不是中华民族的本意，也不是毛泽东和蒋介石的本意，而是当时国际社会的现实写照。中华民族的两岸分治不仅缔造了历史的新的延续，而且还反映了当时世界上意识形态对立、大国进行地缘政治对抗的主流取向。那时候的世界非黑即白，所有坚持自己信仰的一方都认为不同于自己信仰的人是敌人，中华民族怎么可能不受到影响呢？

新中国如果在三次战役后，便回应美军提出的谈判，那么会最终获得比五次战役后更好的谈判地位。因为三次战役后，美军便主动提出谈判，在此之前将麦克阿瑟撤职，足以显示美国不想在朝鲜半岛纠缠，此时新中国有相当好的条件来诱使美军同意中美双方同时撤出朝鲜半岛。如果双方撤出朝鲜半岛，占据主动的是中国而不是美国，因为美国撤出朝鲜半岛，再进来就要渡过整个日本海，而中国再进入朝鲜只需要跨过鸭绿江。即使没有撤军，但双方在那时停战，中国会获得彻底胜利的声誉，完全可以凭借巨大的心理优势和主动地位，影响朝鲜半岛形势走向。然而，现实是新中国在三次战役之后，便制定了过高、过于理想化的目标，新中国希望将美军彻底赶出朝鲜半岛，所以有了第四次、第五次战役，每一次战役都激起了美军比前一次更加强劲的反改，前三次取得的优势遭到削弱。

第二次世界大战的结束开启了冷战，而朝鲜战争加剧了冷战。冷战加剧的结果就是除美国武装西德之外，中美之间在西太平洋开始军事对峙，这又导致了中美之间错误地分析对方的真实意图。新中国政权的建立离不开苏联的帮助，但是一边倒的外交，并不意味着新中国想激化与美国的敌对关系。新中国只是希望美国不要侵犯国家安全，并且承认其政权与制度在国际上的合法性，即只有新中国才能在国际上代表中国，而不是处于台湾的蒋介石政府。无疑，这种期望对美国人来说是难以接受的。朝鲜战争后，台湾暂时获得安全。所以，中国共产党在大陆，国民党在台湾，两个政权都认为自己才有资格在国际上代表中国。这使美国只要与其中一方交好，必将致使另一个政权的敌对。

当美国仇视新中国并支持同样执敌视态度的台湾时，新中国领导人无论从感情还是从现实利益出发，都只能选择与苏联结盟。其实无论是苏联还是中国，它们都不想和美国发生正面冲突，但是朝鲜对于中国和苏联的地缘政治安全具有举足轻重的作用，所以不得不引起中国和苏联严重的危机感，如果美国仅仅将战线限制在“三八线”以南，可能就是另外一种局面，国为即使新中国出兵，也不可能那么快、那么坚决。新中国极为剧烈的反应完全出乎于美国意料之外。

在弱肉强食的国际社会中，政权都是打出来的，如果没有朝鲜战争，那么新中国不可能那么快受到重视与尊重。但是朝鲜战争使狭窄的海峡逐渐“变宽”，大陆和台湾渐行渐远，虽然两岸都承认只有一个中国。台湾蒋介石政府在美国的保护下发展经济，最后由其继承人模仿美国的民主制度，这给未来中华民族出现一些变数埋下了伏笔。中国大陆和台湾分治，使中华民族丧失了发展海权的基本条件。因为两岸分治带来了诸多历史矛盾的积累，如钓鱼岛问题、南海问题，使得它们成为中华民族走向远洋的首要障碍。如果中华民族完成历史性统一，显然在面对美国这一超级海权力量时，一定会对日本处于绝对强势地位，并且在西太平洋地区处于中心地位。

朝鲜战争对新中国的影响体现在未来的国家发展上。第一，朝鲜战争延缓了新中国正常的和平时期的经济建设。毛泽东等人的建国思路因为朝鲜战争而受到影响。在1953年，当朝鲜战争停战协定签订后，新中国便立即开始了发展国民经济的第一个五年计划。由于朝鲜战争带来的和平红利，使五年计划异常顺利。但是，朝鲜战争也可能间接影响到毛泽东等人在之后，尤其是1957年前后的建国思路。毛泽东作为一个从战争中走过来的领导人，自然更加愿意相信和平之所以宝贵，是因为战争的胜利，而战争的胜利又是以利用和平时期加快国家综合实力建设为基础的，所以，在国家建设上出现了“大跃进”的错误。第二，朝鲜战争使新中国背上了巨大的经济包袱，使苏联认为它掌握了更多制约中国的筹码。以致后来苏联总是利用外债和技术与物资援助来迫使新中国就范，从而爆发中苏论战，甚至最终决裂。

朝鲜战争使美国对台湾开始正式的军事援助，并且在台湾岛派驻军队。这既是美国对台湾的保护，使在台湾的蒋介石政权遭到新中国的军事攻击的可能性大为降低，但也是美国对台湾的控制，因为蒋介石一直希望反攻大陆夺回失去的政权。从现实出发，蒋介石必须获得美国的帮助，否则无能为力。然而，朝鲜战争一结束，美国与新中国正面相撞后，发现如果支持和帮助蒋介石反攻大陆，将会面临极大的失败风险，即使蒋介石反攻中国大陆可以占领一部分沿海省份，但一定会导致中国大陆出现新的混战局面，苏联重新进入中国大陆的可能性极大，从而破坏美国对苏联的遏制战略的整体部署。此时，中华民族对于美苏冷战胜负具有决定性意义。

朝鲜战争使中国和美国都很难下决心再次迎头相撞，所以尽管美国和中国开始军事对峙，但既没有发生战争的迹象，也不可能出现缓和的迹象。朝鲜战争使美国在欧亚大陆东端开始插足，这不仅使关于朝鲜半岛的协议成为一张废纸，而且使整个亚太秩序陷入不确定性当中，这主要因为苏联、中国、日本三方互动开始催生出许多不确定性因素。因为朝鲜战争，日本作为一个潜在的地缘政治力量，可以利用美国的保护和控制，集中精力发展科技和经济，后来苏联和日本在朝鲜战争停战不久便开始重新建立外交关系而导致变数增多。由于第一次柏林危机解决、斯大林逝世、朝鲜战争停战、苏联新任领导人表现出较为强烈的缓和意愿等因素，美国出于策略性考虑，进行了较为积极的回应，使美苏朝着缓和的方向发展。在这种国际背景下，出现了有利于日本经营周边大国关系的契机。

无论是从发展经贸角度，还是安全角度，日本都需要实现与苏联关系的正常化。从美国角度出发，适度地推动和掌控日苏关系正常化的速度、深度及广度，可以强化对日本的影响，增强美国在远东遏制苏联的战略地位。从苏联出发，与日本实现关系的正常化，可以在美日之间打进一个楔子，并影响到美国的西欧盟国的态度与立场，出现分化瓦解美国冷战阵营的可能。日本一边推动苏日邦交正常化，一边向美国表忠心，保证发展日苏关系决不影响美日关系。在“北方四岛”（俄称“南千岛群岛”）问题上，应美国的要求，日本坚持“北方四岛”（俄称“南千岛群岛”）一并归还主权要求，即使对于苏联主动归还两岛的承诺，也不为所动。这其实是日本利用美国的影响力来增强自身影响力的精明之举。对其国内，可以满足日本国民的心理诉求；对国际社会，此举树立日本正在走向正常国家的形象；对美国，可以满足美国希望苏日之间永远存在不和谐的因素而倚重美国的诉求；对苏联，可以利用“北方四岛”（俄称“南千岛群岛”）问题的争端，防止苏联分化对于日本生死攸关的美日关系。

第二次世界大战结束后，中日两国本有机会像法德一样开启超越历史的和解之路。但朝鲜战争造成的中美对峙，使中日两国几乎处于“失联”状态，不仅分属敌对的阵营，而且失去了民族和解的历史机遇。因此，日本侵略中国的内在诱因没有得到根除。中国对“日本是侵略者”的认知被固化。同时，中日之间的海洋归属和部分岛屿问题，也因为美国出于对中日双方互相制衡需要，出现了产生矛盾诱因。中日之间的历史仇恨并未解决，而且又出现了海洋、海岛没有解决的问题。中日关系成为亚太秩序中最大变数的诱因。

## 挑动世界的紧张神经：台海危机

> 艾森豪威尔并没有把他们在金门和马祖的强硬路线简单地看作一条安抚国内选民的路线，他的意图还在于使莫斯科与北京之间的关系紧张起来。
>
> ——约翰·盖迪斯：《美国的政策与看法：1949—1955年分裂中苏的“楔子战略”》

朝鲜战争结束是新中国走向安全缓和的合适时机。然而，在朝鲜战争中，新中国获得了一个这样的认知：当所有国家的国际地位取决于美苏互动时，新中国却不能将自己的国际地位和国家安全寄托于美苏之间。如果美苏之间关系紧张，新中国在双方的决策依据当中都非常重要。美国必须考虑中国因素，不能重演朝鲜战争的教训，在这种情况下，新中国的安全压力会减少很多，台湾在美国遏制战略的地位也会提高。无论是从心理上，还是从地缘政治方面，苏联更加需要新中国来分散与美国对抗的压力。当美苏开始缓和时，则会导致新中国的战略地位下降，甚至出现苏联以牺牲中国利益换取与美国妥协的可能。这使新中国领导人唤起历史的记忆：日俄战争时出现过、雅尔塔协议时出现过、中国内战时出现过。毛泽东对苏联的不信任，因为斯大林的逝世日益公开化。所以，当赫鲁晓夫上台时，力促与美国关系走向缓和，使本来就对苏联心存芥蒂和疑虑的毛泽东更加担心美国和苏联交好会损害新中国的利益。如果美苏缓和并划分势力范围，必会在涉及新中国与台湾的地位问题，这将可能出现美苏合力导致两岸变成两国而伤害中华民族的重大悲剧。

毛泽东和蒋介石都不希望出现强大的外力迫使两岸分离为两国。从逻辑出发，虽然美苏缓和可能会使新中国和台湾都会感受到安全压力锐减，而且各自安全压力的减少能够各自进行建设与发展。但是，那一代新中国领导人和台湾领导人的个人经历和对现实的判断，都不可能背离"一个中国"这个民族大义而仅仅满足将自己局限于中华民族的部分范围。

新中国的安全压力远远超过了台湾面临的安全压力，台湾只有新中国能够威胁它，但是受到具有不可超越的强大海上力量的美国的保护；新中国不仅面临着美国的直接安全威胁，而且在毛泽东等人心中，苏联令其担心和反感的程度不亚于美国。

此时，毛泽东有两种选择，一是支持赫鲁晓夫推动的"三和政策"①，主动为缓和创造条件。这取决于美国和苏联能否正视和重视新中国的地位和作用。对于刚刚结束朝鲜战争的中美而言，即使美国愿意缓和，也不可能相信新中国对于和平具有推动作用，同样也不可能相信中国帮助苏联推动缓和有决定性作用。因为苏联并没有和中国商量，便单方面提出缓和意愿，显然是不重视中国的地位作用。毛泽东如果采取这种选择也就不可能成功。

二是制造紧张局势，尤其是中美或者新中国与台湾的紧张关系，使苏联与美国难以缓和。如果中国处于紧张状态，苏联就必须履行中

① 三和政策，即"和平过渡""和平竞赛""和平共处"，这是赫鲁晓夫时期苏联对外战略的主要内容。1953年赫鲁晓夫上台，开始调整对外政策，缓和紧张的局势。与西方国家和平共处，在和平竞赛中超过美国；强调发达资本主义国家的工人阶级可以通过议会道路和平取得政权；对社会主义国家强调一致性并谋求美国的认可；对亚非拉地区则加紧渗透扩张，鼓吹通过和平过渡走非资本主义道路，以便把这些国家纳入自己的战略轨道，基本目标是谋求实现苏美合作主宰世界。"三和政策"以缓和代替全面对抗，从而使苏联赢得了外交上的主动权和较大的活动空间，但赫鲁晓夫把美苏之间的和平共处作为所有社会主义国家外交政策的总路线，要求其他社会主义国家的对外政策服从苏联的国家利益，暴露了苏联的大国主义，并成为造成社会主义阵营分化的思想渊源。

苏同盟，与美国处于紧张当中，导致苏联的缓和意愿落空，如果苏联不履行中苏同盟，反而被美国轻视，会提出超出苏联心理底线的缓和条件，使苏联难以接受，同样难以缓和。而且，紧张局势一旦出现，中苏同盟便应当立即生效，此时刚好可以试探出苏联对于新中国的真实心态与底线。

其实，早在美国和台湾签订具有军事同盟性质的《美台共同防御条约》[①]之后，毛泽东就没有采取第一选择的条件。新中国虽然获得浙江沿海很多岛屿控制权，但如果还要解放台湾，只能攻打台湾本岛和澎湖列岛。在军事上做此努力，必须要有强大海军，而且必须在海上和空中使美国失去干预和共同防御的能力。显然，对于新中国而言，在可预见时期内，是不可能完成的任务。第一次台海危机是新中国继朝鲜战争之后巩固安全的首次主动行为，但也是新中国的军事实力能够达到的极限的一次摸底。实践证明新中国可以在陆上主动，却很难在海上和空中主动，虽然占据浙江沿海诸多岛屿，但对于处于外海的台湾本岛却无能为力。但必须指出的是，如果不在朝鲜战争之后立即展开对台湾和美国的主动军事行动，那么很有可能，美国与蒋介石来共同威胁新中国。第一次台湾危机的结束，使台海反攻大陆几乎变得不可能，而大陆攻打台湾的可能几乎为零。

对于美苏而言，新中国实际上是一个“麻烦”。赫鲁晓夫认为中国是与美国缓和的障碍，而美国却认为新中国使自己在朝鲜半岛上丢了世界第一强国的面子。所以，出现“金门炮战”[②]，无疑是新中国避免民族陷入外力分割灾难的努力，虽然有自伤作用，自己的东南，甚至整个东部暴露于美国的军事直接威胁之下，但延缓了美苏缓和，使自己与苏联本已存在的矛盾开始公开化。

① 《美台共同防御条约》，是美国与台湾当局在1954年间签订的正式国际条约，该条约是以军事为基础、包含政治、经济、社会等合作的多目标条约，至1979年美国与中华人民共和国建交时发布声明自动失效，不过随后美国国会通过《台湾关系法》取代之。

② 金门炮战，1958年8月23日，中国人民解放军对驻守金门的国民党军发动了榴弹炮突击，在44天内，向金门射击炮弹几近50万发。金门防卫部副司令官吉星文、赵家骧、章杰等中弹阵亡。1958年8月初，台湾当局也宣布台澎金马地区进入紧急战备状态。8月7日和8月14日，两岸空军在台湾海峡上空发生激烈空战。

美国对台湾的保护，使具有强烈的武力攻打台湾意愿的毛泽东，为了防止美苏之间缓和，决定发动“金门炮战”，这无疑是智慧的体现，同时也使两岸控制住了大局，避免外力分割中华民族而走向分裂。如果美苏缓和，美国必会加强对台湾的控制和影响，甚至可能将台湾推向成为一个独立国家的方向发展；苏联则会加强对新中国的影响与压力。在冷战情况下，这无疑是美苏两家合谋分裂中华民族。所以，当两岸局势一旦紧张，台湾背后的美国，新中国背后的苏联就难以缓和，难以牺牲中国的整体利益来谋求它们自己的利益。

中美军事对峙使新中国攻打台湾面临着的强大障碍，而毛泽东攻打台湾、统一全中国的强烈意愿，根本不可能被赫鲁晓夫所理解和认可。如果苏联推动美苏缓和，无疑要使新中国处于一个非常尴尬的位置，台湾问题的解决不仅受到中美对峙制约，而且更受到苏联的制约。这不仅可能导致新中国地缘政治上的被动，而且会在国际社会上形成这样一个印象：新中国就是苏联的附庸。这对于成长于民族耻辱时期那一代的毛泽东、蒋介石来说，其个人自尊心是不可以接受的。

所以，台海危机，名义上是中美危机，不如说是苏联的危机。我们无法确切地知道台海危机与紧接下来的第二次柏林危机在多大程度上具有联系，但是完全可以肯定，如果没有“金门炮战”，那么赫鲁晓夫就具有相当多的空间来推行缓和政策，而第二次柏林危机是赫鲁晓夫的提议遭到拒绝后发动的。因为西方人不可能与一个半年前还进行核威胁的苏联缓和，也不相信这赫鲁晓夫愿意真心实意地寻求缓和。

## 苏联到底是什么角色：真正的威胁浮现而出

对于一个国家最致命的东西莫过于过分的排外主义，并且完全无视人家的天然的愿望和恐惧。

——伯克《均势战略》

第二次台海危机[①]让松了一口气的各国又重新开始紧张起来。此时可以看到，美苏之间不可能完全按照自己的主观意愿和需要来“主宰”世界。第二次台海危机使世界上所有人都知道冷战的关键点不在于美国，而在于中国。两岸紧张还间接导致了第二次柏林危机爆发，美国和苏联的缓和已不可能，这意味着赫鲁晓夫“三和政策”已经失败，而苏联将其失败责任在很大一部分归咎于新中国。

金门炮战使赫鲁晓夫推动美苏缓和的希望落空，打乱了苏联的“如意算盘”。所以，金门炮战使中苏之间的裂痕公开化，从而爆发为论战和最终的武装冲突。如果要说中国在冷战中的地位和意义，中国也许推动冷战走向缓和的能力不足，但避免冷战双方图谋中国的能力却是足够的。

缓和对于苏联而言，也许有争取时间弥补与美国军力差距的考虑，但反映了苏联在冷战中的虚弱和底气不足，这自然也会被毛泽东轻视。对于美国而言，朝鲜战争已经停战，而且通过两次台湾危机看出，虽然新中国具有相当强烈的意愿来武力攻打台湾，但力有不逮。这主要有两个原因：一是美台军事同盟使美国强大的海军和空军可以直接帮助蒋介石实施海岛防卫，新中国的显然没有足够的海空军力量与美国相抗衡；二是蒋介石积极筹划“反攻”大陆。这两点因素使新中国基本上改变了对台海的军事战略：由主动进攻改为防止台湾反攻。

① 第二次台海危机，指1954年9月至1955年5月，中国人民解放军对金门发动榴弹炮突击、一江山岛战役和大陈岛战役。

朝鲜战争过后，使中美均明确认识到，中美正面相撞只会导致双方无力解决更加重要和紧迫的问题。而第二次台海危机后，中美之间正面相撞的概率则几乎为零。新中国对台湾的政策由武力进攻变成防御和政治上追求和平统一，而美国也不真心希望台湾反攻大陆，而是处处限制台湾发展渡海进攻能力。这样的互动反而造就了新中国需要的和平，至少在中国的东部和东南部没有致命的安全威胁。美国并没有因此而得到战略收益，因为美国并没有因为第二次台海危机而出现应有的战略敏感，主要原因是美国看待中苏关系时仍然被意识形态遮蔽了视野。赫鲁晓夫当时刚刚宣布“三和政策”之后，中国并没有表示出和同盟关系相应的支持态度，这说明中苏之间不满已经非常明显，而且随之而来的新中国主动炮击金门，明显是不给苏联“面子”。

当然，如果美国在那时候着手利用中苏矛盾打入楔子，使中苏分裂，成功的可能性也会小于失败的可能性。因为在第二次台海危机中，赫鲁晓夫便针对新中国可能遭到核打击的可能性而对美国发表声明:“如果对中国进行核打击，就会遭到苏联的核报复。”这说明苏联至少在那时候并没有使中苏同盟走向破裂的想法。另外，新中国与美国的军事对峙使美国成为新中国的直接仇恨对象，美国此时根本没有在中苏之间打入楔子的任何条件，除非中苏之间有一方存在与美国进行妥协的条件。而苏联向美国发表强硬的核报复声明，中国主动炮击金门，美国如果提出和谈，那也是对中苏的示弱，这对于美国来说，也不可接受。

美国在第二次台海危机中，约束蒋介石采取过激的反击措施，仅同意对等的军事措施，而新中国也没有登陆金门或者马祖，使美国和新中国在面子上都可以接受。这反而使美国能够置身于中苏矛盾之外，坐看中苏矛盾公开化。

中苏矛盾对于中苏双方都具有相当大的影响。当金门炮战爆发不久，赫鲁晓夫要么是出于在美国的精力被台海危机吸引而想在欧洲增加对美国冷战压力考虑，或者是“缓和”意图落实后，又想增加压力迫使西方接受缓和的考虑，要么是两者兼而有意分化欧美关系的考虑，发起了第二次柏林危机。当第二次柏林危机爆发时，由于第一次柏林危机的印象历历在目，虽然欧美之间在应对策略上产生了分歧，但分歧并没有干扰西方的统一行动。欧洲和太平洋几乎同时爆发危机，使全世界都处于紧张当中，最终遭到孤立的却是苏联。因为第二次柏林危机，苏联的意图并没有实现，而且促进了欧洲国家内部的团结，例如西德和法国开始走向历史和解进程，其重要的原因之一就是来自苏联的共同威胁。欧洲独立性倾向日益明显，对于美国而言，在经济上多了一个竞争对手，而在政治和军事上并没有走向孤立，反而有一个更加强大的帮手。因为第二次台海危机，中国并没有感谢苏联的核报复表态，反而将"不给面子"变成了公开指责。

苏联此时处于一个尴尬的位置上，不考虑新中国的感受和利益，便决定与新中国的仇敌美国走向缓和，使苏联失去了社会主义阵营中最重要盟友。其实，苏联要与美国走向缓和，却没有取得新中国的谅解，是不可能实现的。这不仅得不到新中国的支持，也不可能获得美国的正面回应。即使苏联获得新中国对走向缓和的支持，美国也可能因为朝鲜战争的原因而怀疑苏联和新中国的诚意，因为可能会导致美台关系产生更多不确定性因素。无论何种情况，美国都难以作出积极的回应。何况苏联推行缓和，没有获得最重要盟友的支持，其成功率会有多高，美国心中更是无底。

当然，新中国也处于安全形势开始走向严峻的时刻，因为历史原因，印度和中国获得独立后，边界矛盾便一直存在。当金门炮战使中美对抗时，1959年，也就是台海危机爆发的第二年，中国又与苏联矛盾开始激化。中国同时与美苏对抗使印度认为解决中印边界矛盾的"最佳时机"已经出现，所以，印度不断对新中国西南有争端地区开始蚕食。中印矛盾开始激化，新中国安全压力陡然增大。

应当说，从与苏联矛盾开始公开化后，新中国的安全压力面临着新中国成立以来最为严峻的形势。从策略上看，一个弱势之国，不应当先后与两个超级大国同时处于敌对状态。然而，固守这种观点的人，无疑是个僵化的机会主义者，而忘记了战略格局的客观现实。这不是新中国在冷战中的错误，那只是意味着在冷战时期与之前的所有历史时期比较而言，仍然存在着"弱肉强食"的丛林法则。这一法则并没有因为世界大战造成的灾难而令大国警醒。新中国先与美国正面相撞、后与苏联矛盾激化，不是新中国多么好斗，而是新中国作为弱势一方的抗争。凡是强国之间达成妥协，均是以牺牲弱国为代价，例如波兰在俄普之间被三次瓜分、欧洲在美苏冷战中导致分裂、伊朗被英国和俄罗斯分别占领等等。新中国如此作为，足以说明新中国无论多么困难、无论对手多么强大，决心都不再以弱势之国所付出的代价来与强国发展关系。

如果没有新中国先后与美国和苏联闹翻，那么在20世纪60年代中，美国和苏联必将先后对新中国施加更大的压力，迫使新中国做出比当年蒋介石政府在中苏关系中所做出的还要大的让步。新中国对两个超级大国采取强硬态度反而使它们难以达成妥协，均需要新中国来作为制衡对手的帮手。50年代，苏联需要新中国来对抗美国，60年代，当美国陷入越南战争后，美国又需要新中国来制衡苏联。先后与美苏闹翻只是一个弱势大国在险恶环境中谋求自身利益的必须付出的代价。

新中国的孤立不是始自于60年代，而是从1959年便已经开始。当"中国与印度之间发生边界纠纷"[①]时，苏联便偏袒印度。而此时，美国开始在台湾大量驻军。虽然如此，新中国在国际社会中彻底站稳了脚跟。在周边大国中，印度不可能对新中国产生致命威胁，只能算是一个外部的麻烦制造者。虽然中苏之间的矛盾已经公开，但苏联不可能威胁新中国安全，因为一旦威胁新中国安全，便会刺激台湾反攻大陆，新中国的夭折便会使苏联的地缘政治形势急剧恶化。美国担心刺激苏联也反对台湾反攻大陆。新中国的安全压力并不会导致美苏同时

① 解放军在进入西藏后，与印度领土接壤而产生一系列领土问题，在双方会谈破裂后，1959年的达赖喇嘛丹增嘉措逃往印度受庇护，中印两国开始交恶，后来一连串交火冲突更使印度开始进军藏南地区建立军事据点，最终于1962年6月中印边境爆发大规模战争。中国普遍称为中印边界自卫反击战，而印度则称之为瓦弄之战。美国的古巴导弹危机和此次战争几乎于同一时间爆发。

进攻，反而使美苏之间冷战走向激烈，因为新中国至少是间接地影响到了苏联对于美苏关系的心态。

中苏矛盾使赫鲁晓夫误认为可以通过牺牲新中国利益，获取美国对于美苏之间缓和的支持。后来的历史证明这是绝对的败招。正因为中苏关系出现矛盾，对苏联根本不信任的美国更不可能与苏联缓和，因为苏联缺少了一个令美国头疼的帮手。而且，当赫鲁晓夫有意识地公开与新中国矛盾时，又使苏联获得了这样一个形象：苏联最重要的盟国与之出现矛盾时，苏联便会拿它来做交换筹码。苏联出卖盟友的不齿行为，使本来在国际社会中已经被妖魔化的形象雪上加霜，苏联信誉更加令人怀疑，国际社会更加在心理上难以对苏联产生亲近和信任。

苏联的缓和意愿落空，在发起第二次柏林危机之后，美国和西欧并没有退让，这迫使苏联面临着两个选择：一是继续向美国和欧洲增加压力，这无疑是进一步冒险；二是向美国和西欧让步，尽快结束紧张局势，但这无疑代表自己承认缓和政策失败。赫鲁晓夫最终选择了冒险，"古巴导弹危机"①便是在这种情况下发生的。最终证明，"古巴导弹危机"最大的失败者是苏联，"古巴导弹危机"是因为苏联在失去了中国的支持后，急需要和美国形成新的平衡，在这种心态的驱使下，赫鲁晓夫过于冒险导致。

1960年开始，苏联从中国撤走全部技术专家，中止所有有关的协定和合同，中止了关键设备的供应；1962年，在北京举行的《中苏友好同盟互助条约》纪念会上，苏联驻华大使表示，面对潜在敌人可能的进攻，苏联仅仅给予同苏联保持"友好"的社会主义国家以援助。苏联驻中国大使居然在北京举行的纪念盟约的大会上如此发言，说明苏联既不愿意破坏中苏同盟，但仍然对新中国施加更大的压力，企图迫使新中国听从苏联的安排。在新中国爆发三年自然灾害时，苏联如

① 1962年，加勒比海地区发生了一场震惊世界的古巴导弹危机。它由苏联在古巴部署导弹、美国则坚持要求撤除导弹而引发。这是冷战期间美苏两大国之间最激烈的一次对抗。这次危机虽然仅仅持续了13天，美苏双方在核弹按钮旁徘徊，使人类空前地接近毁灭的边缘，世界处于千钧一发之际。最终苏联害怕与美国发生战争，提出美国撤出土耳其的导弹，苏联撤出古巴的导弹，美国与苏联达成默契，古巴导弹危机解决。

此作为，无疑想乘人之危，迫使新中国就范。此时的新中国并没有听从苏联安排，没有把苏联的战略当作自己的战略。所以，苏联仍然继续向新中国施加压力，甚至出现了沙皇俄罗斯时期的做法，即在中国新疆境内策动和胁迫6万多中国公民越境逃往苏联，并策动暴乱。

苏联对新中国的伤害不仅是在自尊心和民族感情方面，而且还在于国家安全方面，使得中苏之间已经由盟友变成了敌人。此时的苏联在新中国不就范和美国的不退让的双重压力下左右为难，只能色厉内荏地虚张声势。此时，其实已经出现了中美关系转变的契机，但双方的历史积怨决定了中美关系的转变非常艰难。

## 曲折后的正道：中美关系正常化

我们必须不断寻求机会与它谈谈，也与苏联谈谈。我们必须不只注意是否发生了变化，我们也必须找机会制造变化。

——美国前总统尼克松

在亚太，从朝鲜战争开始，爆发两次台海危机、中印之间爆发一次局部战争；在欧洲，两次柏林危机；在美洲，出现了一次足以使全世界陷入核战争的古巴导弹危机。这些经历很难使美国认为中苏争吵会恶化为同盟破裂，因为美国和西欧之间也存在很多争论。

所以，新中国和苏联一样，都是在美国的敌对“名单”当中。美国认为它在亚洲最主要的对手是新中国，在欧洲最主要的对手是苏联，而二者是盟友。这种认知决定了美国不可能把中苏关系破裂当作一种孤立苏联的策略，而只可能把中苏之间的争吵当作孤立新中国的契机。这使美国在冷战初期总是舍本逐末，而新中国也因此丧失了很多历史机遇。

然而，美国又怎么能够相信新中国和苏联不会利用一切可能的机会在亚太进行共产主义扩张呢？所以当法国在越南走向失败后，美国为了防止所谓的共产主义的“多米诺骨牌”效应而直接介入越南。当“越南战争”[①]爆发时，美国军队又出现在邻国，新中国对安全形势难以有乐观的判断。但和朝鲜战争不一样，新中国和美国都没有直接相撞的意愿。当美国在越南战争的泥潭陷得越深，似乎对苏联越来越有利，然而，当中美不愿意直面相撞而苏联又越来越强势，美国和新中国之间的心态出现变化了。

新中国和美国不愿意迎头相撞，而苏联又日益咄咄逼人，不仅对美国造成巨大压力，而且也给中国造成压力，新中国和美国开始缓和便是正常。美国需要新中国帮助其从越南泥潭中解脱出来，也需要新中国在苏联东边和南边向苏联施加压力。所以，当中苏之间爆发“珍宝岛冲突”[②]后，不屈服的新中国和美国对中苏之间的关注产生了作用。中苏彻底决裂使冷战开始转向，美国立即站在新中国这一边。因为美国视苏联为主要对手，如果美国主动与苏联缓和，在陷入越南战争时，不可能换得苏联的让步而只会使苏联更加嚣张。新中国和美国由秘密来往便很快发展为于1972年开始关系正常化进程。新中国虽然不能指望与美国的关系正常化来化解威胁，但可以借助美国的力量来制衡苏联。美国一旦对新中国友善，那么其他西方国家也会友善起来，毕竟新中国作为世界一个巨型潜在市场，足以使西方国家的商品和原材料找到可靠的保障。此时的苏联，看似因为美国陷入越南战争

① 美国等西方国家支持的南越（越南共和国）对抗受中华人民共和国等共产主义阵营国家支持的北越（越南民主共和国）和“越南南方民族解放阵线”（又称越共）的一场战争。其发生在冷战时期的越南（主战场）、老挝、柬埔寨。最先开始援助越南的美国总统是艾森豪威尔；约翰·菲茨杰拉德·肯尼迪开始支持在越南作战；林登·约翰逊将战争扩大。在尼克松执政时期，美国因国内的反战浪潮，逐步将军队撤出越南。越南人民军（北越军）和越共游击队最终打败了越南共和国军（南越军），统一了全越南。越战是“二战”以后美国参战人数最多、影响最重大的战争，最后美国在越南战争中失败。

② 珍宝岛冲突是中国人民解放军边防部队在珍宝岛击退苏联军队入侵的战斗。1969年3月，苏联军队几次对黑龙江省乌苏里江主航道中心线中国一侧的珍宝岛实施武装入侵，并向中国岸上纵深地区炮击。中国边防部队被迫进行自卫反击。在这次事件中，苏联政府称珍宝岛属于苏联，反诬中国边防军入侵苏联，并且公布了苏联政府对中国政府的“抗议照会”。中国外交部发言人指出：珍宝岛无可争议就是中国的领土，而且长期以来一直是在中国的管辖之下，有中国边防部队进行巡逻。苏联的所谓“抗议照会”是推行社会帝国主义侵略政策的强盗逻辑。

处于被动局面而获利，但是新中国一旦支持了美国，邻近新中国的越南将会采取怎样的取向？

苏联日益陷入好大喜功的狂热当中，不仅威胁新中国边界安全，还威胁到美国的全球地位。当新中国与美国关系开始正常化后，美国便很快结束了越南战争。当美国逐渐摆脱越南窘境时，苏联面对的虽然是一个有些颓废的美国，但新中国成为美国的“盟友”，使美国得以集中力量在欧洲来展开新的冷战攻势，苏联面对的压力几乎在一夜之间暴增。

尼克松时期的美国，对苏联的遏制战略虽然名为“缓和”，但并不是放弃冷战的主动遏制地位，而是将使主动进攻态势由单纯的地缘政治和军事对抗变为政治和经济等多种手段的运用。新中国由于得到美国在对抗苏联时的帮助，只是在心理上增加了安全感，而实际上安全环境并没有缓解。因为新中国与美国推行关系正常化进程只是双方超越意识形态的现实主义举措，而意识形态的对立并没有解除。中美之间由于历史上军事对峙造成的一系列争端和问题也没有得到解决。首先台湾问题没有得到解决，而且自从台湾经济腾飞以来，台湾的民众对大陆越来越有种妖魔化的认识，两岸之间增加了鸿沟。虽然说直接的军事威胁已经消失，但中国的统一进程越来越受到延误，尤其是那些潜在的争端虽然没有浮出海面，但也没有为最终的解决奠定一些基础。苏联的军事威胁并没有因为美国的援助而减缓，从更多意义来说，中国除了增加心理上的安全感外，并没有得到更多实惠，而且最重要的是，中国失去了对周边一些小国的影响力，因为中美开始正常化，越南共产党认为新中国“背叛”它，使得统一后的越南整体倒向了苏联。

这说明中国的全球战略视野并没有成熟，第一代领导人还没有完成从中国的革命家、战略家转变为具备全球视野秩序擘画者。当然中美关系正常化使中国打开了外交空间。作为一个新生政权，面临强大的恶邻，只能和遥远的西方国家交好，这样的得失符合中华民族的长远利益吗？如果不是完全违背的话，至少也不是完全符合。所以，当毛泽东和蒋介石进入垂暮之年时，中华民族两岸分治现实，已经成为中华民族的顽疾。当然，面对部分邻国越来越少的善意，中华民族在一定程度上也将它们推向了敌对方，这反映了中华民族安全环境，复杂到都难以用历史上所有曾经使用的标准来衡量。

但是，中美关系正常化却使新中国正式开始走进主流国际社会。新中国与美国关系正常化，双方都是受益者，最大的受益者是美国及其在亚洲的小伙伴们。新中国与美国关系实现正常化，对于新中国的收益是减少苏联的政治、军事和心理压力，而同时也对新中国产生了一种约束，即新中国对西太平洋地区事务的态度受到与美关系的限制。类似于朝鲜战争、台海危机之类事件便难以爆发，同时美国也因为需要新中国帮助对抗苏联，而在新中国与日本、中国大陆与台湾、日本与中国台湾等三个关系的互动上，避免刺激新中国，新中国东部海洋、海岛的争端与矛盾就是在这种情况下被隐藏起来的。

此时的新中国，其实并没有在地缘政治上获得多少改善。北方仍然独力支撑与苏联边界线的安全。如果苏联与新中国爆发武装冲突，美国其实是不可能出兵帮助新中国抵抗苏联的。美国也无法向新中国提供重型武器，因为70年代的中国人民解放军，由于长期受到苏军影响，武器装备、编制体制与苏军类似，对美军的重型武器根本不可能在短时期学会操作。等到学会操作时，恐怕苏军都已经至少深入到新中国的中原地带了。所以，美国不仅从防空、反坦克等具体的军事行动上无法实质上支持新中国抵抗苏军入侵，而且在欧洲和西太平洋上对苏联进行“围魏救赵”式的军事努力也不可能成为现实。苏联虽然对新中国的军事压力巨大，但进行军事打击的可能性因为新中国与美国开始走向正常化而日益减小。在新中国的东部，与日本的矛盾，包括海洋划界和海岛主权等问题，也因为中美关系正常化而搁置起来。与台湾关系也没有因为中美关系正常化而有所进展，两岸敌对依旧。

美国作为日本、中国台湾和东南亚的“保护者”，新中国与它们的国家关系完全受制于新中国在美国冷战战略中的地位。所以，美国总是在台湾问题上，对新中国进行政治表态和口头宣示的多于实质行动，而对于维护和发展美台关系上，总是实惠多于表面，在军事援助军事贸易方面、经贸问题上并没有削弱美台关系。

中美关系正常化使新中国可以在相对安全的环境中致力于国家建设。但是，新中国要想减少国家安全面临的压力，一是不能刺激苏联向新中国施压，或者促使苏联衰落并犯巨大的战略错误；二是维护亚太地区既定秩序的稳定与和平，新中国的克制是关键枢纽，亚太地区的任何一个动荡都会使美国感到在亚太围堵苏联的意图终将落空。

## 老邻居变成新朋友：中日邦交正常化

轻重强弱之形，诸侯合则强，孤则弱。

——《管子·霸言》

当中美关系正常化后，新中国开始和紧跟美国的日本走向邦交正常化便成为必然。当然，既然美国与新中国是现实主义之举，那么日本与新中国的关系就不可能超越现实主义。此时的新中国与日本之间，实用主义超越了意识形态和历史积怨，占据了新中国与日本双边关系的主导地位。日本由于战后的经济腾飞，需要人口众多的中国作为出口商品和对外投资市场，在政治上需要中国的谅解来避免不光彩的侵略历史阻碍其成为正常国家。当时一穷二白的中国也需要日本的投资和贷款、先进的科学技术和企业管理经验，而且需要发展新中国与日本关系来强化新中国与美国关系和抗衡苏联的直接威胁。但是，新中国与日本双方从来没有采取过类似于法德之间成立“煤钢联合体”的方式来推动民族和解，更谈不上以解决历史问题为契机来全盘性处理新中国与日本关系、新中国与美国关系、美日关系等大国关系。新中国与日本之间在冷战的互相需要和实用主义为双方带来经济发展机遇的同时，并没有从内心中改变对对方的认知。

新中国与日本邦交正常化对于日本而言，是结束战败国地位的历史开端。美国因为深陷越南战争泥潭，经济力量相对下降，面对苏联咄咄逼人的战略扩张，需要得到中国的帮助，共同对抗苏联，新中国与日本关系正常化的契机便出现了。

中美关系的正常化为新中国与日本关系的正常化打开了便利之门。出于苏联的直接威胁，中国需要利用美国来牵制苏联；出于解决越南战争等棘手问题，美国也需要中国的帮助。在1971年尼克松访华之后，日本便迫不及待地启动了与新中国的官方接触。1972年，时任首相田中角荣访华时，正式确认了中日邦交正常化。

新中国与日本邦交正常化对日本具有极为重要的战略价值，日本不仅有美国的保护，也有中国的支持，对最大的安全威胁——苏联，产生了最大化的牵制效果。

新中国与日本之间搁置了一些海洋和海岛争议，有利于更大的目标的实现。在经济上，由于近邻的关系，日本从中日邦交正常化所取得经济利益比美国取得的经济利益更加丰厚，也成为日本逐步威胁美国的世界经济地位的重要因素。在政治上，随着中国加入联合国并成为常任理事国，日本可以通过贷款和经贸联系，借助对中国的影响来增强自己的国际影响力，并且在继续享受美国保护的红利下，逐步地发展本国军力。至20世纪80年代，日本突破《和平宪法》规定的国防费用不超过国民生产总值1%的限制。日本争取到了美国对它逐步“松绑”，在冷战结束前，日本已经成为事实上的世界性大国。

中美关系正常化标志着美苏冷战进入了一个新阶段。自从冷战开始以来，从来没有哪个国家像新中国这样，对美国和苏联冷战对抗的态势产生如此具有颠覆性的影响。当苏攻美守之时，美国的西欧盟友和日本既不能帮助美国结束越南战争，也不能增强对苏联的压力。而新中国与美国关系解冻，不仅使美国拥有了结束越南战争的最有利的外部条件，因为新中国是越南唯一的邻近大国，中共对越南具有决定性的影响力，而且还使美国在苏联在欧亚大陆边境上又设置了一道遏制的“铁闸”。

## 新生中的新阶段：政治强人时代的终结

历史的惯例在于：一切成败只能归于具体的人。

——尼·雷日科夫《大动荡的十年》

蒋介石于1975年在台湾逝世，毛泽东于1976年在中国大陆逝世，这两年标志着中华民族一个历史时代结束，这个时代就是政治强人以个人意志对民族未来产生重大影响的时代。他们二人共存于同一时代，都对中华民族产生重要而深远的影响。中华民族处于特殊的时代，他们二人又分别选择了不同的政治基点和信仰道路，这不仅是那个意识形态对立的年代所独有，更是中华民族走向成熟所付出的巨大代价。他们退出中华民族的历史舞台，使中华民族一个时代结束，也开启了另外一个时代。当然，在未来，能否将自身已经累积下来的优势进行传承，将自身的缺点所摈弃，将决定着中华民族未来的命运。

他们退出历史舞台时，刚好是一个飞速发展的时代，这个时代推动着所有民族，当然也包括中华民族也在向前发展。中华民族由政治和军事强人主导的时代彻底结束，再无重来。中华民族的未来，不可能再像以前那样，每当出现一个历史拐点，便几乎是上天注定一般，就出现一个强人。当时的台湾，已经实现了经济、科技、文明的腾飞，有人认为，那是因为蒋介石从大陆带去了大量的黄金和人才，还有美国的保护，台湾才有了20世纪六七十年代的腾飞。这自然是台湾能够飞快实现腾飞的重要因素，但不是根本性因素。根本性因素是蒋介石对于国民党败退大陆后痛定思痛的反思。蒋介石在台湾的统治制度和他在中国大陆败退前的统治制度并无二致，但是，也出现了一些新的面貌。因为战败，国民党内部的蒋介石政敌只有两种结果：一是远走他乡，如李宗仁远走美国，最后回到中国大陆；二是在台湾被彻底削弱，如白崇禧和阎锡山，手下已经无兵无将，谈何来制衡蒋介石。这使蒋介石在台湾可以完全按照自己的意志治理国民党。国民党内部的腐败并未根除，台湾的专制也未有所改变，但解决了一个政党最值得解决的问题：国民党成为一个在政治上比他们在大陆时团结的党。在台湾，国民党是一个外来党，并非本土，与经历了50年日本殖民的台湾民众有着天然的隔阂，这在一定程度上，决定了国民党要想稳固在台湾的统治地位，就必须进行自我改造，不仅要溶入台湾本土，而且必须来通过发展经济来实现民主化。这使国民党开始发生蜕变。台湾本身的民族成分单一，发生蜕变后的国民党更加有利于通过发展经济来避免导致社会动荡的族群矛盾。台湾的发展就此进入良性的经济与社会互动当中。所以，台湾的腾飞，得益于国民党的自我变革，正因为有了自我变革，国民党才能在台湾本土站稳脚跟，才能源源不断地获得来自美国的军事保护和经济、贸易、科技支持。

新中国处于一个大国利益交汇之处的中心，而且人口众多，对于处于冷战中的美苏而言，谁能获得中国支持，谁就能够在冷战中占得先机。在这种情况下，新中国在美苏两个大国之间的走向，又受制于当时被高估作用的意识形态。新中国能够保持1949年以后越来越稳定的独立地位和领土主权完整，已经将力量发挥到了极限，先后与美苏两个超级大国兵刃相见，然后又在现实形势的压力下，抛弃历史积怨，重新走上中美缓和之路，实际上是中国独立地在欧亚大陆东端支撑冷战局面。新中国在六七十年代时，经济上是封闭的，难以获得美国、日本、西欧等经济发达国家的支援，军事上也是落后的，虽然在1964前开始具有了核打击能力，但相比苏联军力，中国显得非常弱小。

当经过一系列曲折后，新中国于20世纪70年代末转入以经济建设为中心的正常国家发展轨道。在台湾，蒋介石时代之后，蒋经国执掌台湾政权，台湾的经济已经进入发达程度。此时，中华民族两大部分，都具有更加坚实的基础来向前发展。

# 冷战走向全球：大三角

非惟天时，抑亦人谋。

——诸葛亮《隆中对》

中美的走近，其结果是促进美苏的实质性缓和，虽然苏联继续所谓的冷战攻势，但本质上只是炫耀追赶和挑战美国的“成就”而已。苏联并无实力和意志刺激美国，也就对美国及其盟国没有实质性的损害，整个20世纪70年代的美苏对抗再也没有出现类似于柏林危机和古巴导弹危机事件。哪怕美国受到“水门事件”[①]影响和出现了一个外交成绩平平的卡特总统，70年代是美苏之间谈判最为密集时期，尤其是开始了一系列军控和裁军谈判。

美苏缓和不仅对欧洲，而且对亚太也有着深刻的影响，苏联再也不可能直接出兵威胁中国安全，但是苏联也开始在中国周边寻找代理人来给中国制造麻烦。亚太事务中，由于中美共同应对苏联，而使中国在其东部的矛盾得以掩盖，比如台湾问题、中日海洋划界和岛屿主权争议问题等。由于苏联对新中国进行报复，中国应对苏联的代理人便成为亚太的主要问题。中国于1979年决定《中苏友好同盟条约》期满后不再延长，对越自卫还击作战就是对苏联制衡中国的回应。

对越自卫还击作战的确出现苏联威胁中国的可能性和现实性，但最终结果是促使美国感到如果任由苏联威胁中国，那么苏联的地位会加强，所以美国必须帮助中国来对抗苏联，这样，中国便增加了在美国全球战略中的筹码地位。那时，中美建立正式外交关系，对越自卫

① 水门事件或译水门丑闻，是美国历史上最不光彩的政治丑闻事件之一，其对美国本国历史以及整个国际新闻界都有着长远的影响，在1972年的总统大选中，为了取得民主党内部竞选策略的情报，1972年6月17日，以美国共和党尼克松竞选班子的首席安全问题顾问詹姆斯·麦科德为首的5人闯入位于华盛顿水门大厦的民主党全国委员会办公室，在安装窃听器并偷拍有关文件时，当场被捕。由于此事，尼克松于1974年8月8日宣布将于次日辞职，从而成为美国历史上首位辞职的总统。

还击作战无疑是告诉包括美国人在内的全世界，虽然中美建立外交关系，但中国不是日本和西欧跟随者伙伴，而是在平等地位基础上，具有独立行为权力的协商者和共同利益的伙伴。

中美苏大三角的形成使美苏对抗真正具备了全球性。中美苏大三角对亚太秩序的影响就是使几乎所有亚太国家都抓住了宝贵的和平来发展经济。中国对大三角关系的利用成为决定亚太秩序的核心因素。正是中国利用中美走近和美苏缓和，使周边相对稳定与和平，可以集中主要精力发展经济。也正是中美苏大三角关系的战略平衡，使得日本、中国台湾、韩国、新加坡等在20世纪60年代和20世纪70年代经济腾飞的基础上实现综合国力的跃升，其中最为显著的是日本。日本利用大三角造成的美苏缓和之机快速拓展海外市场，成为美国最大的债权国。部分东南亚国家利用亚太和平成立东盟，开始抱团发展。而越南因为成为苏联制约中国的代理人，在好不容易结束越南战争并实现国家统一后，又与中国发生了近十年的边境冲突而延误了发展经济的黄金时间。

冷战初期的亚太秩序主要取决于中国如何应对安全威胁。而中美接近使中国减轻了来自苏联的威胁的同时，也使亚太其他国家和地区也享受到了和平红利。亚太和平使亚太几股力量几乎同时产生。中国由于利用大三角关系成为亚太的政治和军事大国，日本、韩国、中国台湾、东盟利用缓和之机实现了经济和科技的腾飞，它们共同成为决定亚太秩序的重要力量。亚太秩序由以中国为中心逐步变成在美苏冷战对抗背景下，受到美国的“保护”而导致的“群雄初起”。任何一个亚太国家和集团都不可能脱离大三角框架而独自主导亚太事务。

中美苏大三角是互相制衡的结果，自然会对其他矛盾进行搁置和取得暂时的谅解。中美苏大三角对中国也有所制约，中国与美国走近后，处理中美关系都必须以是否有利于遏制苏联和抵制苏联威胁为基础，而在台湾问题、中日海洋划界和岛屿主权争议问题等问题上也受到一定束缚。虽然中国周边的潜在矛盾越积越多，但中国获得了最迫切需要的安全和发展经济、解决落后贫穷问题的外部条件。

中美苏大三角的最大受益者是日本。日本利用大三角带来的和平时期，实现经济和科技实力进一步膨胀，尤其是成为美国最大的债权国后，开始威胁美国的经济首强地位，并且逐步产生了成为正常国家、争当政治大国的心态。在20世纪80年代初期，日本用于防卫的经费首次突破了宪法中“军费不超过国民生产总值1%”的规定。日本利用美日同盟的保护，海上和空中自卫队日益具备一支技术化军队的所有能力。中国集中精力发展经济，无暇顾及海洋和海岛矛盾的时机，对钓鱼岛实现了实际控制，在争议问题上占得先机。

韩国、新加坡和东盟也利用大三角关系形成的亚太和平集中精力发展经济，并且在一些争议问题上取得了主动。韩国实际控制了独岛（日本称竹岛）；东盟部分国家对南海部分争议岛屿进行蚕食；朝鲜因为中美接近而日益担心自身安全，开始筹划发展核武器和远程导弹。这些因素表明，亚太秩序受到中美苏大三角的制约时，其内在变数也在增加。

## 韬光养晦和宁静致远：从改革开放到冷战结束

历太和会昌朝，愈事韬晦，群居游处，未尝有言。

——《旧唐书·宣宗记》

20世纪70年代末期，中美正式建交，中国开始改革开放，冷战开始出现新的局势。当1979年“苏联入侵阿富汗”[①]时，这说明中美之间走近共同对抗苏联产生了真正的作用，使苏联失去了应有的战略定力。因为中美之间的走近，苏联及东欧卫星国的周边只剩下其南部这一地缘政治板块还没有被它的对手所“污染”，所以，苏联在其实力处于顶峰时，赶紧把它“收归已有”。入侵阿富汗说明苏联不甘心在

① 1979年12月末，苏联入侵阿富汗导致的长达10年的战争。这次入侵被认为是苏联对外政策的重大失败。

中美走近和美国已经从越南战争泥潭中走出来后开始新的遏制战略中处于被动，然而，又无力触动中美欧日包围圈，只能从“缝隙”中突破。这说明苏联已经没有意志来直接和美国进行冷战对抗，也没有意志来向中国直接施加更大的压力。至此，从20世纪60年代中苏分裂后，新中国受到苏联的威胁日益减少。虽然阿富汗与中国邻近，对中国西部安全影响巨大，然而，苏联军队长期以打第二次世界大战和核大战的方式来进行军队建设和战争准备，对躲藏于山洞和沟壑中的阿富汗游击队却有力使不上。

如果说中美走近是苏联冷战失败的外因开始累积的话，那么阿富汗战争就是苏联冷战失败内因暴露的发端。尤其是当里根总统上台后，奉行“重振国威”的美国改变了对中国、苏联的认知和政策起点。在世界各地，只要有亲苏武装力量和政权，那么美国在那里就会支持反苏力量，为苏联制造一个新的“越南”。这就是低劣度战争的战略思想。经过几十年畸形发展和外部突然增强的压力，苏联的弱点立即暴露出来，加上新一轮的军备竞赛，苏联经济也背上了沉重的包袱，苏联没有办法来增加它的经济收益，经济发展停滞，而经济结构失衡令苏联像由一个壮年突然变成衰弱的老年一样，从勃列日涅夫到戈尔巴乔夫，他们都认识到苏联需要和美国争取中国。然而，此时的中国已经进行改革开放，急需要西方的资金注入和西方新的管理经验、人才和市场，显然经济上孱弱的苏联不可能在中国领导人心里产生足够的利益取向。如果软弱到没有能力也没有意志力威胁中国安全的话，那么苏联根本不值一提，便很难和美国取得相同重要的地位，所以苏联开始主动推动中苏关系正常化和中苏的边界谈判。当然，在冷战没有结束的情况下，中国和苏联的关系重新正常化，是为了抬高与美关系的筹码。从中美关系正常化到中美建交，说明新中国已经学会根据自我利益来行事而推动国际格局发展。这也证明，改革开放不仅是激发了在经济和内政活力，也使中国的对外举措开始灵活和务实。

整个20世纪80年代是中国改革开放的起步阶段，能够获得如此稳定的外部条件，表面上看起来是对美苏中大三角的构建的成功，而实质上是新中国面对超级大国坚定维护国家安全和主权的坚韧而致。正是这种坚韧，先后使美苏出现巨大错误，美苏只能选择与中国修好。先是与美国军事对峙，从另外一个侧面致使美国陷入越南战争泥潭，而导致冷战被动，最终使美国主动提出缓和对新中国的关系，使新中国走向世界舞台。再是面对强大的苏联压力，利用美国制衡苏联，使苏联面临四面包围时，铤而走险，犯下巨大的战略错误，使本来已经外强中干的苏联背上越来越沉重的包袱。

20世纪80年代是中华民族真正走向新的强大和繁荣的起点。新中国大陆开始因为获得冷战格局红利而出现快速的经济发展，军队实现裁军整编，在和平和稳定的情况下开始实现国家转型，并与美国、日本、西欧等发达国家地区大幅度扩大经济贸易。这说明新中国的坚韧不仅维护了冷战最后阶段时的国家安全，而且还获得摆脱贫穷并实现经济繁荣的机遇。新中国已经全面融入国际社会，比如开始收复香港和澳门的谈判在80年代完成，80年代启动加入关贸总协定（后来的世界贸易组织）谈判等等。整个80年代，新中国迎来了国家安全最佳时期，苏联的威胁基本得以消除，而且与美国、日本、20世纪70年代建立的东盟国家关系发展较为顺利，使中国东部的安全态势开始稳定。搁置岛屿主权争议这一以图长远的大计取得了极为显著的战略效应。

20世纪80年代末，苏联因为自身的矛盾和外部原因解体后，中国便进入一个全新的时代，也遇到新的变数。这个时候，正是中国进一步打开局面的好时机，也出现新中国成立以来前所未有的挑战。

二十世纪六七十年代，新中国不出头，则无法生存，而到了二十世纪八九十年代，新中国不守拙，则无法发展。这就是中华民族在新生时的复杂性。

冷战结束恰逢中华民族处于一个发展关节点上。此时的新中国已经充分地享受到改革开放和和平带来的红利，打开的国门已经不可能关上。而台湾地区刚刚完成新的权力交替，开始走上西方的民主制度。冷战的结束对于中华民族既有机遇，更有挑战。

首先，从新中国对于美国的全球战略而言，以前新中国与美国之间搁置意识形态对立，基于现实利益考虑，共同对抗苏联，如今，苏联已经消失，美国将会如何改变自己的全球战略？美国对新中国与美国关系做何定位？其次，新中国蓬勃发展的经济，使众多人口所形成的庞大市场日益成为世界市场的重要组成部分，新中国又应当怎样利用和培育市场来进一步推动和深化改革开放？最后，意识形态对立在新中国与国际社会的互动中会被置于一个什么样的位置？新中国要面对的是如何平衡一个矛盾：在经济发展中共享红利与意识形态对立导致政治对立。

## 面对挑战时的日益成熟：海陆兼顾

中国是个庞大的、方兴未艾的睡眠着的巨人。正在从世纪的沉睡中觉醒过来。

——鲍德温《明天的战略》

20世纪90年代初，新中国平衡经济发展与意识形态对立这个矛盾的基本方式就是推动经济发展，而不是把意识形态对立置于经济发展之上。所以，从1992年开始，新中国开始大步进行由计划经济向市场经济的转轨。

这一转轨，达成了两个意义：一是使全世界都可以从新中国这个越来越庞大、越来越自由的市场中获益，这无形中便已经冲淡了新中国与西方意识形态对立造成的消极后果；二是市场经济的转轨成为新中国继1979年决定改革开放后的又一次更大的经济发展助推动力，这使新中国更加坚定了自己的意识形态。因此，新中国与西方的意识形态对立也不可能弱化。

当然，这也反映了冷战结束后一个基本事实，世界各国的共同利益日益扩大，全球化进程不断加快。新中国必须融入全球化进程当中，而不是“独善其身”。新中国与西方的共同利益与意识形态对立和冷战结束后面对的新的地缘政治环境，决定了新中国在世界舞台上是一个越来越重要、也越来越趋向于在国际社会中成为一个平衡者和利用平衡地位的角色。

因为意识形态对立，中美之间的地缘政治博弈开始出现。其实这只是二十世纪五六十年代中美之间军事对峙在冷战结束后的延续，但是冷战后中美之间在亚太地区的地缘政治博弈，又因为意识形态对立和冷战时期地缘格局的变化，而出现了大国地缘政治斗争的复杂性。这主要是因为中美走近掩盖的矛盾在冷战结束后开始爆发出来，冷战时亚太地区新兴地缘政治力量的出现——日本和东盟。

当中美双方对立的意识形态重新开始作用于双方关系时，美国利用冷战时期重新崛起的日本，使中美之间又出现了潜在的变数。冷战结束后日益壮大的东盟，地缘政治的价值也日益显现。所以，冷战的结束使美国、中国、日本、东盟在亚太地区进行经济贸易的规模不断扩大和经济不断共享繁荣机会时，也因为意识形态对立也催生了历史遗留问题的矛盾出现。中日之间的岛屿和海洋划界问题，中国与东盟之间开始出现南海争端问题，中美之间的台湾问题中还出现一个异化的问题，即“台独”导致“统独”之争。

这些地缘政治博弈和意识形态对立复杂交织所导致的压力不断增大，而对中华民族实现繁荣和强大的最大威胁莫过于“台独”的出现。这完全是台湾岛内“民主化”的副产品，而且“台独”力量利用两岸的意识形态对立和历史积怨开始发展，成为中华民族躯体上一个“毒瘤”。尤其从1996年台海危机开始直到持“台独”立场的民进党在台湾上台执政的12年内，两岸敌对状态几乎到了一触即发的程度，这对中华民族最大的影响莫过于不能全力应对在亚太地区上的中美、中日、中国与东盟之间的复杂关系。很多矛盾争端的发酵，促使中华民族无法利用自己的地缘政治优势。

直到“9·11事件”后，东海和南海问题争端开始发酵并愈演愈烈，其中与“台独”导致的中华民族内部“统独”之争有直接关联。

一个民族，因为一道海峡，分成了两个部分，对民族而言无疑是一个悲剧。在当时，德意志民族因为希特勒发动战争战败而被苏联和美英法分治为东德和西德；朝鲜半岛因为“三八线”也分成了两个部分，这都是因为“二战”的结果，而冷战使这三个民族分成两个部分的事实得以确立，并且双方都难以改变这一态势。如今，冷战早已结束，而冷战造就的地缘政治现实仍然具有强大的惯性。

冷战结束以来，从克林顿直到小布什政府初期（“9·11事件”之前），美国在言论、军售、官员访问等方面越来越明显地表现出亲台的立场，这几乎是在鼓励“台独”分子。这说明冷战后，新中国已经由美国的伙伴变成了竞争者，所以“台独”对于美国牵制新中国具有明显的意义，而且对于日本和东盟也有有利的一面。

“9·11事件”的爆发使美国的战略重心明显倒向“反恐”，由于中国是常任理事国，对处理朝鲜核问题具有重要的作用，对中亚地区和巴基斯坦（这两处是美国反恐问题的焦点地区）有相当的政治影响，美国不得不倚重中国在反恐问题上的支持，所以对“台独”问题上尽量考虑中国政府的立场与感受。美国政府基于台湾走向西方的民主制度而在政治理念上支持台湾，但在处理中美关系上，基于反恐现实而制约“台独”。

而此时，新中国由于在本土的反恐问题及其需要和平的外部环境来发展经济这两个因素，也与美国在政治和反恐领域内加强了合作，使美国亲台的空间逐步减小，因而开始压制“台独”势力。

“9·11事件”前后，美国对台政策的前后变化反映了中华民族的两岸关系受国际形势大背景、美国的全球战略、中美关系、美台关系这一系列因素的互动综合影响的，对新中国来说，取决于中国的国际地位与国力，美国对台的政策基础是美国的战略利益，台湾只是美国全球战略利益的一环。从地缘上，美国与台湾的军事合作是美国在太平洋西部岛链中的一环，从政治理念上，维护台湾的民主制度是美国在全球推行民主制度的一个样板。

实质上，美国对台政策确定了美国对两岸的战略基调。一是保证台湾能具备一定的防卫能力，并压制危险的、有可能挑起两岸冲突的“台独”言论和行动，但尊重台湾的国际空间；二是加强在东海至南海战略方向上的军事存在与渗透，使中国大陆不能使用武力解决台湾问题；三是鼓励两岸对话交流合作。所以，两岸出现了不可逆转的积极趋势：

一是经济交往领域不断深化。在经济领域出现“你中有我，我中有你”的状态，并延伸至政治和文化领域。二是文化交流不断增进。两岸同祖同宗，文化上一脉相承，因此进行文化交流是两岸同胞感情的自然发展使然。三是历史问题得到解冻。无论是中国大陆还是台湾，都能正确客观地描述历史，尤其是国共两党的两次合作的历史得到了客观公正的反映。这为历史问题的解冻提供了良好的条件，同时也反映了历史问题并不是两岸合作互惠的障碍，反而通过对历史问题的反思，更有利于现实矛盾的化解。四是开始讨论军事互信问题。这个问题极为敏感，需要双方相当的耐心和努力，只有在两岸关系发展至相当密切的基础上，才能为最终达成军事上的互信创造条件。这个问题的解决将比其他问题更为漫长，也更为棘手，但是两岸退役军官已经在一起进行两岸军事问题的研讨与交流，虽然只是一小步，但毕竟迈出了一步，为今后向实质性问题的突破构建了渠道。

但是美国对台政策的基本出发点没有改变，这主要有两方面：其一，由于台湾的位置使得它在美国的西太平洋战略中的地位没有变化；其二，美国仍然把台湾作为在亚洲树立的“民主政治”制度样板。只要这两个基本点没有变化，那么如对台军售、军事交流、政治人物互访等问题仍然是美国与台湾进行联系的基本方式。

综合美国的全球战略重心、美国经济问题需要中国、中国自身发展的需要、全球化进程中国际关系发展潮流、中美两国的历史问题与意识形态问题等各方面因素，中美两国关系可以概括为：（1）经济关系是核心，经贸将使双方共同利益增多，中美之间联系纽带越来越紧密；（2）意识形态问题与历史问题很难制造中美关系麻烦；（3）由于美国全球战略的需要，美国逐步加强在西太平洋的军事战略地位（强化美日同盟、提出重返亚洲、介入南海问题），使中美存在着现实的地缘与安全冲突，但双方都由于经济利益的现实需要，均避免产生现实的对抗。在这种情况下，台湾作为中美关系大局中的一个重要因素，自然会受制于中美关系现实。

然而，因为美国战略重心向亚太转移，台湾在军事、安全等领域内更加倚重美国，美台关系中的军售问题与高科技的经济关系开始常态化、制度化，导致美台关系的内涵深化。日本由于台湾海峡对其的生命线地位，同样借助美国战略主动权扩大的同时，提升对台海的战略渗透能力。而中国大陆随着国力的增强，国际地位的进一步上升，解决台湾问题的紧迫性也会随之增强，但是各方都不愿公开宣布己方深层次的战略思考。从台湾岛内一些政治事件来看，两岸不光有“统”“独”之争，而且还有两种政治制度之争，中国大陆必须从更宽广的思维，更长远的角度去处理台湾问题。

中华民族未来的命运，其波折性完全取决于两岸的两种政治制度的现状使发展两岸关系在多大程度上具有潜在的复杂性、尖锐性。

在全球化的大势面前，政治、经济因素联系越来越复杂，发展双边关系或多边关系不再以意识形态和政治制度来划线，但是政治制度对于发展双边关系的重要性却不能被低估，因为政治制度决定着实现利益的方式和载体，也深深地影响着民众思想的认同方向。新中国是“一党执政和中国共产党领导的多党合作和政治协商”的政治制度，台湾却是以美国为样板的“多党政治”制度。从深层次看，虽然两岸政治制度不同，但文化上同根同源，经济发展的联系也越来越紧密，为克服政治制度差异对中华民族的统一大业的影响奠定了基础。但是台湾的“民主”制度客观上为“台独”提供思想土壤，也为他们的喧嚣提供了空间，从而影响到岛内民众和国际舆论的视听，导致“台独”力量发展较快和国际上亲台反华力量始终保持存在，并始终会以各种方式来鼓动“台独”行为。

当冷战刚刚结束，台海危机中美国的立场足以说明东部将会受到越来越大的来自于美国的压力。这时，中国的地缘政治优势也开始显示出来。这表现为中俄关系的发展。

无论中美、中日、中国和东盟的关系多么复杂，也无论这些复杂的关系对新中国的压力有多大，新中国仍然有减压的条件。中国通过发展与俄罗斯、中亚的关系来减压，并增加经济发展机遇。

冷战结束初期，美国及西方欢迎俄罗斯走向与它们相同的政治制度道路，但是双方生死存亡博弈长达50年的冷战，使得在历史上西方与俄罗斯本来就已经非常缺乏的互信更是达到是低谷。这一历史惯性便难以结束。苏联虽然解体，但俄罗斯的战略传统并没有消失，反而更加处处表现出与现实不符合的“历史传统”。在俄罗斯心中，独联体就是俄罗斯的势力范围，西方不可以染指，而东欧应当是俄罗斯与西方的战略缓冲，必须保持俄罗斯对其独有的影响力。这样昧于现实的俄罗斯，怎么可能不受到西方的欺侮呢？当然，俄罗斯脱胎于强大的苏联，并有着长期的大国地位，有这种心态只是正常的心理惯性。但是，残酷的现实告诉俄罗斯，东欧开始“投靠”美国和西欧，而独联体内部因为历史上的矛盾得以掩盖，而因冷战结束得以爆发，俄罗斯想要保持历史上的地缘政治地位已经不可能。何况，赢得冷战胜利的美国和西欧，需要东欧这个潜在的市场和能源供给地，同样还需要俄罗斯来面对现实。因为美国和西欧并没有因为苏联解体而改变对俄罗斯民族的历史观感，而俄罗斯在冷战结束后，也在一定程度上，也没有改变自己的历史传统。所以，当冷战结束不久的一段双方“亲密”的新鲜感一过，矛盾便已激化。

陷于困境的俄罗斯，自认为受到美国和西方的战略挤压，而必须寻找“减压器”。邻近的中国也因为意识形态对立和20世纪90年代初期面对美国和西方的孤立，同样需要一个减压器。因此，中俄之间开始走近。

中俄这两个欧亚大陆上最大的两个国家走近时，仍然使人们产生了历史性的遐想：“一战”前的欧洲已经扩大为欧亚大陆，美日同盟和北约似乎就是协约国的翻版，而中俄就是中欧地区的同盟国的翻版。持这种想法的人无疑是天真的厚古薄今。中俄两国走近，是80年代中苏之间互相谅解的延续，其实并没有多少地缘政治意义，因为冷战已经结束，俄罗斯和中国没有也不可能和美国重新走向冷战，而且和美国之间的共同利益越来越大。

对于中国而言，最急需和最迫切的是发展经济和使自己的市场越来越大，需要与西方扩大贸易。根本不希望在苏联解体以后，自己出头与美国由意识形态对立演变为意识形态和地缘政治对抗。所以，中国将中俄走近视作维护北方边境稳定的方式，并且增加与西方交往的筹码。而俄罗斯对于中俄关系的期望显然不一样，俄罗斯仍然停留在希望西方对它要至少像历史上一样，尊重俄罗斯的地缘政治地位。所以，俄罗斯希望通过发展中俄关系，不仅解决自己的经济燃眉之急，而且希望中国与西方关系紧张缓解压力。

这种不同的期望，使中俄不可能像历史上具有明显指向的大国同盟一样，可以肯定中俄走近的意义，但还没有冷战时期中美走近产生的地缘政治意义重要。因为那时，中美双方有一个共同的对手，而中俄走近，无非是有一个共同的减压对象和寻找自己次要利益共同体而已。作为中国领导人而言，对近代俄罗斯与中国之间的历史和苏联在20世纪六七十年代的历史，是难以在冷战结束后不久时忘记的。所以，政治互信基础不牢固使双方对于中俄关系的定位也不会很高。

然而，冷战结束使整个世界变得不稳定，这主要是因为苏联解体后，虽然没有改变地缘政治态势，但对几乎所有大国都产生了巨大的影响。“美国的全球战略如何调整？”“西欧如何发展与俄罗斯关系”等因素，对中俄关系的影响远远大于双方的主观意志。也就是说，中国没有必要因为中国与西方的关系的起伏而对中俄关系的期望有所改变，但俄罗斯却很可能因为中国与西方关系的变化而改变中俄关系的期望。这主要是由中俄两国不同的地缘政治环境决定。中国的国家安全和周边矛盾在20世纪90年代并没有发酵，中国只想专心发展经济，对于维护外部环境的稳定具有强烈的渴望。中国希望发展中俄关系有利于中俄这条世界上最漫长的边线上保持稳定，并在此基础上可以发展边境贸易。而俄罗斯不一样，俄罗斯的战略重心一直在西部，美俄关系和俄欧关系才是俄罗斯的焦点。当俄罗斯与美国和西欧达成稳定之态时，俄罗斯其实并不急于解决中俄之间一些历史上的争议。只是希望中俄关系可以作为俄罗斯与西方进行对等互动的筹码。因为在专心发展经济的中国身上，俄罗斯不可能得到从中俄关系中获得任何地缘政治收益。从中国而言，俄罗斯被西方“压迫”得越狠，对中俄关系就越稳定，对于俄罗斯而言，中国越与西方发展经济贸易，越需要中俄关系的稳定。这足以可见，中俄关系已经不是历史上关系亲密者都希望对方更加依赖自己的模式了。

中俄关系实质上反映了近代以来的世界战略格局变动趋势。任何大国之间再也不可能指望因为别国陷入麻烦当中而更加依赖于自己，大国要做的是不让自己陷入麻烦当中，也应当避免别人也陷入麻烦当中。有人认为，俄罗斯虚弱和孤立时需要中国，一旦俄罗斯又强大起来，便又会威胁中国；而中国需要俄罗斯减缓美国在其东部的压力，而一旦中国与西方关系融洽，便会疏远俄罗斯。持这种意见的人显然陷入了历史而昧于现实，在全球化进程当中，起初的国际关系都是基于互相需要，而互相需要继续发展的必然结果就是产生互相认同。中俄关系在冷战结束不久便启动，那时可以被认为是双方务实的应急之需，而当双方与整个世界的共同利益越大时，中国与西方的共同利益越来越大时，俄罗斯与西方之间态势趋向于稳定时，中俄双方认识到双方关系越稳定，反而越有利于争取更大的利益。

中俄关系因为中国所面临的压力越来越大而日益得到扩展。1996年爆发的台海危机，使中国开始感到需要大量引进俄罗斯先进的军事装备。中俄之间的政治走近，带来的是经济贸易的深化和拓展。

军工贸易相对于其他贸易而言，是一个“门槛性”贸易，既连着经济，也连着政治。中国需要引进俄罗斯的先进军事技术，而经济疲软的俄罗斯也需要利用出口军工产品来增加财政收入。军工贸易使中俄两军关系随着政治和经济关系的密切，也开始密切起来，这促使军事关系，这一任何大国间双边关系中最核心、最敏感、最具有实质意义的关系得以展开。

军工贸易使中俄之间由互相需要变得互相依赖。随着“台独”行为在台湾内日益明显，中国感受到前所未有的军事压力；而在欧洲，随着美国在西欧筹划推动北约东扩和解决东欧地区民族矛盾，俄罗斯只能通过来中俄关系来发挥更大的作用。二者的互相依赖从而推动了中俄在其他领域的合作。中国与俄罗斯的深化合作，出现了一个不利的局面，即意味着中国在国际舆论和一些涉及俄罗斯的问题上，如果美俄之间意见不合，中国则至少不可能同意美国的意见，甚至要赞成俄罗斯的意见。这使得中俄关系对中国产生了复杂的影响。一方面，中国需要从俄罗斯引进先进的、并且是自己在短时期不可能依靠自己的力量所拥有的军事技术，如果不能支持俄罗斯，或者在美国与俄罗斯之间寻求平衡，那么则意味着既没有获得美国的谅解，也可能失去俄罗斯的先进技术。因为从技术层面看，很多先进技术装备可以被技术先进者以次充好，而引进者却毫无知觉。二是中国对“台独”压力的应对，俄罗斯其实只能在军工贸易和外交表态上进行支持，可能为了与美国交换而在中国应对“台独”问题上待价而沽。对于中国而言，解决“台独”问题，不是一个单纯的军事压力，而是面临的复杂的地缘政治斗争和意识形态的压力。

这一复杂性带来的压力不久便生端倪。台海危机爆发仅仅三年后，1999年，发生了两件值得中国警惕的大事：李登辉发表“两国论”和北约轰炸中国驻南联盟大使馆。此时，中国只能独力应对。中国也开始更加清醒和客观来对待中俄关系。中俄关系不可能使中国的安全压力感到减少，反而中俄关系如果操作不当，更容易引起安全压力增大。当然，这并不是说，中俄关系对于中国可以降低层次，相反更加应当拓展领域，使俄罗斯在一些实际利益问题上依赖于中国。所以，中国开始在经济问题上主动支持俄罗斯，最为明显的是中国支持并欢迎俄罗斯加入亚太经合组织。俄罗斯需要发展经济，中国需要发展经济，中国对俄罗斯发展经济的支持，不仅使中国的外贸发展多了个市场，而且也容易通过支持俄罗斯来增强对俄罗斯的影响力，从而增强中国在地区贸易，甚至世界贸易中的地位。事实证明，中俄关系使中国更加务实地看待自己的国家建设和国际事务运作。这说明，随着中国对外开放，如果外部世界动荡不安，对中国也是伤害。中国自身不断实现经济快速发展的现时，也需要外部世界的稳定。

然而，中俄走近是两大陆权的谅解的开始，从历史上看，任何陆权开始稳定或者强大，必会导致海权秩序的变化。当1996年《中俄睦邻友好合作条约》签订后不久，1997年，美日同盟便开始扩展其职能范围。以前，日本只是专守防卫，而1997年的《日美合作指针》将周边延伸到台湾地区。这无疑是美国对中俄走近的一种回应。即使没有中俄走近，日本其实也必定会在美国的支持下，改变专守防卫战略，因为冷战结束使美国必须借助日本承担更多的责任，从而支撑起美国的全球地位。但是，中俄关系快速发展，从一定程度上促使美国允许日本在海权体系中提升地位，扩展它的行动空间。

这样的结果就是被掩盖了几十年的岛屿主权争端和海洋划界问题开始浮现，导致了真正的“多米诺骨牌”效应。亚太地区逐步成为热点便是从那时开始。

日本开始成为亚太秩序中越来越重要的地缘政治力量。虽然它仍然处于美日同盟体系内部，受到制约，但是日本被逐步允许走向海外，因为与中国和韩国的岛屿与海洋划界争端、与东盟地区的关系，对于亚太秩序的影响也越来越大。

虽然不能完全判定，中俄关系的快速发展从侧面上导致亚太秩序出现巨大变数，但是中俄关系的确使俄罗斯成为亚太秩序变数不断积累的最大受益者，而承担亚太秩序变数增多、压力日渐增大的却是中国。尤其是20世纪90年代后期，当世界被科索沃战争笼罩时，中国面对的亚太地区的压力正在不知不觉中快速增长。到了2000年，持“台独”立场的民进党通过台湾大选成为执政党时，中国在西太平洋的地缘政治环境开始出现质变。岛屿和海洋划界争端，由东海开始发酵，迅速向南海延伸。

中俄关系的快速发展使俄罗斯在亚太地区几乎是坐享其成地观看着亚太秩序的变数越积越多。朝鲜问题也因为亚太秩序变数增多而变得复杂，其中之一就是朝核问题开始出现。俄罗斯可以利用中日和日韩之间的岛屿争端而随时以“北方四岛”问题向日本施加压力，而且还可以通过向日本施加压力，从而增强对美国在欧洲问题上的筹码。日本出于缓解压力的考虑，既又可以向美国“申请”更多的自主权，又可以在钓鱼岛问题上向中国施加压力，反过来促使中国更加重视中俄关系。而此时，因为朝核问题浮现，整个东亚地区从北到南构成了一个火药桶。这与欧洲日益加快的一体化进程相比，亚洲已经落后了。

中俄关系的快速发展不仅引起了海上问题的变数，更多的是陆上问题的变数。当苏联解体后，中亚五国的出现使中国和俄罗斯都面对着复杂的民族问题，而且中俄双方也都需要确保中亚的稳定和保持与中亚国家的友好来稳定自己的外部环境。对中国而言，中亚不仅是对外投资的市场和能源的供给地，而且中亚国家的宗教信仰与新疆类似，它们对新疆的影响巨大，尤其是当中国的东部面临的压力持续增大时，西部的稳定更加重要。对俄罗斯而言，这些前苏联国家，不仅是自己的安全屏障和势力范围，而且还与高加索地区紧密相接，如果对其保持强势影响力，不仅可以弥补苏联解体后失去的战略纵深，而且还可以令自己在国际舞台上拥有新的支持。

所以，中俄两国在中亚存在着巨大的合作空间，因此，上海合作组织便应时而生。以地区合作的形式来避免麻烦，而且还能互惠，无疑是中国的明智之举。

中亚位于欧亚大陆的中心地带，但是几乎世界上所有的大国都在欧亚大陆的外围，如果中国过度介入中亚，会引起其他大国的关注，从而会影响到中国在全球的整体战略布局。中亚地区的战略应当是为中国处理大国关系服务的。中亚地区非常复杂，矛盾众多，民族关系复杂众多，中国难以在众多国家找到平衡，如果寻求平衡，反而容易得不偿失，显现出中国困境，为人所乘。中国对中亚应当不介入政治纷争，犹如美国在第一次世界大战之前的孤立主义。然而，目前之现状，仅谈能源合作和经济贸易以及反恐合作是不够的，应该在更广阔的公共安全方面应当有所作为。中国在中亚的成功不是介入的深度，而是令域外大国在中亚问题上对中国有所期待，中国的中亚战略才是成功的。中亚地区的经济繁荣是中国希望看到的，但从长远看，只有中国与中亚同步繁荣才完全有利于中国，因为如果经济繁荣不同步，无论是中国领先抑或是中亚领先，中亚地区的民族主义思潮都必将对中国境内的民族关系造成冲击。

中国在中亚面临的矛盾远远不止经济上的共同繁荣，更大的矛盾是中俄关系。如果中国在中亚地区过于提升影响力，那么会让俄罗斯感到难堪，从而影响中俄关系，最终影响到中印关系、中美关系。而且中亚地区的政治生态环境即将发生改变，新的一代成长于苏联解体之后的政治家开始当政，走向的前景是不明朗的。中亚地区的“民主化”“民族化”程度日益提高，使那些支持或者同情民族分裂势力的人得以公开走向中亚政治舞台。所以中国和中亚之间，对于民族问题的态度差异也决定了中国和中亚不可能走得很近。所以，深度介入中亚，中亚会变成泥潭，而不是机遇。中国要令中亚变成机遇之地，就必须巧妙地保持距离。

也许中亚地区和东亚一样，是地区一体化潮流中最艰难曲折的一个地区，但是中国也要看到中亚国家不具备向全球扩大影响力的基础，而且它们的能源并不如中东地区那样丰富和易于开采，注定不可能会成为世界的中心，复杂的关系和多层的矛盾使中亚地区也不可能走东盟的模式。

中俄双方的各自战略中，并不是将对方当作首要因素，而是将与美国的关系当作首要，这就使得中俄之间的合作与互动是有限的。只要其中有一方开始与美国的关系走近，那么无疑会使另外一方感到孤立。基于这种心态，双方将对方当作潜在的竞争对手。当然这也是符合两个国家的民族性格。从历史上看，中国历来很少和外国结盟，即使近代奉行“以夷制夷”时仍然没有和某个国家进行结盟，只是在某个具体事件上与不同国家进行合作。而俄罗斯在近代历史以来很少和邻国结盟。它在各个历史时期，结盟对象都不是邻国，例如，拿破仑战争时，与英国和普鲁士、奥地利结盟，“一战”时，和英国和法国结盟。中国是唯一一个与俄罗斯（包括苏联）结盟的邻国，但两个国家与邻国结盟的意识都很弱。所以，很难期待中俄之间能够像法国和德国在“二战”之后成为地区一体化的推力。尤其是当中国的经济快速发展而俄罗斯始终难以摆脱经济困境时，俄罗斯对中国的防范之心从来没有消失过，或者担心中国与美国和西方走得更近，导致俄罗斯被边缘化；或者担心中国获取其先进军事技术和装备，不仅成为其武器出口的竞争对手，而且还会对远东地区构成军事威胁。

“9·11事件”对世界产生巨大影响，是因为它对美国产生巨大的影响。“9·11事件”爆发后的美国连续发动阿富汗战争和伊拉克战争，使美国在以前的力量空白的中东和中亚产生了不可估量的影响。从世界发展的大势来看，即使没有爆发“9·11事件”，美国对中东和中亚的影响力也会持续上升，只是“9·11事件”使美国将本来应当做的事情提前了，而且意料之外的是必须通过战争来完成。

## 成长的门槛：意识形态和地缘政治的双重挑战

一个封闭的世界体系正首次呈现在我们面前，已经知道的事不会再经一知半解到最后成为不知道的事。

——哈尔福德J.麦金德《民主理想与现实》

“9·11事件”使美国成为当今唯一一个全球部署的国家，并使冷战的历史惯性戛然而止。因为没有任何大国可以对其进行地缘政治制衡和意识形态攻击。对于中国而言，美国需要所有大国对其反恐行动进行支持，当然也包括中国和俄罗斯。这有利于避免中国东部的矛盾激化，当然，不激化并不代表解决，因为矛盾产生的根源仍然存在的同时，又有新的矛盾产生的根源出现。美国在阿富汗战争中对中亚地区秩序的影响和伊拉克战争对中东地区秩序的影响，对俄罗斯的地缘政治影响是巨大的，而对于中国而言，却是“9·11事件”后的中东、中亚地区的政治动荡导致意识形态对立压力陡然增大。美国对中国所谓的战略包围，是天然地理条件的客观反映，但巨大的贸易量和军事实力的鸿沟使中美之间爆发全面战争，甚至是地缘政治对抗的主观条件根本上不存在。

阿富汗战争、伊拉克战争两场战争最大的影响是继苏联解体后，对于欧亚大陆腹地的意识形态影响。从苏联解体直到今天，以东欧、苏联位于欧洲部分的加盟共和国为起点，向西南方向延伸至阿富汗，整个半月形的欧亚大陆腹地都开始受到西方意识形态影响。美国发动阿富汗战争后仅仅三年，乌克兰和中亚国家出现政局动荡，而且逐步向西南席卷，直到伊拉克和阿富汗建立西方制度，而后是卡塔尔颁布新宪法、巴林进行了首次选举、科威特进行国民议会直接选举并任命了第一个非王储身份的首相、摩洛哥规定妇女和男子在经济和政治上一律平等、埃及成立了国家人权委员会。2011年，中东、北非的伊斯兰国家出现政局动荡，甚至爆发利比亚战争，长期执政者均下台。欧亚大陆腹地奉行千年的意识形态宣告终结，“西化”浪潮此起彼伏。当然，欧亚大陆腹地的西化浪潮不可能顺利完成落下帷幕，正如它开始于长期积累的历史矛盾一样，其帷幕的落下同样需要长期。这主要源自于文化和历史传统差异。

意识形态共识超越地缘政治，已经成为欧亚大陆腹地秩序不可回避的现实，使中国面临的意识形态压力与日俱增。而几乎是不到一年时间内，美国又宣布，在美军撤离伊拉克和阿富汗后，将全球战略重心向亚太转移。

这是自二次世界大战结束以来，美国历史上第二次从地缘战略上明确地提出全球战略重心所在。上次是冷战即将开始时以乔治·坎南“八千字长电”为基础的国家安全NSC68号文件，将欧洲作为其战略重心。此后，经过朝鲜战争、两次柏林危机、越南战争、古巴导弹危机、台海危机、苏联入侵阿富汗、东欧剧变、苏联解体、“9·11事件”、阿富汗战争、伊拉克战争的60多年时间里，美国始终将欧洲、中东作为其战略重心，保持着战略进攻态势，而对亚太地区的战略动作只是维持其主导地位。因此，此时美国将亚太地区作为其战略重心，并以国家政策的形式提出，足以说明美国对其国家安全政策做出了具有历史意义的转变。

美国在亚太地区不满足于现在的态势主导者、战略力量平衡手的角色，而是强调采取具有主动意义的战略动作来确保美国在亚太地区的战略利益。

在冷战的50年左右中，美国在亚太地区从事了两场大规模战争（朝鲜和越南）、经历了三次台海危机，其主要的战略企图就是维持当时的历史现状，并没有采取主动进攻的战略运作。比如，在朝鲜战争中，美国在与中国军队进入纠缠阶段，占不到便宜时，便将战线维持在“三八线”附近，并主动提出谈判；在越南战争中，当战事久拖不决时，也是在力争体面的政治背景下，主动撤军，放弃整个越南；在三次台海危机期间，均派出航母编队防止中国方横渡海峡，维护台海两岸的分治现状。“9・11事件”爆发后，美国忙于在中东和中亚的“反恐”，在中日间数次矛盾激化时扮演了战略平衡手的角色，名义上提出美日同盟条约适用于钓鱼岛，企图保护日本，遏止中国，其实质是在中日两国中充当平衡手的角色，使中国和日本均需要美国的支持或避免美国的强力反对，以维持美国的主导性地位。另外，在朝鲜半岛问题上，美国对朝鲜的“朝美直接会谈”提议不予理会，而是借助“六方会谈”的形式来解决朝鲜半岛问题，其深层次的战略意图是避免单独来应对朝核问题，从而维持多方互相制衡态势，以维护朝鲜半岛的战略平衡。从以上的史实中可以看出，美国在60多年的亚太战略实质上是“维护”战略，而不是像在欧洲和中东那样是“塑造”战略。

然而，美国将战略重心向亚太转移，改变在亚太地区的战略运作，由“平衡”中、日、印、俄等大国为主的行为模式，转变为主动针对矛盾争端进行调解和防止矛盾激化和爆发战争的行为模式。所以，美国开始介入南海争端，更加注重与东南亚和南亚小国的关系，推动美日韩三国军事同盟，并在北冰洋问题与俄罗斯进行争夺。

美国在亚太的军事部署对中国造成围堵态势，但并无主动挑起与中国发生直接对抗或冲突的战略意志，其真实意图是通过完成战略部署来超前阻遏中日、台海、朝鲜半岛、南海等热点地区可能发生的战争，从而维护东亚（含东北亚、东南亚）的战略平衡，巩固美国的全球战略主导地位。因为中亚国家在美、俄、中之间保持平衡外交政策，美国也难以利用中亚、阿富汗、巴基斯坦来对中国形成实质性的军事威胁。在东部方向上，美国在菲律宾和澳大利亚的驻军较少，并不可能形成真正的规模的作战能力，而是通过加强军事合作来强化美国的存在。所以可以肯定，美国对中国构筑的战略包围部署，并不是对中国冷战式的四面遏制部署，除去日本和朝鲜半岛外，其余方向均是从政治上和心理上对中国施加压力和控制所在驻军国的措施，政治意义和心理意义大于军事意义，有的甚至只是单纯的“军事秀”。美国强化亚太的部署，从政治和外交上上加强了亚太国家对美国的依赖，美国对它们的限制也就更多。

美国的战略重心东移不可能顺利完成，中东的“伊斯兰国”局势、伊朗核问题的执行协议进程将使美国难以在亚太地区除朝鲜半岛外形成真正的实战部署。这使中国也面临着这样的情势：随着美国将战略重心转向亚太而实际焦点又在中东、中亚特别是伊朗的情况下，可以预见，中美之间的共同利益将迅速扩大，中美之间爆发冲突，甚至出现麻烦的可能性越来越小。

从中美关系的发展实际不难看出，美国决策层具有矛盾的心态。一方面，出于现实利益考虑，美国希望中国内稳定、市场开放。东亚地区保持稳定和战略平衡，这样有利于美国对包括中国在内的东亚国家的投资和全球市场资源在东亚的优化配置，服务于其企业，使其国内民众享有廉价的商品与服务，并且有利于其输出美国式的民主与价值观。另一方面，美国不希望中国强大起来，进而增强在亚太地区事务的影响力，激化中日矛盾、台海两岸矛盾、南海争端，甚至爆发战争，最终会破坏美国在东亚巨大的市场体系与战略秩序。

如果在东亚地区爆发战争，无论中国赢输，都会影响美国在亚太地区的根本利益，最终危及美国的全球战略部署。所以中美之间存在不可动摇的共同点，即共同的战略环境取向，中美双方都需要亚太的和平环境。所不同的是，美国的深层次战略考虑是希望始终通过塑造和平稳定的战略环境来维护亚太地区的战略平衡，由它来仲裁亚太事务，保持主导权。而中国的深层次战略考虑是希望争取和平环境来发展经济，增强综合国力，为解决诸多历史遗留问题争取时间，从而最终实现民族复兴。

暂时的共同利益取向决定了中美之间在可预见未来不会有“大事”，但由于缺乏战略互信，而且存在根本的利益冲突和文化差异，决定了中美之间又会“小事”不断。在这种情况下，中美都应当以更加宽广和灵活的战略思维来处理中美关系。

美国重心向亚太转移，其实是加强对日本控制的战略枷锁。因为日本越是走向海外、走向全球，走得越远，越依赖于美国。中国可以利用美国的东亚部署和美日同盟中的脆弱性，来促进美国在东亚的平衡战略，使美国在中、日之间的态度摇摆不定，增强中国在东亚的战略地位。

中国在亚太的战略地位能否增强主要取决于两个问题：一是矛盾焦点能否向有利于中国的方向解决；二是能否成熟地运作大国关系。但是，中国必须正视一个现实，亚太是世界多数大国的重要关切地区，任何一个问题都不可避免地引起大国的介入，况且，亚太地区存在多个矛盾焦点，包括“北方四岛”问题、朝鲜半岛问题、钓鱼岛问题、东海部分海域主权争议问题、南海问题，它们中的任何一个问题，除非在现有多个当事方中至少有一方来妥协让步，才能有可能实现和平。从本质上说，如果包括中国在内的东亚国家（中国、韩国、日本、朝鲜、东盟国家）继续奉行现行的政策，则所有的矛盾问题毫无和平解决的希望。并且这些问题不可能孤立存在，一个矛盾爆发，必将使促进其他矛盾的爆发，从而引发连锁效应。朝鲜半岛、钓鱼岛、南海问题扣成了一个死结，而打开这个死结的关键在于迫使日本让步。

这些矛盾焦点触及马六甲海峡、南海、台湾海峡、东海、日本海，涉及美国的西太平洋的战略利益和日本的生存利益（因为这条线是其海上生命线石油、贸易、原材料输送等）和东盟的南沙及西沙的领土、领海、领空与石油经济等利益，其中日本最为敏感，因为触及它的生存与安全，而东盟并没有涉及存亡，美国也只涉及政治、经济往来及其条约的履行等因素。

作为刚刚通过安保法的日本，为保持和平形象，主观上不可能愿意主动刺激中国，但一定希望中美之间产生对抗冲突。如果中国一旦与美产生对抗冲突，日本肯定会允许美国用其军事基地或进行外交支持，但不可能与中国直接交恶，中美对抗对双方实为赔本的买卖，必将削弱中国国力，虽对美国削弱相对较小，但相对提升日本和东盟力量，这不符合中国的战略利益，因为基本态势不会改变。

中国最需要防止的是日本破坏大局。从世界之大势出发考虑，世界大势就是全球化，而全球化的基础又是地区一体化，从长远看，东亚方面，中、日之间迟早存在区域一体化的市场体系，或二者存在于此体系之中，但是如何在此体系中享有平等权益，就必须通过联合并扼制日本来实现之，所以无论从安全战略上，还是从经济战略上，无论近看，还是远看，都应将防止日本把水搞混。

未来两年，情况将更加扑朔迷离。美国中期选举，对中国采取温和路线的民主党败于保守主义的共和党；台湾国民党在中期选举中大败，而持“台独”立场的民进党成为台湾政治生态中的首要力量；日本也开始制定新的对华战略；朝鲜半岛局势仍然不够明朗。中华民族又一次挺立于世界的潮头，并且未来的风云更加变幻。

2016年美国将进行总统大选，日本不久前通过新的安保法案，这说明中华民族又一次挺立于世界变幻莫测的潮头中。

# 前瞻篇：复兴征程关口的命运把握

鸦片战争以来的中华民族，当逐步清醒地发现自己的制度和文化难以使自己摆脱被欺侮、被奴役，甚至被扼杀的命运时，开始从外部寻找自救图存的制度和文化。首先，清朝先后发起洋务运动、戊戌变法和宪政改革，因为内部体制已经病入膏肓，并且遭遇列强不断欺凌，在内外交迫的情况下，最终失败。接下来，以孙中山和袁世凯、蒋介石等人用西方资产阶级的制度和文化来改造中华民族，恰逢恶邻强盛，诸多列强自顾不暇，时值中华民族又脱胎于混乱、弱小之清朝，先是上演封建王朝复辟闹剧，后虽然参与列强大战，并在“二战”结束时，以巨大代价谋取世界大国中一席之地，但是限于意识形态之争，血腥排除异己，使得民族内部产生社会分裂，难以服众。最后，毛泽东、邓小平等人用马克思主义改造中华民族，在民族政治现实与国际社会现实、马克思主义和民族文化底蕴这两个层面的结合上，显然高出清朝君臣和孙、袁、蒋一筹，并获得民心认同，又恰逢美苏两大超级强国展开冷战，利用冷战格局确保民族在两大强敌间隙中生存，并开始强大起来。

所有民族命运的沉沦源自于“前人犯错，后人承担代价”，而所有民族命运的崛起源自于“前人奠基，后人开拓奋进”。中华民族在鸦片战争之后的起伏与曲折是一个古老民族在世界上重塑造自己地位必须付出的代价。回顾中华民族近代以来的历史轨迹，就是为了使后来者在文明大势中找准正确的方向。所有的历史发展大势已经说明了，一个民族的命运取决于如何走向世界。鸦片战争以来的历史，始终是中华民族走向世界的历史，在走向世界中从外部汲取智慧和力量，用以图存并自强的历史。这段历史上是建立在这样的基础上：封建制度在中华民族身上存在两千年，加之中华民族数千年一直为亚洲区域之雄主与导师，向外学习和与外部的交流能力已经被扼杀殆尽。这段历史上是一段重新培养向外学习和与外部交流能力的历史。

没有任何一个伟大的民族可以将由外部而来的智慧与力量在一开始就运用得当，而且任何一个伟大的民族都是在外力的打压与激励下由弱到强的。

每一个民族，都有它自己的生命轨迹，也有自己在世界中的独特地位。中华民族由多个族群融合而成，长期以来以土地为生存之本，首先要完成内部治理使族群走向和谐，才能走向外部，这决定它走向世界的轨迹不可能像单一民族那样简单。中华民族融入世界还有很长的路要走，而且这条路没有终点，因为世界的发展是无止境的。

今天，中华民族站在了一个新的起点上。回看近代历史至今，不难发现，在中华民族的沧桑巨变中，命运的发展轨迹中转了个大弯。如果没有西方，也许中国按照正常的发展逻辑仍然也是继续着东亚的封贡体系。然而，西方推动的全球化进程，也是鸦片战争以来中华民族不断地加入到和适应全球化的进程。这也注定在未来，中华民族随着自己的变化，开始逐渐影响全球化的进程变化的态势，此时此刻，我们需要问问自己准备好了吗？

## 角色转变的关口

一流国家在世界事务中的相对地位总是在不断变化。

——保罗·肯尼迪《大国的兴衰》

回顾中华民族自鸦片战争以来的诸多外部威胁导致的生存危机，以及在生存危机所表现出来的坚韧，如果仍然只是停留在对落后的封建制度的责怪，以及对弱肉强食的世界的鄙视，那么这根本不能算作是民族反思。纵观中华民族重生和新生的两大历史阶段，不难发现，无论什么样的国际社会，我们都是难以避免被其他国家卷入矛盾其中。当中国周旋于国际社会矛盾时，总是被动地适应别人赋予的角色，这个过程不知道挫伤了多少民族的自信、损害了多少民族的天赋、浪费了多少民族的心血。这是中华民族两大历史阶段中最大的教训。

今天的中华民族第三阶段即将开启时，必须为了把这一阶段做好、做准确而进行充分的准备，因为中国已经处于由附和者、跟随者和适应者向参与者、塑造者转变的历史关口。

历史证明，主动塑造自己的角色者往往并不是最强者，也不是天生最幸运者。事实上，没有任何一个国家不是经历过被别人赋予角色这一历史阶段而走向主动塑造角色的。比如欧洲协调时代的奥地利，它在拿破仑战争中屡次遭到拿破仑的羞辱，然而，它在拿破仑战争结束后，成为欧洲协调的中心。正因为它在构建欧洲秩序中的巨大作用，使得它在已遭到削弱的情况下，而且是处于法国、普鲁士、俄罗斯等强国包围的险恶的地缘政治条件中，成为欧洲秩序的枢纽。它所构建和推动的欧洲协调机制，成为在英国治下的百年和平中的最大受益者之一。再比如，“二战”之后的英国，当其全球霸权地位被美国取代时，主动推动美英特殊关系，并且在欧洲和美国之间寻求平衡，使得它在国力江河日落时，仍然是影响冷战格局，甚至是今天美国霸权时代的强国。国家如何在国际社会中受益，完全取决于自己如何塑造合理的国际角色。

自鸦片战争至今，中华民族尚未完成身份的重构，以至于角色转换并无定论。但有一点却是肯定的，自鸦片战争至今，中华民族由落后者走向领先者，由应变中被动的适应者走向求变中主动的塑造者。之所以出现如此复杂，原因主要是世界秩序始终处于周期越来越短的重构当中。欧亚大陆及其周边海域从来没有真正的稳定的秩序，而欧亚大陆内部连接却越来越紧密，在西欧从海上向全球扩张，欧亚大陆出现俄罗斯向东部扩张时，东欧体系崩溃，欧洲战争频繁，欧亚大陆腹地民族矛盾如火山喷发一样爆发，直到冷战结束，美国成为唯一超级大国，其势其威，其雄心壮志超越任何一个民族。在“9·11事件”后，世界重构，导致乱象丛生，欧洲尚未走向稳定统一，然而欧亚大陆腹地和和东端，尚未定谳。当世界越来越小时，一处乱，则全球乱，一处不稳，则全球不稳；以欧洲模式推动世界，导致两次世界大战，而以美国为主导，又是难免混乱，世界必然在未来进入以另外一种推力为主导的变化当中。这种推力，既不同于欧洲的殖民之需，因为过于残酷而缺乏认同；也不同于美国的商业之需，因为过于重短期实利，而忽略长远，到底是什么？当前来看，尚不明晰。所有国家，对于未来的设想是不同的，所以不明确。以前世界大战，使各国对未来世界之判断趋同，但大战之后又是大战，趋同的远景在触手可及时破灭。今天，世界大战已经不可能爆发，然而，今天远比历史更加出人意料，冷战一夜之间结束，历史矛盾一夜激化。

在这种情势下，各国要做的不是擘画未来，而是应对无法预知的现实。所以，黎塞留、梅特涅、俾斯麦、丘吉尔、罗斯福那样的构建秩序的巨匠已经不可能有舞台来展现他们的雄才伟略。代之而起的是掌握时代脉搏和影响民众期望，推动历史前进的大师。

弱国的风险在于生存，强国的风险在于地位，处于由弱到强的国家同时面临着生存与地位的两大风险。每一个国家在由弱到强的历史道路都是不可复制的。今天走向强大的中国，其历史道路也是不可复制的。正如每个人在行前人未行之路时，没有路标、没有伙伴所带来的困难一般人难以想象一样，国家在超越自身历史时，必定伴随着滔天的风浪、险恶的陷阱。

历史上每一个大国由弱变强，虽然道路不一样，结局不一样，但有一条基本一致，就是通过战争走向强大，然后赌博式地与原有大国对抗，要么取而代之，获得霸权地位，要么重新衰落。英国通过英西战争，取代西班牙成为海上霸主，全球建立殖民地；法国通过三十年战争取代哈布斯堡王朝，成为欧洲大陆强国；俄罗斯通过北方战争成为地跨欧亚大陆的强国；普鲁士通过普奥战争和普法战争，统一了德国并取代法国和奥地利成为欧陆最强国；美国通过两次世界大战，又经过几乎将人类置于生死边缘的冷战而成为全球霸主。这些历史的演进鲜明地反映出大国之间鱼死网破的赌博式的对抗是历史的主旋律。

然而，世界已然变化，中国也随之变化。今天的世界，已经彻底终结了“二战”结束后的大国对抗推动世界向前发展的传统秩序，开启了大国合作与竞争共同推动世界发展的新秩序重构阶段；今天的中国已经进入新中国的新阶段了，中华民族得以图存的使命已经彻底完成，时代赋予中华民族走向强盛的新使命，现在已经走上了一前无古人的民族复兴征程。

中国必须将视野拓宽，由周边事务辐射至以欧亚大陆为中心的全球秩序；由单纯地适应形势发展转变为适时主动影响和塑造形势变化；由维护安全和发展利益的“点和线”扩展为强化作为和影响力的“位和势”。

## 中心舞台：欧亚大陆

今天的世界，能否实现共同的安全和繁荣，关键在欧亚大陆。欧亚大陆好比全球棋盘中的核心，从欧亚大陆的腹地从东西两端延展，能源最丰富，大国数量最多，与大国直接关联的矛盾最突出。欧亚大陆稳定，世界才能稳定；欧亚大陆动荡，世界就会动荡。欧亚大陆秩序决定着世界秩序。虽然中国位于欧亚大陆的东端，但中国的西北直接延伸至欧亚大陆腹地，无论是安全还是发展，欧亚大陆任何一处危机点和矛盾点爆发，都会直接影响到中国。

欧亚大陆是中国的载体。所以，需要我们将亚洲国家的定位，扩充为欧亚大陆国家的地位，这不仅需要超越中国自己的历史，而且还需要超越世界的历史。中国未来之路，不能走上旧秩序中的大国之路，不是压倒性的战略，不是取代性的战略、不是对抗式的战略，而是均衡战略，即以推动欧亚大陆均衡秩序为中心，促进各种战略力量形成稳定均衡的战略。

中国的致命性风险有三个方面。一是海上霸权，美国和日本的围堵和孤立，制约着中国的发展机遇，甚至威胁着社会制度的存在，这是最直接、最明显的。二是欧亚大陆地区威胁，如果欧亚大陆腹地出现动荡，那么极端势力会在中亚泛滥成灾，中国的民族完整性面临巨大分裂风险，这是关系到民族根基。三是欧亚大陆出现一个资源丰富、毫无外在制衡的强国，那么中国将会丧失很大的战略选择自由。而且，比这三个风险更为致命的是，三个互相盘根错节的风险对中国可以“牵一发而动全身”。

如果中国准备采取对抗和战争的方式来打破海上霸权的围堵，那么中国不仅需要以大量的财政和能源来发展力海上力量，还要在海外市场、海上能源输送线和海外贸易线被遏制的情况下，更加依赖于欧亚大陆的大国，尤其是邻近大国的能源、军工技术和市场，中国容易被邻国趁机“暗算”。

如果中国在欧亚大陆采取咄咄逼人的主动强势姿态，引起欧亚大陆大国对中国的防范和警惕，在中国东部的岛屿和海洋权益争端矛盾不断发酵的情况下，中国既难以在海洋岛屿争端上有所作为，又要面对欧亚大陆大国利用民族分裂问题进行越来越多和越来越强的牵制。最终，中国将会腹背同时受制于人。

因此，中国必须既避开海上大国锋芒，又要避免在欧亚大陆上令其他大国感到咄咄逼人。这就足以说明中国要当解决矛盾和缔造和平的推手，而不应当成为国际社会的目光焦点，应当采取和平的方式、合作的方式来推动欧亚大陆地区的均衡态势，避免中国成为他人的首要遏制对象。

中国应当避免"树大招风"。历史上的强国由弱到强时，都是非常高调，这种高调并不是主观上有意为之，而是当时的国际环境就是大国使用武力、经济力强势争霸的年代。然而，自从世界进入以"和平与发展"为主题的时代以来，大国使用武力和经济力强势争霸的条件已不存在，这不仅是因为冷战的结束，美国成为其他国家难以短期内赶超的首强国家，而且因为各个大国之间共同利益日益扩大，面对的共同威胁日益增加。如果中国高调行事，不仅导致其他大国的共同围堵，而且诸多大国的公共威胁会更多地转向中国，使中国在发展经济、海外贸易和进行军力建设时，背负过多的国际负担，而又难以增强国际事务的发言权。

十年前提出的"和平崛起"道路，是中国崛起模式的探索，其基点仍然是没有摆脱传统的束缚，即利用和平的国际环境来走和平发展的道路。中国当然希望和平，也应当成为世界和平的重要缔造者。但如果仅仅将思维定位于和平，便容易造成一个风险，即把战争与和平的话语权和行动权拱手让给他人。十年前过去了，世界和中国都发生了深刻变化。大国间围绕势力范围和推行价值观而产生的传统地缘政治博弈重新出现，全球性经济一体化的发展重心由多边市场和贸易转向全球性金融合作，十年前重在互利而当今和以后重在共担风险，被人寄予厚望的新兴大国并未推动新兴秩序的建立。对于中国自身而言，周边矛盾开始急剧发酵，经济发展和军队几乎是"迫不得已"地走向全球，邻国的危机感天然性地与日俱增，海上霸权对中国的压力日益增大，尤其是决定核心利益的意识形态斗争的国际环境日益恶化。这些因素的深刻变化迫切需要中国对战略思维来一次大转变，和平的价值再也不仅仅取决怎样利用，而更加取决于怎样来缔造。在不进则退的阶段，中国不能满足于依托本土来应对世界之事，而应当放眼全球，以更高的战略思维层次来谋划未来之路。

历史上，大国崛起有两种模式。一是欧洲模式，英国、法国、德国、俄罗斯崛起时，都是通过发动充满危险的战争来走向崛起的；二是美国模式，美国是利用欧洲列强的矛盾，甚至故意激化欧洲列强矛盾，最终凭借两次世界大战“坐山观虎斗”而成就今天的地位。

中国要有自己的模式，因为在不同于前人的时代里行前人之路，本身就是最大的错误，既不可能成功，还可能重蹈前人之危局。

中国作为和平缔造者的崛起道路，没有先例，只能自己摸索，这是中国对世界的贡献，对历史的贡献。中国的均衡战略，不是构建力量的均势，利用大国的矛盾使大国间互相制衡而从中渔利，而是将重心置于构建稳定的和平秩序，推动大国间、地区，尤其是欧亚大陆地区矛盾争端的缓和，为最终解决创造条件，而且推动全球性合作来消除全球公共威胁，可以提高国际地位。

中国的全球视野的重心放在欧亚大陆上，应当将欧亚大陆看作一个大棋盘，对手不仅有欧洲、俄罗斯、南亚等欧亚大陆上的主要地缘政治力量，而且还有美国，将来的日本作为重要棋手。

欧亚大陆的现状与未来的特点有以下几点：

一是美国具有别国难以超越的优势，也有别国难以想象的约束。未来的欧亚大陆上，不可能出现一个国家或者联盟来控制和统一欧亚大陆的资源用于威胁美国安全和利益，也不可能出现可以使美国被动卷入欧亚大陆战争泥潭的大国战争。欧亚大陆没有任何一个国家或者联盟的军事实力可以对美国的军事实力构成致命性的挑战，也没有一个经济大国或者经济集团可以取代美国在世界范围的金融优势和具有更高的开拓市场的效率，没有任何一个国家的民族文化在世界范围内的欢迎程度超过美国的电影、音乐。美国仍然是吸引各国精英人才和培养创新精神与技巧的最大和最成功的国家。20世纪欧亚大陆爆发的战争使美国成为几乎各个地区秩序的主导者，多个地区由一个主导者，彼此又日益的联系紧密起来，可以认为，欧亚秩序的形成，美国是最大的推动力，也是最大受益者，这一点毋须质疑。美国要保持这种地位，需要欧亚大陆作为最大的市场和能源供给者的稳定，但同时也需要欧亚大陆上对美国霸权地位的现实和潜在的挑战者进行制衡。保持稳定和需要制衡是美国维持欧亚大陆地位双项要求，而两者之间又是如此矛盾。美国在欧亚大陆受到的约束也来源于二者的矛盾。

美国与欧亚大陆的大国并没有稳定的关系。由于历史经验、地缘政治环境的差异，美国与欧亚大陆上的大国之间在政治、经济、军事等问题难以产生共同的认知，制度、价值观、生活方式差异会增加影响它们之间战略误判的可能性，致使在竞争与合作方面出现巨大的不平衡性。尤其是当危机性事件突发时，美国对对方的意图一旦产生误解，造成缺乏互信，容易将双方的关系界定为敌对性关系。一旦如此认知，美国便再也不可能摆脱欧亚大陆事务的困扰。

欧亚大陆是美国最大的能源供应地，有保持霸权地位最强力的支柱，也有对美国威胁最大的大国和其他力量，也存在着对美国最大的挑战性的难题，如大规模杀伤性武器扩散和能源危机等。这些因素使美国又必须比别的国家承担更大的责任来维护欧亚大陆秩序的稳定。尤其是欧亚大陆的腹地和亚太地区的秩序尚未处于重塑过程中，亲美力量和反美力量的界限日益模糊。更为重要的是，美国极力制衡的大国又是美国所需要的，而且是非常必要的合作来自于它们。欧亚大陆没有，也不可能出现一个能够主导，甚至控制欧亚大陆各种资源的大国或者集团，对美国提供维护欧亚大陆体系稳定和大国均势的机遇，但是，由于美国的遏制，美国与欧亚大陆各个重要的力量的合作深度与广度都不一致，公共威胁必然凸显。民族矛盾和宗教矛盾激化而产生的恐怖主义和核扩散问题威胁到世界上几乎所有大国安全，其中美国又是最大的受害者。

二是“民主化”浪潮不可逆转，但其中影响却是复杂的。自苏联解体以来的20多年的时间内，在欧亚大陆腹地，发生的最大变化先是东欧剧变，再是东欧和中亚国家颜色革命，接下来是中东和北非阿拉伯国家政治动荡，直到乌克兰危机，从东欧开始延着欧亚大陆半月形地带先后产生的“民主化”进程尚未结束，而且这些地带的国家具有长久的保守文化和思想传统的国家推行民主制度，从客观上说，已经形成了“民主化”浪潮。这股浪潮带来了新的政治体制、社会制度、经济模式、价值观念、生活方式，势必冲击到许多国家的传统政治制度，促使世界性地认同（至少在理论上）西方基本的政治、经济、文化准则，基本接受了多党制、选举制、私有制、新闻自由、公民社会等“民主化”的理念。尽管各国在对这些原则的实践中差别很大，尽管许多国家实际上并没有实践这些理念，甚至是“南辕北辙”，但几乎所有国家政权在宣扬本国政府的执政理念和政策时，都尽力使人相信他们在实行“民主化”的理念与制度，而不是违背它们。由于欧亚大陆腹地以前处于一个长期封闭的系统中，思想、意识、观念可能演变缓慢，革命性的变化总是在长期过程中易被忽略。但自从东欧剧变开始，欧亚腹地从北至东南日益变成一个开放的系统，社会思想和意识的变化能够以极高的速度发生。在一个全球化、信息化、国内事务国际化的时代，处于开放的世界系统中的任何国家，都无法与世界完全隔绝。尽管一些国家在尽力极力躲避这一浪潮，甚至是抑制“民主化”进程，但在一个“民主化”不受阻碍的发展过程中，国内爆发政治动荡便是自然和不可避免的。但是，欧亚大陆腹地的“民主化”进程基本都是由内因主导，自下而上，旨在改变既定政权结构和统治模式，动摇原有政权根基。目前东欧基本较为稳定，出现了稳定的政治制度，多党制、普选、政治权力自由化，但缺乏清廉、高效的政府，缺乏有力的、有威信的，能够具备广泛认同领导人；中亚出现了原有政权体制，即有一个强力的、为西方国家所接受的领导人及其团队领导和管理国家，实际上是维持现有的权力和利益分配格局。中东部分国家长期动荡下去，很难出现一个稳定的、统一的政权制度，政治动荡使国家成为“失败国家”。欧亚大陆腹地“民主化”进程的不平衡，导致了国家政权更迭能否实现稳定取决于“民主化”进程能否代表经济基础和政府体制的改变，而不仅仅只是领导人的改变。显然，在历史上的剧烈动荡都是持激进观点的政治组织借势崛起的契机，在欧亚大陆腹地更是如此。所谓的“民主”都只是民众运动的“发酵”，而不是社会文明程度的跃升。激进组织的活动空间对于欧亚大陆腹地民族矛盾将是巨大的火药桶。

三是欧亚大陆经济日益互相依赖加深，但是互相依赖程度却日益不平衡。全球化的进程中，各国的经济联系日益紧密，资本、信息、技术、人才等经济要素的全球活动，使各国的经济互相依赖程度加深，然而，各国经济互相依赖又是不对称的。全球化秩序的形成最主要反映在欧亚体系逐步成型的过程中。信息革命对各国的政治与经济的影响不均衡。信息快速流动使各国之间能够快速互相了解，这会产生对利益的认同方式出现重大变化。欧亚大陆内部各国之间，信息的开放的程度差异极大，这导致了利益一体化下的认知差异，当国家之间越来越互相依赖之时，利益认知的差异也越来越大，矛盾就此加深。国家间资源、财富、权力、信息、资本、人才等分布不平衡。因此，互相依赖是一种“不平等的依附关系。”

全球化与信息化进程并没有实现世界范围内的各方面的资源分配的公平，而是加剧了不平衡的程度，与其说世界是平的，不如说世界是斜的。这种日益加剧的不平衡性又恶化了互相依赖中的不平等程度。各个国家的差距越来越大，世界财富的集中程度也越来越高。因此，具有在互相依赖加重的国际经济体系中，各国为了自身的经济利益则必将更加关心彼此的经济利益。都不愿看到自己的贸易和投资伙伴的安全与经济利益受损，在政治上被现实和潜在对手所征服，从而影响到自身的投资与海外市场体系的安全，而通过贸易的收益和国际贸易获得财政税收是国家经济的重要支柱，它就会认为对经济联系紧密的伙伴国家所受到的安全威胁就是对自己物质利益的威胁，这就使得国家建立战略同盟来实现彼此保护。由于政府认识到是全部国家经济的支撑，这就会使得那些经济发展需求相对一致的国家产生建立战略同盟的意志，以确保国家经济命脉的安全。以能源为例，经济的发展需要能源支撑，能源为经济发展提供物质基础，因此能源也是国家安全与政治的重要因素，也是影响国际政治或战略同盟的重要的经济要素。但随着全球经济发展，能源消耗也越来越快，特别是作为支撑经济发展重要支柱的石油、天然气等不可再生的能源随着快速消耗变得更具有战略意义，促使各个国家把能源问题视为威胁国家安全的重要因素之一，要么可能针对能源问题做出集体反应，要么能源大国以此来作为“武器”达成其他目的。

在可预见的未来，欧亚大陆不会，也不可能出现一个可以和美国相抗衡，甚至是独立控制欧亚大陆资源的大国或者集团，而美国对稳定能源供给和扩大市场的诉求，又使欧亚大陆形成完整的经济体系的前景日益明显，这样促使每个欧亚大陆的国家都在有意或者无意地与美国之间的共同利益得以扩大，并且由于依赖的不平衡使得每个国家在欧亚大陆的经济体系中都逐步找到各自稳定的位置。

每个国家的利益也是就在于欧亚经济体系中找到自己合适的位置。中国亦是如此。中国位于欧亚大陆的最东端，东部面临太平洋，西部嵌入欧亚大陆腹地，拥有海陆双向发展机遇的同时，也承受着来自海陆双向的安全压力。

以中国的中西部为起点，以西延展，存在多个不同信仰和历史的民族。北至新疆，与邻近的中亚国家同为伊斯兰民族，南至西藏，与邻近印度具有天然的文化联系。由于中国的地理位势是由东向西逐步走高，在西部遍布着人迹罕至、难以通行和运输资源的沙漠、戈壁、高山，这决定了以汉族为多数人的中国由于民族差异、文化差异和天然的地理障碍，难以获取进一步向西拓展影响力的空间。中国的祖辈们已经为他们后代的生存尽了最大的努力，使他们获得了最大限度的生存环境。

中国东部面对着漫长的海岸线，直面西太平洋从北部到南部的众多星罗棋布的岛屿。岛屿的价值在于成为安全的屏障和向远海拓展的跳板，但是也可能使现实和潜在敌人利用这些岛屿威胁中国本土，阻遏中国向远海发展。这些岛屿的战略价值取决于中国对这些岛屿的影响力。这些岛屿再向东延伸，则是辽阔的太平洋，这决定了中国发展海外贸易、提高海外影响力、进行海外军事行动的前提是增强自身在太平洋海域内的安全保障。在太平洋上，存在着美国、日本、俄罗斯三大海上强国，中国的海洋安全不仅取决于自身的海上实力，还取决于与三大海上强国的关系。

中国的北部是广袤的平原和高原，与蒙古和俄罗斯具有漫长的陆地的边界，中国的主体民族难以长年适应那里的生存条件，其他民族也不适应那里的生存条件。所以中国没有向北拓展，增强北方影响力的内在驱动力。然而，就大国影响和利益格局而言，中国北部的中俄两个大国边界地区的稳定却关系着欧亚大陆的稳定。

中国的南部是密集的山地和丛林，存在着众多东南亚国家，再向南延伸则是连接太平洋与印度洋的众多航道和海峡，它们是中国的能源进口和对外贸易的生命线。对于中国而言，中国在其南部的安全与发展利益取决于中国在东南亚国家的影响力和在太平洋上的行动能力。

海上面对强邻环伺，陆地上面对天然阻碍，这说明拥有广阔领土的中国，相对于历史上法国、西班牙等同样面临海陆双向机遇与压力的大国而言，维持安全和发展空间的成本、风险更加巨大。如果中国发展传统陆权，那么中国将会与陆地大国产生竞争关系，甚至发展成为对抗关系和敌对关系，那么中国西部的分裂势力将会使中国的西部成为整个欧亚大陆的动乱之源。如果中国追求传统海权，那么不仅会受到美国和日本等海权的阻力，还会因为周边众多岛屿之间的主权争议而麻烦缠身。另外，除非在中国的西部与陆地大国形成友好关系，不仅在政治和安全提供支持，而且通过陆路有可靠的能源输入，否则中国将因为海上的麻烦导致全局的被动。而陆地大国对中国的态度又取决于它们能否利用中国获得更大的利益，然而陆地大国与中国过分亲近，又将刺激中国西部分裂势力。中国的“先天基因”决定了中国缺乏向外武力扩张的“称霸”基因，而以和平的方式来提升影响力和巩固国家利益。

## 地缘政治现实的角色定位：天然的平衡者

一个国家无论其政府和制度如何变更，都受地缘政治环境支配。无论是清朝的“边防与塞防”争论，还是冷战时期推动大三角构建，都是基于地缘政治的天然安排。新中国成立之初，从中华民族角度看，所谓的“一边倒”，其本质是为形势所迫的权宜之计，直到中美关系缓和，新中国才开始恢复了中华民族应有的地缘政治态势。从清朝直到现在，中国的地缘政治环境并没有发生质变，主要是中华民族的制度变化过于频繁、个人因素影响过大，影响了地缘政治举措的稳定性，所以，长期以来，中华民族作为一个海陆双重大国，一直没有平衡海陆关系。清朝时在内外压力下，在海陆上根本无重点，以至于海陆两头都“按住葫芦翘起瓢”地被动应对，国家资源难以优化使用。当甲午战争失败后，海权尽失，陆权也陷入瘫痪，使得民国既无海权，又无陆权。当新中国成立时，聚焦于陆权，而丧失海权，直到苏联解体，陆权态势稳定，而海权矛盾凸显，一直至今，海权仍然成为最大挑战，海陆失衡是国际战略格局激荡不稳的必然结果，中国其时只能做个附和者、跟随者、适应者，而如今中国需要由这些身份角色变化参与塑造者，必须要有自己稳定的海陆平衡战略，正如“二战”前英国一直奉行光荣孤立，俄罗斯奉行双头鹰，美国推动地区一体化和力量均衡一样，中国应当制定稳定，具有灵活操作空间的地缘战略。

制定稳定的地缘战略，现在正当其时，因为大国关系和战略格局正趋向于稳定，全球化进程的利弊是非不断地显现出来，共同利益已经远远超越矛盾争端。从内在来看，无论是中国大陆还是台湾，内在制度法治体系以及稳定，对于中国制定稳定的地缘战略而言，变数来自于三方面，一是世界海权格局；二是中俄间变数，三是两岸状态。这三者紧密相连，其中海权格局是为根本，决定和影响后面两个因素。

欧亚大陆是世界大陆舞台，围绕这个大陆的海洋包括太平洋、大西洋、印度洋、北冰洋四大洋，在这四大洋上的世界海权大国有美国、英国、日本、俄罗斯、欧洲、印度、中国等，四大洋的秩序，只要一洋不稳，则其余不稳，必须完全控制。英国、日本、欧洲、中国、印度均无此天然位势，唯有美俄有此位势，但俄罗斯向西向东，受欧洲、中国、日本限制其出海，美国不仅有优越位势，而且已经由海向欧亚大陆腹地逐步深度介入。在这种情况下，除非英国、日本、中国、印度、俄罗斯实现结盟并困住美国，或者美国自行衰落。然而，这种情势至少在可预计的将来不可能发生。任何一个海权大国与美国对抗，即使在某一大洋内获取优势，必在另外大洋受到更大打压，也就是说，中国即使能在太平洋获取海权优势，那么其代价是丧失在全球其他海域的安全，导致处处受制于人。

太平洋、大西洋、印度洋局势已经基本稳定，而变数最大为北冰洋，虽然不知道在未来多久，北冰洋会成为太平洋和大西洋最近连接通道，但其大部分海岸线为俄罗斯掌握。未来，随着北冰洋地位提升，俄罗斯海权地位亦提升，如果中国与俄罗斯保持友好，可以增加海上航线选项，可以缓解太平洋、印度洋、大西洋海上航线压力，这在政治、军事、经济具有巨大效益。如果中俄关系僵化，中国必将失去北冰洋航线稳定性，而且在太平洋、印度洋、大西洋上压力剧增，未来的中国必须与美国、俄罗斯同时保持友好和稳定关系，不是通过单纯的妥协、互惠，而是提升对太平洋的影响力来提升自己维持秩序的能力，成为美俄之间的稳定器。美国在太平洋崛起前，日俄争端导致中国损失最大，而在冷战时，中国虽然左支右绌，但美苏争端导致两岸分离。今天的中国虽然开始强大，仍然不能忘记地缘政治现实，与中国相交的强大海权和陆权互相争斗，对中华民族伤害最大。那种坐享渔翁之利的想法既肤浅又短视。

当然，中国也不能脱离天然的地缘政治安排而走称霸道路，如古罗马、秦帝国，或者说蒙古国那样，在欧亚大陆上称霸。因为称霸，不仅要发展强大的海军，还要发展强大的陆军，不仅国力不可接受，而且对于中华民族这样一个多族群而言，很难不犯错误。有人认为，美国也是海陆并进。美国和中国不一样，美国没有强邻，美国远离了欧亚大陆这块是非之地，它内在的文化是开拓的，具有扩张倾向。

中华民族位于欧亚大陆的边缘，单纯的海权不能满足中国的安全，但是单纯的陆权却又不能满足中国的发展，任何可能称霸海洋或者称霸欧亚大陆的国家都成为中国应该防范但不能直接对抗的对象。

两次世界大战的结果都是海权占据主动。第一次世界大战结果是德国和俄罗斯这两大陆权同时衰落，第二次世界大战令德国这一大陆权衰落，并且苏联这一陆权被紧紧地包围住，以至从冷战到苏联解体，俄罗斯衰落，欧亚大陆基本不可能会出现一个真正陆权。但是“9·11事件”爆发，又使作为海权的美国对欧亚大陆的中心渐渐产生影响，阿富汗和伊拉克这两次战争，代表海权更加深入地进入陆权的开始。在未来一段时间仍然是海权占主导地位，尽管在欧亚大陆的中心地带，铁路和公路代替了马和骆驼，其实还不能完全超越海权影响。主要是陆上国家众多，而海上却很少，真正的海权力量就是美国、英国、日本。所以影响中国走向的是海权高于陆权，对于中国来说，当务之急，就是防止失去对海洋秩序的影响力，通过影响海洋秩序来保证整体安全，这是中国的底线，中国不可能采取与海权大国进行正面相对抗的方式来谋求这种影响力。中国参与世界海权秩序构建，将是中国海权战略的中心任务。

然而，参与海权秩序又有赖于陆上秩序的稳定。中华民族向西已经深深嵌入欧亚大陆腹地外围，中国参与陆上秩序的枢纽在于两个方面：一是中俄关系；二是与中亚的关系。

中国不仅是沿海地区，还有辽阔的内陆，实现全球的合作开放，才是实现并确保中国利益的最佳途径，所以中国的角色在于平衡，而不是称霸。不仅在于维护本国领土的完整，还在于推动其他国家的平衡，成为世界体系中一个重要支轴，不仅可以用以推动海陆合作，还可以推动欧亚大陆内部合作。中国必须与每一种国家第一个重要的力量进行亲密合作，保持“你中有我、我中有你”的态度。虽然必须具备强大的军队，但是在外交举措上也必须推动合作。能源、市场和贸易在欧亚大陆实现一体之时，就是海权落幕之时。海权并不能保证中国的生存，应当海陆兼顾，如果中国的海权没有陆权作为支撑的话，那么海权也会消失。中国应该走的是新的海陆均衡时代，它不是退让，也不仅仅是疏通，应该是开放和平衡，

中国无论是与美国，或是与俄罗斯，都存在天然利益，当美俄两大力量争斗，中国如果时刻待价而沽，在一处受益，在另外一处必会受损，而美俄友好时，如果中国又失去对它们的影响力，则容易两边受损，中国利益与价值最大化，是推动它们稳定，而提升影响力。

世界上所有治乱的直接源由在于类似于中国目前地位的国家。两次世界大战的爆发均因非最强之国。德国利用既定国际秩序崛起，尔后又对既定国际秩序心怀不满。有这样的教训，如何不叫国际社会对中国产生担心？今日的中国，并非最强国家，甚至在最强国家集团里尚未取得实力平等地位，但确实在利用现有国际秩序实现了经济腾飞和科学、军力快速发展。国际社会自然会出现中国可能对现有国际秩序不满的判断，尤其是国际秩序的最大受益者和塑造者，即美国及其盟友的担心。

中国改革开放至今，中国的经济发展是建立在不断深入和扩大参与日益完善的国际贸易秩序当中的基础之上。建立在这种基础上的经济发展成就，也为科技和军力的快速发展奠定了坚实基础。然而，冷战结束后，中国发展和强大并未成为国际秩序出现巨变的决定性因素，中国反而利用了冷战结束后的国际秩序中的有利因素，实现了快速发展。

中国没有必要对现有国际秩序不满。当然，这不代表中国会无选择地全盘接受，而是更加理性地看待国际社会演进。对国际秩序不满者的打破国际秩序的努力从未把不满变成成功的预期愿望。处于今天地位的中国不能将自己置于被别人误认为要挑战，甚至是“颠覆”现有国际秩序的角色，中国的利益在于为现行的国际秩序之演进提供“自然”的力量，而不是“人为”的力量。

其实，自欧洲主宰世界的殖民时代以来，直到冷战，都是海陆

争霸的秩序，陆权挑战海权，最终结局都是海权维护者战胜陆权挑战者。英法百年战争和拿破仑战争、美苏冷战足以说明，中国必须至少避免最终失败者的足迹，强行改变既定国际秩序反而会导致灾难。

现有国际秩序的发展趋势有两个主要特点：

一是构成国际体系的纽带由物质性日益向意识性转变。自从三十年战争结束以来，国际关系主要是由围绕物质利益争夺的贸易和战争，而从冷战开始后，国际关系在围绕物质利益贸易和战争的基础上出现意识形态斗争与合作，而在冷战结束后，国际关系中，尤其是大国关系中爆发战争和意识形态斗争的因素越来越少，而贸易的地位开始上升，随之而来的是各种文化交流在多层面展开。尤其是从冷战结束开始，从苏联东欧到中亚，再到中东北非，这一广袤的欧亚大陆腹地开始向西方意识形态转变，意识形态趋同在各民族文化交流在催生下，国家之间的物质性纽带（如贸易等）在得以强化时，意识性纽带得以形成，民族国家之间的政治制度、民族文化层面的认同程度对于国际关系的影响逐渐增强。在这种情况下，所有民族国家都不可能僵化地固守自身的文化传统和思维方式，意识性纽带的强化正在改变着国际秩序变化的内在机理。对于所有国家而言，仅有物质性力量（军事实力和经济实力等可见实力）难以在国际体系中谋求合适的位置，或者仅仅与外界产生物质交换（如贸易、能源合作等）而忽略了意识形态和民族文化间的互相认同，则早晚会遭到孤立。

二是地缘政治斗争日益成为掩盖全球化的假象。在冷战和冷战结束后的相当时间内，全球性的地缘政治斗争仍然存在，然而，在未来，地缘政治斗争却不可能成为决定国际秩序的主要推力。冷战时的美国与苏联对中国和其他中间地带的争夺，成为推动冷战形势发展的主要推力，而冷战结束后的美俄围绕北约东扩、中美围绕西太平洋诸多问题的博弈，已经难以阻挡全球化进程。当今，美国与俄罗斯围绕叙利亚、格鲁吉亚、乌克兰等国进行的博弈，尤其是乌克兰危机似乎使世界重新又回到了大国地缘政治斗争的年代。但这只是假象，这些假象虽然越来越“真实”，但毕竟仍然是假象。未来世界大国的矛盾点会日益增多，这主要是美国与俄罗斯在中东和东欧新的博弈的结果仍然未知。当然，其未知的结果不是谁输谁赢，而是美国与俄罗斯作为两个军事大国、能源大国的博弈将会对全球化造成什么样的影响。如果俄罗斯陷入灾难，不仅全球性的公共威胁可能会出现新的一轮波动，如核扩散问题、恐怖主义问题两大世界性顽症可能会结合在一起，而且俄罗斯可能陷入极端的民族主义当中，对其周边局势稳定会产生难以预料的变数。未来的全球化的国际体系如何发展，取决于俄罗斯的结局。而俄罗斯的结局如何，又取决于美国在对地缘政治斗争和维护国际秩序的目标。如果俄罗斯继续遭到孤立，那么全球化进程便会受到掩盖。未来任何一个国家，即使出于何种原因愿意将自己孤立于世界，这一设想也无法实现。

在这种趋势下的国际秩序，中国的战略的基本原则就是平衡。

一是基本的战略取向上，是融入世界与保持特色的平衡。融入世界不仅是参与国际经济贸易和对外援助，这些只是中国融入世界的最低门槛，中国迈入国际社会的低门槛非常容易，而在更高的门槛上迈入国际社会仍然是一个重大挑战，尤其是国际主流社会。传统的地缘政治思维仍然是有效的，但必须注意的是自从冷战结束以来，意识形态共识正在逐步超越地缘政治斗争而正在成为决定国际战略格局的根本因素。中国与世界上大多数大国的意识形态、价值观存在着差异。如果将这种差异作为中国与世界主流社会之间的樊篱，那么不仅是中国的损失，也是世界的损失。中国在融入世界与保持特色的平衡，其核心应当是在意识形态价值观方面，即将意识形态和价值观的差异作为中国融入世界，甚至改变世界的机遇与杠杆，而不是僵化地使差异成为对立。这不仅取决于中国如何运作自己的战略，还取决于中国的战略将会使中国与世界产生怎样的互动。如果有人认为中国的意识形态和价值观与西方的差异会成为中国与世界之间的障碍的话，这种观点无疑是过时的。

从近代开始至今，西方的政治制度似乎成为世界性的主流制度。然而，表象如此，并不能掩盖各个民族仍然在按照自己固有的文化和意识形态进行发展的轨道。许多固有的矛盾并没有因为意识形态和价值观趋同而消失，相反，政治制度和意识形态的趋同反而激发了各个不同民族的民族主义。最明显的莫过于俄罗斯。苏联解体后，作为苏联的继承者，俄罗斯与美国的关系虽然不是处于零和博弈的冷战状态，但它们之间固有的海陆大国的地缘政治矛盾仍然存在。从1991年开始，波黑战争、科索沃战争、北约东扩、颜色革命、叙利亚问题、乌克兰危机，诸多国际问题，无一不透视着美国与俄罗斯仍然在围绕欧亚大陆腹地的系列问题而展开博弈。尤其是乌克兰危机，从民族文化上看，乌克兰是俄罗斯文化的萌发地，是俄罗斯西南部工业与能源重镇的战略屏障，美俄在乌克兰问题的博弈，这反映不了政治制度趋同后，意识形态的趋同，相反是美国和俄罗斯之间在政治制度趋同的大背景下各自文化与利益、安全取向上走向对立的反映。美国无法认同俄罗斯吸纳克里米亚，认为俄罗斯破坏了主权国家的领土完整，而俄罗斯认为，美国仍然不断向东逼近，对于俄罗斯祖先的源起之地都不放过，欺人太甚。

意识形态的差异不走向对立，不是简单由一方放弃自己的意识形态而认同另一方意识形态。意识形态的差异变成融入世界，不仅仅是改变世界对自己的心理认知，而是改变世界，使国际社会以正常的眼光来看待差异，并且使国际社会同样认为差异是机遇，而不是导致对立的障碍。

中国对推动意识形态差异，防止差异产生对立，在于利用不断扩大的走向海外的商业力量和学术机构，尤其是民营和民办的企业和学术机构。单纯的的官方推动，只能在对方国家少数人主导的政府层面，而世界上主要大国均为普选制度，政府观念和心理受到民众意愿影响，如不影响到民众，反而使意识形态差异变成对立。

二是基本的战略举措上，是全面谋势与重点布局的平衡。中国需要谋求全球的有利态势。世界上没有哪个国家可以将力量和影响延伸到全球的各个角落中，不过，也没有如此必要。全球化进程中，各个地区的内在情况与格局非常不同，如果仅仅将全球化策略看作是对各个地区“一视同仁”，显然就是一种天真幼稚的理想主义。全球性和谐有两个基础：一是民族国家的独立、主权平等；二是国家间的位势的差别。尤其是国家间位势差别对于保证国际社会和谐的作用经常被低估，甚至被忽视。当几乎所有国家在追求平等时，那么国际社会中不平等的现实更加难以撼动。

全面谋势与重点布局的平衡在于运用天然的差别。中国追求安全和利益，应当是整体化地在全球进行，然而，从现实看，全球范围内的无重点行动，对于中国而言，必定是有心无力。利用国际格局进行全球谋势是中国必须要遵循的基本战略原则。

所有国家将能源供给、市场、国家安全和意识形态等诸多因素开始一体化的设计，这是国际格局的最明显的趋同。中国的能源供给、市场、国家安全和意识形态走向全球时，它们四个方面之间的互相影响又是不平衡的。中国必须把握住每一个能源供给重地之间，市场地位和对国家安全的影响，以及意识形态的差异程度。这是国家之间差别所致。中国在有的地区必须以能源供给的稳定为主、有的必须以市场为主、有的必须以国家安全为主、有的以意识形态为主。

就目前而言，世界没有一个国家可以在地区旋涡中超然于外的，然而并不是每个地区旋涡都必须同等待之，利用军事、商业，甚至是社会文化资源的效率会低，而且风险较大，所以，应当利用地区格局，甚至国际格局的力量，以合作方式来介入，确保安全与利益。

以目前的中东地区为例，中国在中东地区的最直接的期望是保持稳定，西方国家以军事手段打击极端武装，赢得了中东地区民心，进一步使美国等国家在中东的形象与地位更加牢固，此时的中国，不能做看客，不能仅仅利用中东地区的稳定来谋求能源供给的稳定与收益，否则会被国际社会看作是一个只享受别人的道德红利的国家，或者中国只是一个物质利益的交换者。中国即使不与美国等国合作以军事手段来打击极端武装，那么也应当以其他方式来帮助和鼓励中东国家政府、民众根除极端武装出现的土壤。中国不仅需要利用美国与西方国家主导的贸易体系和能源市场来谋求经济收益，未来更要善于利用政治格局来发挥作用，提高中国的国际地位。美国与西方以军事手段和地缘政治手段谋求中东地位，为什么中国不以经济与文化手段来谋求中东更大的影响力，而仅仅是能源市场稳定的受益者呢？

三是追求主导与追求均势的平衡。中国无法与美国的国际地位相提并论，也不需要与美国相提并论。但是，在世界局部地区上，中国可以成为主导性力量，而不是均衡性力量。在海外，中国在大国之间的基本角色应当是均衡者，但如果任何一个事情都成为均衡者，中国的角色将会被固化，便可能在日益多样化的利益需求中，成为大国声音的附和者。

中国在局部地区成为主导者，更加有利于中国扮演日益重要的均衡者角色。尤其是缅甸和朝鲜地区局势当中，中国在朝鲜问题上，不应当是美国和朝鲜之间的调和者，而应当是主导者；在缅甸国内诸多矛盾上，不应当是各种政治力量之间的仲裁者，而应当是走向和解的主要推动者。当然，中国成为地区主导者的角色不能仅仅满足于周边应对小国上，更应当看到地区与地区之间发展不平衡性带来的弊端与风险。从未来看，中国的周边仍然会“风波”不断，从南海问题的主权争端到缅甸、朝鲜的地缘政治环境变化，都会出现历史上任何时期都难以想象的复杂性。中国必须从现在开始筹划如何获取主动权，而不是等到事发之后，再行应对之策。否则，不仅在周边局部性问题上处于被动，而且还会在大国关系上受制于人。

在主导地位与均衡地位的平衡中，中国必须防止出现历史中“均势生成—被破坏—再生成”的循环。如果循环再无规则继续，中国则难以有稳定发展的外部环境，将会被此起彼伏的矛盾和风波牵扯精力。中国是一个新兴力量。从历史上看，新兴力量特别容易遭到霸权国家和既得利益国家遏制。当霸权国家实力的相对下降时，部分国家会因为相对实力的增强而进入强国行列，似乎是对均势的颠覆。而自从第一次世界大战结束以来，这种情况就不可能出现了。因为全球化进程的加快，所有国家必须依托国际格局而发展。如果只从个体出发看待力量对比，而忽略了国际格局的“自觉”作用，那么追求传统的均势、制衡和同盟的国家自然是将自己与外界进行人为的自我割裂，造成自身封闭于国际社会之外。

冷战时期，美苏对抗所造成的均势，主要是在政治和军事领域，并没有涉及经济领域。苏联在经济上只是西方的配角，但仍然与美国坚持对抗，造成经济发展负担的持续加重，最终由于经济不堪重负，而出现巨大的政治与社会问题。在未来，如果坚持传统的均势、制衡、同盟，只能使自己变成“触犯众怒”的世界性隐患。国际格局都是应国际事务而生。第二次世界大战后的国际格局应反对世界大战，保护和平而生；冷战后的国际格局应巩固防止核大战威胁而生，“9·11事件”后的国际格局是应共同反恐、共同发展、共同应对世界性问题的挑战而生。若是现有国际格局适应共同的时代任务，则是有生命力的；若不适应，则现有国际格局不可能适应时代，则是无生命力的，那么就要发生世界性的变化，主导性国家要换人，或者说主导性组织要有新成员。改朝换代的国际格局不仅仅看新兴国家实力，还要看主导性国家的政策与实力，及其国际秩序的灵活性。特别是后面一点，否则只有新兴国家的“崛起”，而无主导性国家的衰落或改变，那么国际格局仍无变化。

## 变革的战略核心：自我超越

中国几千年来擅长作为东亚的中心，其实只做了两件事情，一是要求周边藩属国向中国称臣；二是抵御来自北方彪悍的游牧民族的入侵与掠夺。自从明清两朝开始，面临海陆二元地缘政治格局，尤其是晚清时期的中国成为海陆大国争相撕咬的对象。中国其实习惯了一种军事弱者和文化强者的心态、抵御武力进攻和经济掠夺的抗争者与大国矛盾的利用者的心态，而如今中国不仅要有军事强者、文化强者的心态，还要从抗争者、希望别人矛盾扩大的利用者，变成主导者和帮助别人消弭矛盾的平衡者。这一诉求的转变，不得不考虑如何超越自身的战略思维。

超越自身有三个阶段：一是自我主动的反省；二是以他人为师的模仿；三是进行前瞻的创新。然而，任何一个国家，其实都很难按照自己的设想来完成这三件事情，当然更大的可能是对这三件事情的规划都难以做到完整。

第二次鸦片战争后，清朝开始痛定思痛地反省，以西方为师，模仿西方的技术与企业组织；在经历了甲午战争和《辛丑条约》之辱后，开始向模仿西方的制度和政治思想；第一次世界大战后的中国，胜而遭辱，又主张向西方学习“民主”和“科学”。中国始终在世界激荡的风云中亦步亦趋，从内看，不经历败辱则不知反省；从外看，反省过程又因为外敌而中断，以致既不知自我反省，也不知以谁为师，更谈不上如何完成对自身历史的超越与创新，从而导致政治动荡此起彼伏，国家处于风雨飘摇当中。

当新中国成立后，国家再无大乱，历经坎坷与抗争，民族生存颠覆之患基本消除，并从20世纪70年代后期开始，国家走上正常建设轨道，时至今天，向新的历史高度攀登之际，我们必须自问如下：“我们对自己有无主动反省？有无向他人学习？又应当怎样超越自我？”虽然不可能在一个历史阶段就只能做其中的一个事情，往往三件事情在同一个历史时期不断交织，但是，一定会在一个阶段存在一个主要的事情。

从新中国建立到冷战结束，作为夹在美苏两大超级强权当中的弱者，自然会为了保护自己，而不停地利用一方反对另外一方，甚至在受到威胁时，不惜牺牲巨大代价进行努力抗争，自然会出现战略摇摆。而当冷战结束，中国实力飞速发展之时，再无战略摇摆之内外条件，如何利用海陆二元的地缘环境兼收并蓄、趋利避害？保持民族特性与自我超越，将是巨大考验。

各个民族就像在达喀尔拉力赛中型号、速度、驾驶员都不同的赛车，处于领先地位的民族既是领跑者，也是开拓者。领跑者的最大优势是引领方向，使别人不知不觉地受到影响，或多或少地行进于别人开拓的道路上。领跑者的最大风险也来自于引领方向，行前人未行之路的艰辛需要自己独自承担。处于落后地位的民族既是追赶者，也容易变成模仿者。追赶者的最大风险是始终在领跑者进的道路上跟随和模仿，这导致的是始终落后，追赶者的机遇来自于另辟蹊径，抵消领跑者的优势。

所以，领跑者和追赶者之间的地位是不固定的，他们之间不仅可以像同一赛道上的赛车互换位置，而更加重要的是，他们的地位差异并不肯定地代表领跑者就永远领路、追赶者就永远跟随。这其中起到重要作用的是变革和团结。

无论是领跑者，还是追赶者，机遇和风险都来自于能否实现变革。对于追赶者而言，永远不要重复行进在别人开拓过的道路之上，既要学会共享，更要学会创新。

中华民族近代的耻辱全部因为守旧，而今的中华民族处于大变革时代，而且，实现自我变革，同样促使民族走向团结。

民族命运取决于高层的变革活力。从15世纪开始，西欧利用比当时的中国落后得多的风帆技术开始海上探险，发现新大陆，鼓励发展新型商业公司，推动资本输出，从而开始建立海上霸权。而几乎同时代的中国，海上力量之于世界海洋类似于霸王龙之于丛林，但封建统治者保守僵化的守土思想和治国理念，使得中国在处于海上力量顶峰时“寸板不能下海”，海上力量遭严重削弱，使得海上匪患丛生，到了清朝，丧地辱国。面对这些活生生的历史，人们经常反省，“为什么惨败者往往是拥有伟大历史和辉煌战果的民族？”拥有辉煌成就的民族，他们内在的发展惯性总是强大得难以想象，导致内部缺乏变革动力，从而对时代变迁反应迟钝。即便在清朝时期，以中华民族的实力，在列强面前其实并不必然地那么悲惨。实际上中华民族最为危险和最弱势之时是清朝倒台前夕至第一次世界大战前、国民党完成形式上统一中国到西安事变前。因为在这两个时期，不仅面临着强大的恶邻日本和俄罗斯（后者是苏联），而且其他列强对他们二者却又不可能进行强力制约，并且在中华民族这片大地上还有着自己的既得利益。其实，从外在因素看，是因为两次世界大战的爆发，中华民族的价值才显现出来，中华民族的潜在力量才得以迸发出来，从而利用列强之间的矛盾完成了自救图存。然而，每次大战之后，都会受到邻居的欺侮。先是日本占领山东，后是苏联分裂外蒙古。中国从来没有成为彻底的战胜国，总是在列强之间隙中生存，利用列强不可调和的矛盾来完成自我救赎。所以，每次自我救赎的不彻底、不够解恨，其根本在于中华民族自从鸦片战争以来的不团结。之所以不团结，是因为所有人都希望出现一个可以团结中华民族的力量，但又总是互不服气。所以会出现五个最致命的问题：一是一味德服，一旦对方意志坚定则会陷入困境，强硬，则对方不买账，导致出现自己无把握的危机，软弱导致对方得寸进尺，而自己无法做出的让步，又难再强硬，使自己处于出尔反尔之态；二是价值观难以获得外界认同，而自己又总是先入为主将自己定位为坦荡公正的君子，不一定也不可能模仿抄袭别人价值观，但自己价值观必须开放、明确，心里难近，影响现实利益交往，有利则和，无得则斗；三是顶层一旦不稳，则全局不稳，众多人、众多思想互不买账不团结；四是顶层和下一层关系从未稳定，制度保障之根本存在漏洞，导致外部因素鱼龙混杂，鱼贯而入；五是缺乏全球视野，以历史之感受决定的心态来对待不断变化的未来。

今日的新兴时代，在中华民族伟大复兴的新起点上，复兴之新征程完全取决于民族高层如何对民族进行新的设计和超越，甚至超越国家主体上。而要实现如此多的超越，首先必须进行自我扬弃。

其一，中国在历史上最大的教训，就是通过妥协和退让来争取和平，而又紧紧抓住这种和平的机遇发展和壮大国力，所谓卧薪尝胆式的做法，其实反而损害了发展机遇。每一次妥协和退让都是以损害发展机遇为代价，损害政府的公信力以及国际形象，而且针对一个国家妥协退让会招致其他国家迫使中国同样做出妥协退让，就是说在一个方面的让步，那么在其他方面面临着做出更大让步的风险，如果中国能利用条约来争取更大的发展机遇，其代价就是损失和平的发展机遇，这是历史上的无奈之举，绝不能成为中国的战略安排。也许有人会说，美国在历史上也有丧权辱国的《杰伊条约》，在危急时刻拯救了美国。但是中国必须明白，美国与英国签订《杰伊条约》时，英国在欧洲面临诸多矛盾，而且除了英国之外，其他欧洲强国都希望美国成为制衡英国的一个重要杠杆，也就是说美国并没有面临被全球争食的局面。而中国并没有像美国那样得天独厚的地缘政治优势，中国处于一个矛盾的交叉点上，用妥协来换和平，否则，中国也许就是世界动乱或者和平的一个枢纽，但却不能获得正确的地位。中国应当营造一种有利的态势，放弃单纯的经贸手段，综合运用政治、经济、军事、外交、文化、科技等手段，谋求世界上的有利于中国发展的局面。和平带来繁荣，可是战争不一定带来强大，和平能制造繁荣，但不一定能使自己强大。

其二，中国再也不能使用传统的战略制衡，虽然这种战略使新中国在冷战时卓有成效，在清朝时可以“以夷制夷”减少牺牲和损失，但是权力上的制衡不能保证一荣俱荣，而只可以保证另外一种需要，那就是一损俱损。因为在当今时代，互相依赖的过程中正是需要共同的安全，如果中国可以看到，制衡即互相拆台方式，不能使其他国家安全时，也损害了自己的安全，也许暂时一定时期内可以保证少数国家能够获得一点点机会，能够达成目标。然而从长远看，传统的制衡战略破坏了自己的安全环境和发展机遇。

其三，中国要走向世界，是在心态上走向世界。世界上所有的问题都和自己有关，中国并不依赖于联盟去解决问题，而中国依赖合作与友谊，制造友谊就是制造财富。中国的友谊不能仅仅建立在金钱的基础上，中国的友谊是建立在互惠和互相心理认同的基础上，如果中国不能认识到友谊远远高于矛盾，就会被矛盾牵着鼻子走，而且让矛盾代替了中国的选择，遮蔽中国的战略视野。

其四，所有国家的边境，无论是自愿还是被迫，都是打开的。这就带来了一个情况，世界各国比拼的不仅仅是军事和经济硬实力的对抗，而且比拼的是谁更能解决自己的问题，比拼的是自己的影响力。谁更加能被国际社会所接受尊重，谁就能够提高影响力，而不仅是在世界上获取仅仅自身发展需要的一些能源和外部支持。如果一个国家时时处处以防备者的心态来封闭自己的边界的话，那么无异于它的思想状态还停留在二十世纪初之前。全球化的大市场的形成，所有开放者的内在文化、价值取向、利益取向、文化取向将会趋同。在一个国家之间日益紧密的世界里，任何一个国家的发展进程不可能不受到外来的干扰，所以与其说中国国家的发展进程被外部所影响，不如说外部影响是中国国家发展进程中的一部分。现在的中国已经深深地嵌入到世界当中，而世界也深深地融入中国当中，中国不参与某些纠纷，不代表中国脱离世界，而是中国参世界的一种方式，参与国际秩序的构建，越融入世界越安全，越融入世界越发展。当然中国融入世界并不是承担超过自身能力以外的责任。今天的中国加入世界，不仅仅是为了改变世界，也是为了改变自身。改变世界和改变自己是同步的，是不可割裂的。如果中国只是抱着一孔之见看着自我发展，那么中国将会失去很多机会，包括制造财富的机会。

其五，改变确定利益的思维方式。目前中国的国家利益尚处于简单状态当中，无非就是在能源、海外市场保证经贸体系，并不涉及塑造地区和全球秩序的要求。当中国的国际地位日益提升的时候，中国的利益需求也会越来越复杂，不单纯是经济和能源安全，而且包括诸多的地区秩序的重塑，这涉及复杂的政治、经济和文化的动作。作为大国，利益是非常复杂的，有时候甚至是矛盾的，随着利益的多样化，国际地位的不断提高，中国应该更加灵活。所谓此一时，彼一时，指的不是时代的变化，而是需求的变化。中国的变化是推动世界的变化还是适应世界的变化，取决于中国对自己地位的判断。中国可以大胆假设未来中国国家的利益是多么复杂，又是多么的多样化，因为中国向外拓展的步伐越来越快，中国的边境和国门越来越开放，角色变化也越来越快。

中国有必要通过秩序的力量来对自己的利益拓展而进行准备。中国最需要的是海外的稳定和自由，海外秩序稳定更有利于中国，而美国正是维持这种秩序最重要的杠杆，中国怎么可能脱离美国？中国可以考虑协助美国来维护秩序，当然，协助不是跟从和盲从，不是做它的伙计，而是它的伙伴，通过学习美国如何引导秩序来使自己变得强大。充满合作的，建立在商业原则基础上和互相尊重其价值观的，在价值和文化上互不侵犯、互相尊重的秩序，是中国的目标。当然在这基础上，被别人真正从内心中承认，而不是别人认为是获到中国财政援助的一种迎合方式。中国不能在所有地区争端中僵硬的去支持一方和反对一方，中国应该朝着有利于解决双方矛盾的方向发展。

其六，极端现实主义增加不了认同，反而使自己受到更大的约束。如果中国以极端的现实主义态度来对待世界，那么世界也会以极端的现实主义态度来对待中国。中国经济繁荣的同时，必须出现一个比以前更为积极的心态。如果中国仍然怀着本能性怀疑的目光看待这个世界，无疑是对自己的简单肯定。中国不仅要与西方国家做生意，而且也应当和他们交流文化，避免中国之前在心灵上与西方的隔阂，中国不仅可以学习到他们先进的东西，还可以知道他们是怎么看待中国，以便更好地交流，从而实现中国的利益。

利用世界贸易体系，以使自己获得收益，这无可厚非，但是只是单方面地看待这个世界，把心理上把自己和这个世界隔绝开来，这就是错误的，不应该在心态上把自己和世界隔离开，中国是世界的一部分。如果中国以一个局外人的眼光，以一个心理上、文化上不同者的眼光来看待这个世界的话，那么这个世界也会用异样的眼光来看待中国。

其七，培养平视者的心态，避免矛盾心态。东亚封贡体系存在了几千年，尽管在近代，中国经历了巨大的耻辱，但是“天下中心”的观念仍然存在，中国始终有一种矛盾，担心别人扼制自己，又希望和对方发展关系，如果这两种心态结合得很完美，中国将非常理性。

中国在未来，不冒险、不结盟、不以道德的优越感、不偏不倚地介入世界事务，只采取公正的立场 来解决争端，来促进地区和平，这就需要中国就承担着更多的责任，较之以前来说，责任更大，利益的需求也更大。如果中国以实力，以经济上的优越感来介入地区事务，反而会受到别人排挤，中国的问题是自己怎么被别人接受。作为一个不同文化、不同制度、不同民族的国家而言，如果中国因经济上的发展带来的道德上的优越感而居高临下，那么中国怎么会影响到其他人呢？反而会被其他人排斥。帮助别人解决问题，从而最终促进自己的问题解决，培养成功的伙伴本身就是一种成功。

其八，明确学习西方的价值与风险。国家路径的选择不仅取决于顶层的主观选择，还取决于历史的起点及文化的延续，尤其是地缘政治，以及利益的发展阶段。比如俄罗斯，虽然它向西方的制度靠拢，而且所谓的民主化进程已经开始，但它并没有和西方国家产生文化认同。现实情况是，即使冷战对抗过去了，但是地缘政治新的竞争关系仍然存在，甚至比起冷战，还会更进一步。中国可以学习西方，并不需要担心自己传统文化的流失，相反，将中西方文化进行融会贯通，反而提高辨别能力和开拓精神，培养视野。

今天的日本经济和科技高度发达，但仍然不能算是一个成功国家，追本溯源，“脱亚入欧”是病根。明治维新时，当日本提出在文化和制度上要“脱亚入欧”而全盘西化时，在地缘上既难以改变有一个庞大的中国作为邻国这个事实，又难以摆脱西方的影响，加上自己本身又资源稀缺。所以，当日本发动战争时，小战尚可以利用欧美之间的矛盾进行投机和钻营，但因为自身资源受限而导致大战时，既陷于中国泥潭，又与欧美为敌，才落得今天这个非正常国家地位的境地。日本成功的经验是变革立国，然而失败的教训是变革脱离了基本的战略实际。日本脱离不了亚洲，也不能完全融入欧美，这是历史上铁定的事实教训。所以，当日本提出“脱亚入欧”时，既与邻为壑，又难融于远强，这使得日本远交近攻不行，近交远攻也不行。

## 对战略思维的超越

我们经常不可避免地关心兴盛和衰落、成功和失败、成就和障碍、好和坏。

——杜威《经验与自然》

中国有两个传统的战略思维方式延续到了今天。一是内治先于外战。即在对内战略先于对外战略的考虑，这反映在政治和外交中，先“修道而保法”再“决胜于境外”。典型的战略莫过于韬光养晦，发展经济和科技，增强实力再解决矛盾。二是文攻先于武备。先在宣传舆论上造成敌人的被动，统一国人的思想，再进行其他斗争的准备、甚至武力准备。典型的莫过于先进行论战，再逐步升级到武力的行动模式。

时代发展越来越快，快得令几乎所有国家都目不暇接。可以分几个明确和清晰的步骤来完成的事情已经难以存在了，存在的更多的是将几步并作一步来解决的事情。当中国自己的实力地位开始变化时，自己对传统的行动模式也应当进行主动变化。因为感受中国实力变化的最早者，不是中国，而是周边国家，周边国家会做出比中国更多的变化，使中国设想解决周边矛盾的条件出现出乎自己意料之外的快速改变。中国传统的“准备充分后再行动”的战略举措模式已经难以跟上形势发展。

中国将传统的各种战略决策的因素进行由先至后的排列，将会导致自己的战略举措在自己设想的条件下落实，最终导致中国失去主动权而处处被动。

## 战略转变的核心：利益内涵的变化

国家利益至上总是处于战略的最高原则当中。国家利益总是处于变动当中，这取决于国家的不同的状态，还有对国家利益的认知。后来证明错误的战略，在开始时制订者和实施者在心中并不一定认为是错误的。

国家利益的不同理解，如何调整国家利益诸多因素的矛盾，会导致不同的战略，最后导致不同的命运。正如德国统一之前，几乎每个当政者都有同样的国家利益认知，普鲁士要强大、要欧洲的国际地位，防止法国和俄罗斯的安全威胁。在统一之后，德国的历代当政者对于国家利益都有不同的认知。俾斯麦认为德国的利益在成为欧洲的政治中心和枢纽，威廉二世认为德国在于争夺“阳光下的地盘”，希特勒认为德国在于扩大生存空间。正是错误的国家利益取向导致了错误的战略。

当国家处于强敌威胁之下时，作为弱势的防御者，国家利益明确而又简单。而当国家面临的威胁开始多样化后，要确定国家利益则是一件非常困难的事情。中国发展到今天同样面临着国家利益的多重性，不同的国家利益，在顶层决策中不同权重，会出现不同的战略。在当今，经历了生死存亡边缘的两次世界大战和冷战之后的每个大国，其战略是有史以来最为理性和和平倾向最强烈的，都将多元的国家利益划分为生死攸关的核心利益、关系重大的重要利益和普遍的一般利益，并且根据利益的地位不同，制定了相应的应对举措。

政策体系的制定与贯彻相对稳定，而用不同的战略落实它们却时时刻刻受到不同因素的影响，甚至是支配。因为国家利益中的不同属性的利益需求却是时时刻刻处于变化当中。新中国刚刚建立之时，总体国家利益是保障国家生存；经过了朝鲜战争、珍宝岛武装冲突，并且拥有了实质性的核打击能力之后，总体国家利益是保证国家建设；而当改革开放之后，总体利益是发展经济和维护领土主权完整；时至今日，中国的总体利益成为历史上最为多元之时。

以前，中国的战略思维只是基于反入侵、保证和平，而如今却是在政治、经济、文化和军事等诸多方面如何提升国际地位，甚至在局部领域变成主导者，至少也是重要参与者。这样多元复杂的国家利益需求，对中国如何超越传统的战略思维的挑战是前所未有的。

以前的国家利益多重因素中，可以有先后次序，例如冷战早期和中期，边境安全先于经济发展，再例如冷战后期，经济发展先于领土和海洋权益争端。但是，诸多国家利益中已经不可能简单地将其排序，而是综合交织于战略当中。

全球都有中国的资产和经商、务工、留学人员；全球诸多重要海上航线（贸易与能源运输线）对中国经济发展具有举足轻重的意义；国家周边存在诸多争端和潜在隐患；国土内部社会矛盾因为经济文化快速发展面而日益累积；等等。它们之间互相影响、互相交织，一个不顺，诸多不顺。中国再也不能以传统的轻重缓急的思维来将它们进行简单排序和定性。

以前，对国家利益的理解应当采取“丁是丁、卯是卯”的先急后缓、先近后远的直线思维方式，而现在却需要观察多棱镜或者玩魔方的思维方式，将国家利益的诸多侧面运作为一个整体。

### 国家形象是最高利益

当中国的国际地位日益提升的时候，中国的利益需求也会越来越复杂。中国需要更多的经济发展机遇和更加稳定、广泛的能源供给，并且使海外资产和人员更加安全，就不得不将国家形象置于利益之最高位势。中国以前是因为贫穷需要积累物质财富，而现在是小富变大富的过程，如果中国给国际社会这样一个印象——中国只是一个单纯的物质利益追求者，那么中国与国际社会赤裸裸的物质交换早晚会有一天出现短缺，甚至受制于人。

也许有人会说，中国仍然要韬光养晦，不做出头鸟。实际上，在日益透明的国际社会中，单纯地追求物质利益，带着强烈功利色彩有选择性地参与国际道义建设，甚至置道义于惘然，这样的大国必然会是出头鸟，成为众矢之的。

近代世界的中心舞台处于欧洲，英国主导的均势与欧洲大陆强国反均势构成了欧洲历史，全世界秩序随着欧洲在维护均势和打破均势的过程而变化。所有大国遵循的不是道德戒律，而是赤裸裸的现实主义。只有拿破仑战争结束后的很短时间内，当欧洲处于均势稳定时，共同的价值观发挥过作用，那也不过是地缘政治格局发生巨变的准备罢了。而在两次世界大战结束，世界进入两极冷战体系后，所有大国根据战后的地缘政治现实，要么固定地加入一极，要么在两极之间变化位置，遵循的同样是现实的国家利益。尤其是中国，虽然与苏联同为社会主义意识形态，但是仍然最终和美国走近，共同反对苏联。当冷战结束后，随着阿富汗战争和伊拉克战争爆发，中亚、中东地区政局动荡，从欧亚大陆沿海地带开始在欧亚大陆腹地席卷，由北向南，同西向东地出现了意识形态和政治制度日益趋同的浪潮。这使整个欧亚大陆仍然占据着世界政治、经济中心舞台的地位的同时，意识形态和政治制度在国际社会中的地位作用日益上升。

作为有自己独特的意识形态和民族文化的中国，应当看到增强不同意识形态和民族文化之间的心理认同，其意义不亚于单纯的对外经贸和政治交往。自从改革开放以来，中国一直将国家利益的核心界定为发展现实经贸利益和淡化周边争端，所以中国赢得了30多年的经济发展机遇。然而，随着经济向外发展，相应的心态却没有和经济同步地走出去，这影响了中国走向富裕时的国际形象。

在当今时代，国家形象不应当被简单地理解运用对国家实力来解决国际社会中的公共问题，并且向国际社会宣示解决问题的成果与能力。在当今时代，国家形象不是基于现实利益交换时的“有求必应”，国家形象本身就是利益，是在一个越来越互相紧密依存的国际社会中令人信服和模仿的能力，既要放下身段，又要抬起头颅地优化民族内涵。

以前是经济发展成果丰富，在国际社会中能够“财大气粗”，那么现在经济发展成果不断跃升的情况下，怎样在国际社会中获得更多、更全面的发展机遇，仅仅是“财大气粗”是不够的。

中国应当有一个更加全面和道义形象，不能停留于对外投资和对外援助上，而是参与国际社会中更加高端的合作当中。因为仅仅是对外投资和对外援助，容易招致别人以极端现实主义方式来对等，中国需要的是别人将中国看作不仅是现实利益的合作者形象，而且还是克服困难的帮助者、内心感情的感应者等形象。中国的国家形象最主要的不仅是在亚非拉等欠发达国家争取投资和贸易机遇而造成共同发展的机遇，还应是与西方发达国家共同参与制定国际规则和制度，这不仅涉及经济贸易，还涉及文化、军事等高端领域。如果中国只注意投资，没有与西方国家共同参与国际体系建设，那么中国仍然需要跟随别人制定的规则行事，而且会事倍功半。

中国的国家形象是一项民众参与的大工程。现在的中国，缺少民众参与和关注国家对外交往的渠道，其实，每个出境的民众如果从国家形象中直接体会到他们是受益者以及如何受益，那么他们的本身就是推动国家形象的力量。

### 全球稳定是基础利益

中国的经济利益已经遍布全球，然而，中国的政治影响力和军事力量却没有取得经济延伸力那样的同步。一旦某个重要的利益相关地区不稳定，中国缺乏必要的政治和军事手段来维护自身利益。而随着全球化进程，一处不稳，会导致他处受到牵连，所以，中国需要的不仅仅是某个地区的稳定，而是全球稳定。

中国当然要提升海外军事行动能力，强大的海外军事行动能力与经贸一样，成为发展国家利益的主要途径。然而，如果中国没有全球性海外军事行动能力，而只有局部地区性质的海外军事行动能力，那么中国的军事力量又可能处于到处“扑火”的状态。

影响全球稳定的主要因素是大国间互动，随着全球化进程的加快，大国互动中爆发冲突和战争的因素越来越少的同时，全球稳定不是基于大国间的对抗，而是大国如何合作与竞争。中国的基础利益再也不可能是保持与某个或某几个大国的稳定关系，而是推动大国间全球性合作，以从机制和根本上保证大国合作。

从全球范围看，古代国家对生活资源的分配与争夺导致地区化，比如大国的出现或者地区性组织的出现。近代以来的国际社会是因为商业的扩充与发展促进了全世界范围内的联系，比如全球性殖民体系的出现。现代以来的国际社会是由于各种信息和能源（资源）的在国家或者政治实体之间分配和共享而产生了利益一体化，比如联合国和世界银行。第二次世界大战前，战争或对抗成为主流说明利益的连接方式是排斥的，或者说还没有找到连接共同利益的切入点。然而在第二次世界大战后，利益一体化日趋强势。冷战的结束，其根源是人类利益一体化的洪流埋葬了冷战，而不是美国西方集团战胜了苏联东方集团。从历史纵向上看，如果从个体出发，谁符合利益一体化的大势，谁按照利益一体化的趋势制定和贯彻战略，谁就会主导国际社会。

单靠自己“单枪匹马”来维护自身海外利益，是头痛医头、脚痛医脚的方式，推动大国在诸多国际公共问题上进行更加深化和广泛的合作才是强化自身“免疫系统”的根本方式。前者重在治标，后者重在治本。

由于交通、通信、人类思想观念（地理大发现、文艺复兴、民主思想、电报电线、计算机等）的突破性发展，各国的利益开始连接，各个国家不再是独立的“岛屿”，而是“大家庭”的一部分。但是全球化时代的国际社会就像一个放大了的商业区，而不是大家庭。家庭的秩序建立在亲情和辈分区别的基础上，而商业区的秩序是建立互相竞争和需要的基础上。所以，国际社会的稳定在于互相竞争和互相需要的稳定。但是，这种稳定并不排斥变化，相反，稳定导致新的变化。国际社会中在任何时代都存在着巨变的因素，这是人类历史中所包含的天然基因。系统环境的演进是有序的，但表现出来的无序性、偶然性和突变性特征却非常明显。认识国际社会的切入点就是抓住那些造成突变性的事件或者因素。两次世界大战、苏联解体、“911·事件”、中东和北非政治动荡等几个历史过程中的节点，对认识国际社会具有重大的价值，使人们从无序的、偶然的、突变的事件中去考察国际社会的演进，指导对未来的预测。看似无序，实为有序，这主要是因为世界发展的不平衡所致。世界力量分布的不平衡性是绝对的，力量分布决定着国际社会结构，找到改变主要力量分布的因素就能发现国际社会的演进规律。不平衡的状态被打破，成为相对平衡的状态后，国际社会完成了一个周期的演进，世界前进了一步，相对平衡被打破后，又产生了新的不平衡，国际社会又完成了一个周期的演进，世界便又前进了一大步。改变旧国际社会是世界前进的基本方法和规律，或者说，世界发展前进的基本规律作用的表象就是原有的不平衡被新不平衡代替。当前的国际社会是否演进取决于美国的主导性地位的变化，美国在一超多强中的地位决定了未来国际社会的走向。国际社会的演进缺乏颠覆性因素，因此是相对平衡的。但并不代表世界上不会出现挑战它地位、尊严、根本利益的力量，只有当有一个这样的力量出现时，新的不平衡才可能出现。但关键的问题是以和平方式挑战，还是以战争暴力方式挑战，还是坐等其衰落，现在还不明朗。所以，挑战的力量总是会存在，除非美国创造的秩序有利于所有，至少有利于所有大国。

作为处于国际地位在不断变化的中国，当然也成为国际社会关系变化的主要推动者之一。如何保证自己国力不断上升而导致的国际地位的变化的同时又维护国际社会的稳定，是中国国家利益的基本面。从目前来看，中国如果使国际社会中认为中国将会取代美国，那么很可能导致中国面临事事出头的压力，会承担过多和能力之外的责任。

一味强调利益共享，忽视了各个国家自然性的不平衡，突出强调利益分配，而无视竞争这一产生发展和创新的前提和过程，反而伤害到利益共享。当所有国家承认格局内部的不平衡性时，并不一定会激励出公平竞争。

### 以强者的理性塑造格局

中国作为穷国和弱国时，表现出来的战略思维，是将战胜贫穷和弱小作为首要事务，当中国变成富裕和强大时，又应当将什么作为首要事务呢？新中国自建立以来，成功地战胜了自身的贫穷、饥荒和内部不团结，而对于在变富和变强后，如何使自己的实力为利益服务，却成为一个新的重大的课题。

战胜积贫积弱，因为贫弱之心态容易界定，而如何运用实力为自己利益服务，需要强者心态，而强者心态却难以界定。尤其是中国面临着其他富国和强国时，中国的心态难以真正地冷静而理性地进行自我定位。

以前，中国的战略思维立足于“是什么”，而少于立足于“应当是什么”。前者的思维方式问题紧跟形势，作为形势的适应者，甚至是跟随者，而后者却是塑造形势，作为形势的创建者，甚至是主导者。

任何处于巨变中的大国，都可能面临剪不断、理还乱的麻烦，往往还造成诸多足以遮蔽战略视野、导致战略错误的假象，这在历史上数不胜数。美国在“二战”中的巨大胜利，使美国由一个远离政治中心的大国，成为舞台的主角。而且这一角色的转变过程中，历经了两次柏林战争、古巴导弹危机后，更是自负地认为自己无所不能。正如肯尼迪在就职演说中满怀豪情说：“足以承担一切责任”。这种心态在对共产主义意识形态的仇恨与恐慌的催化下，导致美国陷入越南泥潭。实际上，越南对于美国，无论是地缘政治意义，还是意识形态价值，都不如它所认为的那样重要。而且虽然越南最终统一，但没有改变美国与苏联之间冷战的地缘政治态势，更多的只是心理影响。美国陷入越南战争泥潭完全是对共产主义意识过于敏感和对地缘政治斗争的自负而导致挥霍自己强大的国力。其实质是，美国在那时处于由世界形势的利用者向世界形势的主导者转变过程中，缺乏足够的战略定力，其后果就是几乎导致冷战历史改变。

今天的中国同样麻烦缠身，同样存在着足以刺痛自己神经的麻烦，但最大的麻烦不是所谓的“尊严”，而是如何防止足够的战略定力的弱化。周边一些国家之所以制造麻烦，根本上说，并不是因为中国不具备惩罚它们的能力与意志，而是中国容易陷入孤立。中国容易陷入孤立，其根本又是中国缺少在世界大势上的影响力。

中国的战略重心应当在海外，不在周边。强者永远不能为枝节所累，必须时刻抓住主流，创造大势来消融小术。今日中国的重点是那些足以影响到世界走势的“大事”，而不是局部性的周边矛盾。对周边矛盾，例如钓鱼岛、南海问题，必须坚持在不影响中国的战略重心的情况下来处理，切不可因为这些矛盾，拖累了整个国家大局。

也许有人会说，近在咫尺的周边都处理不好，如何走向天涯海角。持这种观点的人无疑是抱着一孔之见来观察世界大局。抱一孔之见的人善于逞一时之能，而疏于谋万世之功。中国已经成为世界和平中举足轻重的因素，世界上所有的问题几乎都和中国有关，如果中国忽略了这一点的话也就忽视了自己真正的尊严，最终也会忽视自己的长远利益，中国必须看到，如果因为周边领土的争端，而拖延中国在世界事务中提升影响力的大略，那将得不偿失，最终得之必失。

当然，战略定力不是无原则地忍耐对手的挑衅与蚕食，而是既避免过激反应，又要避免无实际效果，甚至示弱的行动。“主权在我、搁置争议”是一个中国处理周边的大思路，而不是政策取向上的边界。其内涵应当理解为“主权在我”是底线，“搁置争议”的本质是战略举措的主动性和灵活性的体现，意即“争议”之有无和起止完全操之于我手，不是操之他人之手，更不是刻意避免争议，否则，对方知道我一味避免争议，便有侥幸的心理认为存在可乘之机。中国自改革开放以来，周边形势已经发生颠覆性变化，因为“主权在我”的底线遭遇挑战，而“搁置争议”的主动性和灵活性却似乎正在消失。这不是“主权在我、搁置争议”本身的问题，这更加反映了中国用国际格局约束周边局势的紧迫性。中国的根本问题在于没有参与塑造国际格局。因为缺乏塑造国际格局思维，所以，没有发展远洋军力和向外投送能力，没有在外开拓市场和交流文化的内在驱动力，从而导致别人乘中国力量之短板。在未来，国际格局之塑造，必须成为中国战略思维之首要立足点。

### 世界的重心应当成为中国的战略重心

中国有自己的国情，当然就有自己特殊的战略重心。然而，现实的中国，虽然具有特殊的国情，但已经是需要以自己的特殊之处影响世界的国家了。中国的战略思维必须学会考虑把自己的特殊思维普通化于世界。

冷战前，世界的重心在欧洲，因为美国和苏联两大超级强权主要在欧洲争夺，而在欧亚大陆的另一端，亚洲虽然爆发过两场战争，但并没有影响欧洲的冷战格局，反而成为欧洲冷战博弈在亚洲延伸的结果。冷战结束后，东欧—中东—中亚，这一大片区域内发生翻天覆地巨变，而且仍然有扩大之势。世界的重心似乎正在由欧亚大陆西端，逐步沿着欧亚大陆腹地向东发展，距离中国西部越来越近。美国宣布全球战略重心向亚太地区转移后，越来越多的人认为世界重心正在围绕中国的东西两边展开。这种观点无疑把现象当作本质。东欧—中东—中亚这大片区域内，东欧剧变是美国与苏联冷战时，不断遏制苏联并向东欧输出意识形态的结果；中亚和中东的政治动荡是因为美国利用阿富汗战争在中亚推行其制度和发动伊拉克战争后，推动大中东计划的后果。美国全球战略重心向亚太转移，更是美国塑造全球战略格局的必然。冷战结束之后，欧亚大陆发生的大事，均为美国强势外力所为。也就是说，世界的焦点取决于美国的利益需求与政策取向，美国作为世界重心的地位越来越明显。

世界焦点在不断变化，而且变化得越来越快，中国如果把自己的战略重心不断根据世界焦点的转移而转移，无疑便成了一个世界形势发展的被动应对者。中国的战略重心不应当建立在不断改变的世界焦点当中，必须抓住重心。世界的重心在美国，影响到了美国，就影响到了世界。只要美国作为世界重心位置没有改变，中国的战略重心始终应定位为美国，增强对美国的影响力。这不是僵化，而是抓住世界变化的根本所在。那些认为“中国重视西部，不是与美国争夺世界地理上中心，而以进攻的姿态，构筑对美国的第一道战略防线”，或者中国必须打破美国的“C”形包围的人，都只是将战略目光与策略目光混为一谈，把中国的战略视野局限于一隅。即使中国从最低的安全需求出发，那些观点也过时了。因为在全球化的今天，任何一个国家对另一个国家再也不可能是单纯地按照地理概念来进行防御了。

中国与美国不同的是，美国可以在西半球居于主导地位后再将实力向东半球延伸，最终达到全球战略格局的顶峰。而中国不可能像美国那样步步为营，按照东亚—亚洲—欧亚大陆—全球的步骤日益提升，中国只能基于周边诸多矛盾和大国中谋求自己的全球战略，其根本目标不可能是主导全球，只能谋求自己的全球利益而成为重要的参与者与塑造者。所以，中国将战略重心置于美国，不仅存在于安全方面，更是存在于国家大战略的诸多层面；以美国为战略重心当然也不是孤立地局限于于美国，而是将以美国为枢纽来综合运筹全球大战略，既有直接的，也有间接的。如果中国的战略举措最终没有影响到美国的改变，那么效果均为战术性的。

## 中国战略的难关：如何推动全球战略格局转变

其术也，用之于天下，必量天下而与之；用之于国，必量国而与之；用之于家，必量家而与之；用之于身，必量身材气势而与之……

——《鬼谷子·忤合第六》

导致世界不平衡和国家发展差异的因素是同质的，主要有意识形态的差异是否成为机遇、市场和经济资源的配置是否优化、激励和创新机制是否建立等因素。从个体国家而言，从这些不同的因素中衍生出不同的政治、经济和军事状况，这些状况构成了战略格局。

现代的发达国家或者强国，之所以到达这种高度，其沉重的代价中，不仅包括自身国家内部的牺牲和不公，也包括了在国际社会中造成的牺牲与不公。国家利益至上观念的极端利己主义化便造成了一些小国承受代价，而且还要形成民族依附，这又无疑在制造霸权主义和强权政治的诱因。总之格局产自于不公与极端利己，而又在制造新的不公和极端利己。时代已经不允许，简单地采取传统的对抗方式来为自己谋利，也不能生硬地推动创建新的格局，而是利用现有格局，成为格局的受益者。中国必须走在非既定格局创建者的受益者的前列，成为格局转变的助推力，令其发生自然的作用。

## 观念如何改变：国家利益至上的新思考

人类历史中的分水岭全部在于格局转换。全球战略格局新旧之间的转换愈来愈快，由哈布斯堡王朝主导下的欧洲大一统变成英国主导下欧洲协调的多极体系用了几乎3个世纪，由英国主导下的多极体系被打破只用了一个世纪，而在20世纪中更是剧变最为频繁的人类世纪，连续发生了由欧洲多极化转向美苏两极化再最终两极体系覆灭的多次剧烈转变。21世纪前15年里便展现出剧变。因为“9・11”的爆发，中东、中亚诸多长期秉持自身古老文化的国度开始向西方制度转变，新兴国家群体的出现，貌似与美国、德国、日本在19世纪末期和20世纪初期的崛起极为相似。人们不禁会问，美国在冷战后结束后的创建单极世界的努力还会、还能持续多久？美国还能不能像英国那样治理世界和平长达一百年？如果时代发展如此之快，那么全球战略格局将会发生什么样的转变？新兴国家又可能起到什么样的作用？

时代发展使全球战略格局转变得越来越快速，这是因为全球战略格局转变中的新因素越来越多，多得不能以传统的观念和视野来看待。以前全球战略格局遭到颠覆，总体而言有两个原因：一是既定全球战略格局的主导国家遭到挑战，比如哈布斯堡王朝遭到法国挑战，英国先后遭到法国、俄罗斯、德国的挑战；二是既定全球战略格局中存在对立两大集团，如英国主导下的欧洲多极协调体系，因为出现同盟国集团与协约国集团，最终导致“一战”爆发，英国的霸权地位就此没落；再如冷战时期，以美国为首的北约和以苏联为首的华约集团进行对抗。那么在现行全球战略格局下，美国强大到了没有任何一个国家具有挑战其地位的能力与国际道义威信，以美国为首的北约集团之外，也并没有任何一个国家联盟集团与之对抗。在这种情况下，传统的颠覆全球战略格局的两个原因并不存在，那么全球战略格局又将如何转变呢？

现实政治之下的实力博弈和地缘政治斗争成就了多极走向两极，而实力博弈、地缘政治斗争和意识形态竞争又使冷战走向结束，最终形成美国不断完成地缘政治形势的塑造和不断进行意识形态输出与改造，从而成就了今天的全球战略格局。有理由相信未来的全球战略格局的转变存在于世界多样化、一体化和民主化当中。也就是说，多数国家会采取美国式的制度，但最终诞生出来的是自己特色的民族文化与意识形态、价值观。从这个意义上说，美国在推动全球战略格局发生深刻变化，也预示着美国地位的变化。当然，不能再以简单地思维方式判定美国是继续保持强势，抑或是开始衰落，传统的兴衰论断对今日美国与全球战略格局已经难以适用。

每一次全球战略格局的转变中，那些关键国家总是希望以自己的方式来塑造世界，而不是推动世界按照本来的面目发展变化，这既是全球战略格局变化的推动力，也是全球战略格局转变的结果。中国成为日益多样化世界的一部分，应当成为世界多样化发展的推动者，并且在改变世界的同时，自己也会因为世界的改变而改变。中国的价值不仅在于自己产生多大变化，而在于使世界产生多大变化。中国至目前为止，并且在可以预见的将来，全球战略格局的发展轨道中，不可能在世界发展中处于引领者的位置，因此，也不能逞一时之强，强行改变既定规则和态势。

然而，全球战略格局的变化并不是历史的终结，各种意识形态的选择和各种文明道路的自我调整仍在不断进行，使得世界的引领者一定是在经济、军事、政治等影响力方面领先时，不可能追求大一统而只可能推动更多样的世界。

在这种情况下，“国家利益至上”的传统观念必将也应当发生重大的转变。传统的“国家利益至上”有两种内涵：一是建立在无视别国利益，甚至是伤害别国利益基础之上的利己主义；二是追求现实利益时，通常超越宗教、民族文化、政治制度等意识形态差异或者忽视意识形态趋同。从某种程度上看，传统的国家利益至上观念作用于国际交往中常常出现的是排斥道德约束和突破历史经验的、基于实力地位的短期利益交换。“弱肉强食”的丛林规则便出自于此。所以，从地理大发现后的殖民体系直到冷战，由群雄并起，再到少数大国纵横捭阖，直到两个大国进行生死博弈，最终剩下今天的一个超级强权。全球战略格局的走势之所以使得决定格局走向的大国数量越来越少，超级大国实力超群的表象越来越明显，“传统的国家利益至上”是根本的观念性因素，它直接决定了大国如何追求自身利益，从而决定了战略格局的走向。

大国要推动全球战略格局转变，根本在于推动所有大国改变传统的、以极端利己主义为基础的“国家利益至上”的观念，有任何一个大国秉持极端利己的“国家利益至上”，不仅会使自身利益诉求倾向于偏狭，而且可能导致整个战略格局重新走上历史的重复与循环。所以，在国家仍然是主要的实际行为体时，改变“国家利益至上”的观念不切实际，而改变实现至上的国家利益的方式与格局，却是可能的。然而，在现实中，这条道路将会非常艰辛与曲折。

有人说，中国自己尚处于发展中国家，怎么能够如此“大公无私”？那些富国又当如何？中国从自身长远利益出发，不能让极端利己的国家利益至上思想支配自己，也应当极为避免别的大国，尤其是息息相关的大国采取极端利己的国家利益至上思想来逆世界前进的步伐。极端利己的国家利益至上思想导致需要日益有序的世界陷入日益无序的风险。循序渐进中可能出现的裂变式的倒退，能够发生在以前，但却不能够发生在今后，否则，几代人的国际努力皆可能前功尽弃。

### 主权威胁来自外部干预的观念必须改变

战略格局的转变，决定格局转变的因素也正在在格局内发挥与以前不一样的作用。每一个国家融入越来越紧密的全球战略格局时，国家个体存在的公共因素首当其冲地受到影响。主权不容干涉的内涵必定会发生改变。在一个国家之间日益紧密的世界里，任何一个国家的发展进程不可能不受到外来的干扰，所以，与其说中国的发展进程被外部影响，不如说外部影响是中国发展进程中的一部分。

任何来自外部的干预，对中国内部事务来说都是一种危险吗？回答是否定的，并不是所有的外来干预是危险的，相反，有的外来干预对中国是有积极帮助的。利益互相交织，中国不可能完全忽略外来的干预，中国也不可能成为其他国家境内发生了什么事的旁观者。所以要摈弃遭到“干扰”的思维。有的所谓干扰是机遇，尤其是在中国无法摆脱这种干扰的时候。中国参与那些争端，积极推动争端的解决，有利于使中国自己变得更加强大，总有人认为说强大无非是经济上和军事上的力量强大以及政治地位极高，那是在各自为战的时代的想法，现在是全球化的时代，尊严当然来自于实力，还来自于解决问题的能力。利益互相交织，中国不可能完全忽略外来的干预。

所有国家的边境，无论是自愿还是被迫，都是打开的。中国的核心是提高影响力，如果一个国家时时处处以防备者的心态来封闭自己的边界的话，一旦全球化的大市场形成，所有开放者的边界，其内在文化、价值取向、利益取向、文化制度将会趋同。要共享安全和发展机遇，所有国家就应当改变国界为樊篱的观念，国界应当成为向外的跳板。

### 软实力不存在：对实力的深刻认识

实力从来不是软性的，尽管运用可以具有弹性。软实力理论重视影响对方的思维方式和利益取向，也就是说，令对方自觉运用自己所期待的方式和标准来筹划和实施行动。软实力的运用是旨在影响别人喜欢什么、讨厌什么的心理取向。笔者认为，软实力概念进入政策体系天真至极。用自己的方式来衡量别人的行动本身就是一种僵化和过于简化的行为方式。

在历史经常出现，虽然大国之间意识形态相似，但不能导致地缘政治斗争的消失，往往是意识形态相反，反而会“和谐相处”。在近代欧洲，因为法俄普奥等国都是信奉封建制度，但总是互相之间争斗不止，在冷战期间，中苏同盟的破裂和中美关系正常化更加说明了意识形态作用的总是处于弱势地位。而在冷战结束后，美俄之间政治制度相同，但自北约东扩开始至乌克兰危机，地缘政治斗争从未结束。而中俄之间意识形态已经不同，但较之中苏关系，无论是稳定程度还是交往广度已经不可同日而语。软实力这一概念无法适用于大国政治。

软实力概念同样也不适用于小国与大国互动。小国看到大国的实力地位与国际威望，自然会有所模仿、甚至在政治上追随。但起作用的不是意识形态，而是现实利益与小国自身的战略目标。“二战”之后兴起的殖民地独立运动中，大都是对大国意识形态的追随，但并不是全部形成了政治依附关系。南斯拉夫之于苏联、印度之于英国足以说明意识形态只是小国自身的选择，而不是大国的诱导。冷战期间，印度、南非、新加坡等国家并没有因为模仿西方制度而依附于西方。冷战结束后，东欧国家开始西方化的政治道路，但从来不会因为模仿西方道路而彻底放弃与俄罗斯的地缘关系。在“9·11”后的伊拉克战争和阿富汗战争中，美国并不是像“软实力”概念的发明者所指出的那样，缺乏意识形态引导，相反正是特别重视意识形态的引导，从某种程度上导致对美国的抵触。

如果软实力不是伪概念，那么美国在越南战争的失利仅仅是硬实力不够吗？显然不是，美国的硬实力已经远远足够，相反，正是重视所谓的意识形态，夸大意识形态对地缘政治的作用，才使美国陷入越南战争的泥潭。如果美国认为越南也走向社会主义意识形态，那么整个亚洲就有陷入苏联和中国势力范围的危险，然而后来的历史证明，越南最终还是走向社会主义意识形态，但是在此之前，中苏便已经分裂。苏联或者中国将整个东南亚纳入势力范围的假设早已不攻自破。所以，对实力进行硬软之分本身就是对实力的错误认知。

实力从来不应当静态地进行分类，而只能在动态的使用中进行确定。对于将实力分为硬变实力和软实力两类，实质上把不可能分开的各种实力资源生硬地进行分类，反而导致了脱离所有国际政治实践的本原。没有任何一个国家的军事实力、经济实力不是与自身的意识形态、政治制度、民众素质和历史延续现实息息相关，军事实力和经济实力从来也不是自动发生作用，而是依托于政治制度、意识形态、民众素质和历史延续现实来产生作用的。

在国际政治实践中驱使对方按照自己所期待的方式行动，衡量成功与否，忽略了行为主体的强制性因素，也忽略了对方的自觉性程度，只是狭猛地看到最终的综合效果。软实力这一概念的出现反映不是意识形态在构建战略格局中的作用，而是对自身坚持的意识形态的自负；不是对黩武主义的修正，而是导致了更大的黩武主义。

有人认为美国推动大中东计划为什么遭到挫折，而“二战”结束后的“马歇尔计划”却能够获得成功，是因为中东与西欧的意识形态完全不同，前者与美国差异极大，而后者与美国极为相似，便认为这是美国运用软实力失败与成功最为典型的对比。如果基于深层次的现实分析，更应当认识到前者是在无外来大国干预的情况下进行，是对政治制度的改造，而后者是在冷战格局下进行，是对经济的恢复和对地缘政治态势的塑造。但是，无论是大中东计划，还是“马歇尔计划”，都没有离开经济力量和军事运用这两个基础性实力，所谓的“软实力”的运用，前者比后者更加主动，但前者却屡遭挫折。

中国不能将软实力运用当作一种战略，而只能当作策略。因为软实力这个伪概念一旦被当成科学或者理论，甚至成为行动原则，反而令人质疑中国本身对意识形态的自信。

## 介入地区秩序的目的：避免垄断地位并参与国际制度建设

任何地区如果为一个国家把持局面，即形成单极地区秩序，则可能有两种情况：一是封闭以形成地区性垄断；二是对域外的贸易门槛高于其他地区。总之，某一地区成为“孤岛”既不利于该地区发展，也不利于全球化。这一铁律已经被历史所证明。在近代，“孤岛”即孤立于西方之地区，如中国、拉美、印度、非洲等，而在今天，“孤岛”已经不存在，至少“孤岛”现象已经不明显。但是，“孤岛”体系仍然存在。这使所有开放之国要付出更大的代价来获取同等利益，同时使“孤岛”体系付出同等资源，却不能获取同等收益。某一个地区要形成开放的局面，既不能形成霸权式单极地区体系，也不能形成所在地区国家集体封闭。基于此，中国不能不防止出现地区性的处于垄断性实力地位的大国出现，也不能不防止地区性集体排外。中国需要外部地区的开放，不是为了自己垄断，也不应当塑造自己的垄断地位，否则将成为其他大国或者地区大国“众矢之的”。中国推动的是大国合作。

中国自近代开始成为大国博弈的主要舞台之一。中国必须避免让其他国家觉得中国将自己的历史加之于身。

从目前来看，中国防止地区被垄断应当有两重考虑：一是经济性，开拓市场和确保能源供给的多样化和稳定；二是政治性，提高中国的国际影响和国际地位，争取在国际社会中更多的发言权。中国正在健步向前，未来中国应当注重参与构建更多和更广泛的制度机制。

参与国际制度与机制建设是提高国际地位的根本举措。从发展来看，国际制度与机制日益完善，同时新的挑战，特别是公共安全方面层出不穷，国际制度与机制明显不足。这为所有国家参与国际制度与机制构建提供了条件。往往是受害者最终成为受益者，这就是国际制度与机制的作用。中国将会面临越来越多的新生问题，这些新生问题不仅来自于随着实力地位不断变化导致的传统领域内的新的潜在冲突与危机，而且更可能来自新的发展阶段中国际既定秩序的压力，中国必须未雨绸缪地来推动国际制度与机制的不断进行新的构建。

## 中国地缘政治的总体设想

“危者，安其位者也；亡者，保其位者也；乱者，有其治者也。是故君子安而不忘危，存而不忘亡，治而不忘乱。是以身安而国家可保也。”

——《周易·系辞下》

地缘政治环境之于国家正如家庭出身之于新生人口。纵使意识形态和政治制度发生巨变，终究要回到地缘政治现实当中。中国自从晚清开始，经历了北洋时期的民国和国民党时期的民国，今天进入新中国和中国台湾两岸分治时期。虽然国力和国际位势已经有翻天覆地的变化，但仍然没有脱离海陆二元地缘政治现实。

作为海陆二元国家，海陆之间天然的中间桥梁，使任何一个海陆大国都是面临着多种选择。面临多种战略选择有时是幸福的烦恼，因为既可以在海上大国与陆上大国之间长袖善舞，也可以利用海上大国与陆上大国之间天然矛盾成为不可或缺的砝码。而有时却产生难以抵制并且可以摧毁理智的诱惑，当不满足于陆权的陆上大国和不满足于海权的海上大国同时需要海陆大国的“配合”时，海陆大国的战略价值最高，特别是当国力雄居强国之林，既可以伸向远海，又可以伸向内陆之时，海陆二元国家通常难以抵挡称霸的诱惑，最终导致同时结怨海上和陆上大国而功败垂成。最悲惨的结局莫过于像一只被两只狮子争夺撕咬的可怜羚羊。

海陆大国比其他大国更难保持战略稳定性，这也可以解释为什么自从近代以来，西班牙、荷兰、瑞典、法国、德国、俄罗斯、中国等海陆二元国家的命运比美国、英国、日本具有更大的起伏。英国从霸权神坛衰落和二战结束前的日本先强后衰只是因为出现比它更加强大的美国和屡次受到其他海陆大国的强力挑战；而海陆大国的衰落不是仅仅遇到比自己更加强大的对手而衰落，更多的是因为战略的错误而导致处境的艰危。

今天，外部的世界充满着各种机遇，然而，中国作为海陆二元国家的优势在累积的时候，海陆二元国家的天然弱点也容易累积。优势之累积是易拓国威于四方，而弱点之累积却是易把机遇变成陷阱。此时的中国最为需要的是战略上冷静的超越，清楚中国的利益是寄于平衡，而不是称霸。平衡主要在于维护海陆战略的平衡，而核心是推动全球海陆战略格局的平衡。从海陆平衡而言，中国没有海权便没有发展机遇，而中国的海权如果没有陆权作为支撑，那么海权也会消失。单纯的陆权不能保证中国的生存，单纯的海权也不能满足中国的安全需求，中国必须海陆兼顾。中国应该走的是新海陆时代，不是退让，也不仅仅是疏通，应该是开放和平衡。

中国的全球地缘战略应当是“橄榄球形”的支架战略：腰部凸起部分是中美俄欧大四角；中间主轴是中国与中东、印度、日本等重要地缘政治力量；两端分别是中国与中亚、蒙古等欧亚大陆腹地国家和东盟、朝鲜半岛等欧亚大陆东部边缘地带国家。

腰部的饱满程度决定着橄榄球的整体架构，也决定着中间主轴是否牢固，而中间主轴的牢固程度决定着橄榄球的内涵容量，也决定着两端是否稳定；而两端是否稳定决定着橄榄球的延伸长度，也决定着腰部的饱满程度。

### 全球地缘战略的地基：中美俄欧大四角

对历史重复产生作用寄予厚望的国家通常都不是既定秩序的受益者，也不愿意成为既定秩序的颠覆者。没有一个大国不想把新兴力量纳入自己缔造的秩序当中来，同样也没有一个大国忽略新兴国家对于未来的潜在的作用，也许是威胁，也许是积极的影响。美国在独立战争中受到法国的大力支持，然而在走向独立后，给予决定性帮助的法国仍然希望美国成为法国的附庸，并与之共同对抗英国。如果美国独立后成为法国的附庸，与之共同对抗英国，那么英国强大的海军仍然会把美国变成一个孤岛，美国谈何崛起。在美国的历史上，美国宁愿签订令其耻辱的《杰伊条约》，也要保证出现一个急需的持久和平。

今天的中国同样不能承担因为其他大国而与对自己具有重要意义的国家为敌的风险。而且，今天的中国比美国刚刚独立前的国际位势更加险恶。美国的致命之敌只有英国一强，而且英国深受欧洲和亚洲诸多大国制衡之苦。而今天的中国，所处国际局势，潜在之强敌近在咫尺。中国都需要与之保持态势稳定，同样亦不可选边站队。

中国最大的风险莫过于两个方面：一是中国与美国对立，而俄罗斯为缓和美国压力，牺牲中俄关系来运作美俄关系；二是中国与俄罗斯对立，而美国为缓和俄罗斯压力，牺牲中美关系来运作美俄关系。对于前者，中国不仅需要避免与美国造成对抗，而且需要无论俄罗斯强弱，都不能让俄罗斯将中俄关系看作是美俄关系的副产品。

美俄中三角关系中，中国不仅是处于实力弱势一方，而且在天然的地缘政治环境中处于最为险恶一方。因为中国必须避免与美国对抗，而且需要稳定的中俄关系。在全球化的今天，中国难以做到仅靠一家独立推动美俄平衡。中国必须借助日益走向统一的欧洲的力量，推动欧洲成为美俄之外的又一真正的力量中心，使美俄中欧四边关系成为世界大势的四边形底座。

有两种人会反对这种战略设想。一是将历史权威迷信化的人。尼克松早在20世纪60年代末便指出世界已经形成美国、苏联、西欧、中国、日本五大力量中心。而实际上，冷战时期，世界上只有美国和苏联两大力量中心，西欧和日本、中国之所以被美国界定为其他三大力量中心，主要是因为它们对美苏两大力量中心冷战态势的影响日益重要。尼克松发表五大力量中心说，主要是因为美国要在苏联人前面完成对孤立苏联的国际格局的塑造。五大力量中心说，反映的不是世界现实，而是美国的战略意图。今天的世界，美国已经具有难以撼动的世界首强的地位，世界的中心只有美国一家。如果此时不提升对美国的影响力，也就无法提升自己在国际社会中的影响力。而要提升对美国的影响力，仅靠任何一个国家或者集团无法单独完成，必须借助国际格局的力量，使俄罗斯、日益走向统一的欧洲以及中国共同影响美国。这不是构成对美国的“统一战线”，而是形成一个互相影响、互相促进的国际关系体系，以美国为中心，各个地缘政治力量有自己价值的国际格局。这对于世界上所有国家都是有利的，既能够防止美国只手遮天，也可能使所有大国拥有自己独立的声音与发言权。中国为了自己的长远稳定发展，需要世界的长远稳定态势，需要推动构建如此的世界秩序。

二是昧于中国战略本质的人。全球化的基础为地区一体化，中国之于亚太一体化的地位是中国在全球化中的地位的根基。亚太一体化的重心又在于从日本到东南亚的东亚一体化，而中国与日本无论是历史感情，还是地缘政治，都无法得和解之可能，中国与日本处于竞争关系，甚至是对抗关系，近期内日本不能成为中国的战略主轴性因素。中国推动美俄中欧四边形关系，既有约束日本行动自由之限制，又可确保日本难以制约中国。如果日本成为事实上的世界性多边支点之一，届时，日俄互动、中美互动将出现诸多不可控因素，中国将更加难以把握美国战略平衡的底线，从而近期内也难以运作中俄关系。况且，如果日本成为世界性多边支点之一，那么印度、巴西等必会受到刺激，中国的海洋航线和海外贸易面临更大、更多的变数。

### 中美关系：主轴的价值

中美双方的矛盾和合作都是明显存在，双方的矛盾、合作事项，其动机、走向、外在影响，双方无意改变。中国最佳战略是利用国际体系增长实力和维护国际体系稳定，减少对邻国依赖的风险。改变中美现状，无异于被误解为改变国际体系之举，招致风险和代价亦难以言状。

错误判断对方会造成多大的影响，似乎中美关系曲折多年，双方之所以仍然没有完全体会到中美麻烦不断，完全是因为以主观判断对方动机，而不是从现实出发，达成战略默契。中美合作不是对谁有利、对谁不利、谁利多、谁利少的问题，而是涉及将对立的思想进行交汇的问题。中美之间之所以造成新的误解，是因为中国和美国互相发出错误的信号。“新型大国关系”的核心是合作，但如果被美国理解为当年的赫鲁晓夫的美苏合作主宰世界的“三和政策”的现代翻版，则会使美国极易将中国的举措理解为隐藏野心和要求美国必须确保认识到地位对等的中美关系。其实双方越倡议，越难以获得对方认可，双方应当多做事情，不仅把中美关系变成双方的财富，而且应当正确地使用这笔财富。

中国没有也不希望破坏亚太的现实和历史形成的既定格局。这一点不是取决于中国的宣示，而是取决于中美互动中能否形成互信。中美关系中的惯常思维是双方通常以自己各自的立场来判断对方意图。以自己的历史经验和文化价值观来判断别人的意图，如何不会造成超出期望的互动呢？美国是强势者，自然会有强者的心态，从朝鲜战争开始，美国不去判断中国的意图，也不去告诉中国可以做什么，不可以做什么。而中国也未明确告诉美国，让美国明确无误地知道可能的收益、风险和代价。所以自从朝鲜战争开始，中美都付出了巨大代价，走了很多的弯路。

朝鲜战争中，中国判断美国可能要入侵，至少也是威胁东北，开始了使两个国家对立的朝鲜战争。而美国却没有告诉中国可以做什么，不可以做什么，因为美国自己也不知道仁川登陆后的最终目标是什么，似乎缺乏必要的权威来限定麦克阿瑟的狂妄。朝鲜战争对中美双方而言，无异于互不理解的错误互动。毛泽东等人在经过艰苦卓绝的、处于生死边缘的几十年革命战争后，对新生政权的安全不可能不出现超过常人的敏感。美国人出于“二战”胜利的自信、对共产主义意识形态的厌恶心态和自身决策体制的缺陷（政治领导人无法驾驭战功卓著的军事将领），不可能不会对欧洲之外的战略失之于客观。中美在朝鲜战争是互相逼迫对方采取自己不希望出现的举动。

中美因为朝鲜战争而互相仇视，也可能因为朝鲜战争而产生合作。因为朝鲜战争的另外一个地缘政治力量——苏联，不希望中国打赢美国，或者中国没有输掉战争，而地位和威信不增，当然也不希望美国长期打下去，使苏联在太平洋出海口边上总是因为美军在朝鲜的存在而“如鲠在喉”。美军在朝鲜的长期存在，无异于整个西太平洋处于美国的影响和控制之下，苏联难以有机会提升在太平洋地区的影响力。

回顾历史，并不是责备历史，而是为了让历史为现实服务。在冷战时期，当大国介入地区秩序时，与一个国家合作，将会遭到另一个国家的反对，然而冷战结束之后，美国几乎主导了所有主要地区的合作及制衡，如果想介入地区秩序，首先要和美国合作，这就是世界时代的不同。但是中国不能忘了另一个事实，美国也需要和地区其他大国合作来维持地区秩序，美国的国际影响力可以被其合作国家用来作自己的财富。中国必须和美国合作，共同介入地区秩序，不能让美国在世界所有凡是中国参与的地区，就排斥中国，或者提防中国，这对中国不利。中国没有任何理由来和美国对抗。然而，在历史上双方因为制度和意识形态对立、台湾问题等诸多问题导致敌对，这是双方的失败。

国家间关系不是追求局部暂时利益之得失，但是长远利益又显得虚幻。如何在现实矛盾与长远规划中取得平衡，既考验政治家的智慧，更考验民族的生命力。

中国对美国的期望，是内心中的安全感和经济利益。如果中国的海外贸易和投资遭到严重威胁，最终经济衰落，甚至崩溃。那么，美国因素十分关键。

美国对中国的期望，是维护秩序的责任感。美国需要世界和平，最反对爆发导致失衡的地区冲突的国家就是美国。现在的国际秩序中，美国是最大的既得利益者，维护现有秩序，就是维护美国的利益。美国是否在东亚的中日之间进行平衡不得而知。如果果真如此，美国则犯了英国人在德法之间追求平衡的错误。在两个大国之间进行平衡牵扯，不是在融化矛盾，相反是在温火煮水，看似矛盾得以掩盖，实际上是在使矛盾慢慢累积。“一战”、“二战”不正是英国人摆不平欧洲大陆矛盾的结果吗？如果中国周边真得变成了火药桶，那么美国绝不可能是受益者。所以，美国希望中国周边和平。说明美国之于中国在于克制，通过促使中国克制来增强对其他国家的影响力。

中国希望自己拥有克制的条件，不希望周边矛盾激发至被迫造成冲突，而丧失对经济发展的空间和机遇。中美之间的得失之衡量，取决于中美之间能否为中国继续克制创造条件。如果中国难以克制，则中国国内的民族主义情绪会变得难以驾驭，反美仇日将会此起彼伏。届时，朝鲜半岛问题、核扩散问题、中亚地区的民族问题将会像多米诺骨牌一样坍塌下来。俄罗斯、朝鲜将会有何举措，欧洲将会有何举措，对于美国而言，其危害是难以想象的。

在世界各地有美国可以不干涉的地方吗？没有。在未来就算美国衰落了，也会有另一个国家来干涉各地，因为全球化的进程已经不可避免。所以，在中国东部的一些争端，中国不可能回避美国的因素，而且中国可以利用美国的干预，当然，这并不是说东亚各国应当争相和美国搞好关系，但是东亚各个国家可以合作，不但和美国合作，而且东亚进行内部合作，真正形成一个泛太平洋联盟区域。如果泛太平洋区域都已形成的话，将会出现一个超越欧盟的巨大集团，勿置庸疑的是中国将会在一体化的内部贸易中获得最大的好处，而且通过这样的联盟来消融一些争端对中国经济发展的影响，中国的繁荣有利于泛太平洋地区的共同繁荣。但是当美国提出TPP，中国既不需要积极的回应，当然也不能消极地回应。作为TPP来说，最多的矛盾并不是因为美国和中国，而是世界上经济力量最强的两个大国在比拼，一旦日本做出让步，屈从于美国对于TPP的一系列安排，中国将会成为巨大的受益者，而此时美日之间正在争吵得不可开交的过程中，中国再加入争吵，无疑会让局面变得更加复杂，会让美国难以在政治和经济上进行取舍，所以中国最好的战略就是以静制动，利用自己的商业和经贸影响力来推动美国成立TPP的倡议，而尽量抵消日本的影响力。

中美关系的不对等，源自于历史原因。如果中国出现重大问题，美国遭受的损失也是巨大的。

中国在处理中美关系时，务必使美国感受到中国对于美国的重要性，不仅仅在于经济和贸易方面，而且在于政治和军事的合作方面。

中国不应当担心与美国的麻烦。有麻烦反而使美国可以认识到中国对其全球地位的重要性。

中国不需要在国内激发反美情绪，也不需要激发亲美情绪，只需要让美国知道，如果要想中国人由亲美变成反美的话，非常简单，而要使中国由反美变成亲美的话，非常艰难。中国目前国内反美和亲美的人不相上下，关键在看中国政府如何运作中美关系。

目前，中国还没有突破祖先们的智慧来处理祖先们从未处理过的问题。中国不需要将自己历史经验中的智慧不加选择地运用到现代国际社会中。弱者之术已经成为特别容易被人识破的笑柄。不用告诉美国，中国需要什么等这些不言自明的东西，而是在互相有利的基础上，引导双方应该共同谋求什么？

中美关系互相依赖的紧密程度前所未有。中国必须来扩大共同利益，但是对于风险和损失应该划清界限，各自承担，相互合作，这是一个具体操作层面的问题。冷战时期，所有大国，包括中国的做法总是太粗糙，要合伙，就站在一块，要对抗，就彻底站在对立面上。当今时代，中美关系涉及方方面面，每一个方面都自身的独立性，这是追求将各个领域进行分解进行区分，这是保持独立性的，在地缘政治上、在全球态势上，甚至在文化交流上，中国可以向英美关系借鉴，英国影响美国是因为他们与美国接近，而法国为了保持自己的独立性，不惜与美国拉开距离保持独立，最终反而失去了对美国的影响力。中国这时也要通过拉近和美国的距离，来增强对美国的影响力，而且消除间阂是大势所趋，台湾问题就是台湾问题，贸易问题就是贸易问题，地缘政治问题就是地缘政治问题，民族感情问题就是民族感情问题，这样关系才能开始稳定和平缓。

### 中俄关系：稳定的保障

自近代以来，中俄关系中历来是不稳定的因素远远超过稳定因素，是最容易受到外部力量影响的关系。从整个历史阶段而言，在新中国成立之初，“打扫完屋子再请客”，实行“一边倒”的政策，实际上是一种权宜之计，是被形势所迫。因为从中国所处的地缘政治环境来说，中国在一定程度上强大起来，有利于苏联。如果中国真正成为一个大国，对苏联来说绝对是一个重要支撑。然而，苏联低估中国的雄心壮志，加快了中国和苏联的决裂。

实际上每一次中俄关系出现重大波动时，都是因为外部形势出现重大波动。例如中苏之间20世纪80年代开始正常化是因为总体的冷战形势开始发生变化，美国重新获取主动。冷战后，中俄之间以出人意料的速度开始走近，尤其是1996年，因为美国开始使中国和俄罗斯同时感到咄咄逼人的压力。也就是说，每当美国强势时，中俄开始走近，而每当美国开始“沉默”时，中俄之间不稳定的因素又必会跃然而起。

两个大国在民族文化中均有不同程度的缺乏安全感。俄罗斯也因为缺少安全感，总是以扩张领土来增加战略纵深，使得俄罗斯与邻国关系始终处于极为不稳定的状态。冷战结束后，俄罗斯作为苏联的继承者，已经无力通过扩张来增强安全感，但内心中的不安全感更加固化，因为导致其不安全的外部威胁越来越逼近它的东西两端的边界。从苏联解体以来的北约东扩的进程从未停止，欧洲一体化进程也开始逐步强化，对于仍然从传统的地缘政治斗争经验来观察世界的俄罗斯而言，无疑是敌对性氛围日益浓厚。而且在“9·11事件”后，美国通过发动阿富汗战争，进入中亚，使俄罗斯感到其传统势力范围被美国围堵得比冷战时期还要严实。俄罗斯需要中国来在国际舞台上至少提供心理上的支持。中国因为近代历史上倍受屈辱，即使是意识形态与苏联相同时，都没有放弃对苏联的防范。从冷战中后期开始，中国甚至将自己的防御重点置于中苏边境。直到冷战结束后，因为中国在“台独”和海洋、海岛问题上受到来自美国的压力，而开始与俄罗斯走近，但从内心中而言，中国在内心中从未将俄罗斯看作盟友，事实上，两国也无法在内心中将对方看作盟友。当“9·11事件”后，事关两国共同安全与利益的中亚因为美国介入而变得复杂后，中俄之间的合作领域开始广泛，由互相的政治协作和军工贸易，而扩展为安全、军事互信、经贸和能源合作。中俄似乎开始另一段新的历史。

然而，乌克兰危机爆发，俄罗斯接纳克里米亚为其领土一部分，对中国的影响就是使中国对中俄关系的期望有所下降。因为中国时时刻刻受到领土完整和主权独立的威胁，如果中国支持俄罗斯接纳克里米亚，那么，无疑会“搬起石头砸自己的脚”。那些针对中国领土完整的分裂势力便有了对付中国最有效的心理和政治武器。乌克兰危机对于中俄关系的影响是倒退的，而且是不可逆转的倒退。俄罗斯出于自身的安全与利益考虑的同时，并没有顾及中国的感受。这说明，中国在俄罗斯的战略当中，并没有像中俄关系所表现出来的那样紧密和对双方的重要性。

在乌克兰危机爆发之前，中俄签订了历史上规模最大的能源贸易协定，这样的协定有可能获得冷战时期的法德煤钢联合体那样的历史性意义。然而，乌克兰危机使这种可能性化为零。

乌克兰危机对俄罗斯的影响也许是直接的，但其实并不大，无非是加快了俄罗斯周边小国在心理上和行动上亲西方的步伐和进程而已，这种步伐在冷战结束后，从来没有停止过。每次北约东扩，俄罗斯并无实质性应对举措，俄罗斯也无法做出实质性对抗举措，然而北约的步步为营也为俄罗斯提供了后退的台阶。所以，北约与俄罗斯之间的关系在北约东扩时，其稳定性并没有受到战略意义的影响。无非是北约—俄罗斯新型关系的再翻版。

因为克里米亚问题，乌克兰与俄罗斯开始存在领土争端，并且处于实际交战状态，乌克兰加入北约的法理进程受到极大制约，但是乌克兰国内主流意见完全倾向于亲西方的大势已经不可逆转，纵然新的乌克兰政府对外宣布实行平衡战略，也改变不了乌克兰与北约之间形成新型、更加密切的关系。只要克里米亚争端存在，乌克兰任何一届政府都无法与俄罗斯保持亲近，至多是商业和能源层次的经贸关系。在历史上，俄罗斯经常因为与西方进行对抗而伤害中间地带国家的利益与感情，这一“传统”至今未改。而且每一次都会招致新的孤立，除非西方陷入新的麻烦当中，否则新的孤立又将恶化。

乌克兰危机对中国的影响是战略性的，是深层次的。因为乌克兰危机，使中国难以在俄罗斯处于冷战结束以来最为孤立之时，对俄罗斯施以援手，这又使俄罗斯对中俄关系的期望降低。中国对于中俄关系最大的期望是稳定与和平。这使中俄在新的互动中受到的外部影响越来越大，尤其是在台海趋于稳定、中日关系成为僵局的情况下，中美关系稳定的作用，对于中俄关系的影响越来越大，中国不可能也不应当在影响中美关系稳定的情况下来发展中俄关系。

有人总是认为，俄罗斯备受孤立，中国将会占有中俄关系中的主动权。持这种观点的人，同样会以近乎狭隘和肤浅的认知得出以下结论：中俄将会出现新的蜜月期，而且这个蜜月期会比冷战结束时更加密切，甚至接近中苏同盟的水平。笔者不敢苟同，乌克兰危机趋于缓和与冷淡之时，便是中俄出现新的变数之时。中国从俄罗斯处获得稳定的能源供应和先进的军事技术合作，而俄罗斯从中国获取投资和轻工业产品。这些方面并不会受到较大影响，受到较大影响的是中俄在中亚、甚至在南亚、中东问题上的合作。

俄罗斯在孤立时、经济遭受制裁而出现巨大困难时，没有请求中国援助，这至少说明俄罗斯不想给国际社会留下俄罗斯有求于中国的印象；也说明俄罗斯认为中俄之间的能源与军工、经贸合作足以可以使俄罗斯依靠自身能力来渡过难关。这两点无论哪一点出现事实，都只能说明，中俄关系存在不稳定因素。

中俄不稳定和俄罗斯处于孤立当中对中国百害而无一利。中国应当尽快推动乌克兰危机向冷却和解决的方向上发展。乌克兰危机会因为出现克里米亚领土争端而必将由一个地区性事件发展成为地缘政治斗争的关节点。正如中国南海和东海问题一样，成为决定国家在整体国际格局中的地位的考验和整体战略的考验。俄罗斯的整体战略中，会显现出更多的不稳定性。这对于中国而言，如何平衡自己的战略地位，挑战将会越来越大。

中国需要俄罗斯稳定而不仅仅是中俄关系的稳定。中国自从冷战结束以来，运作中俄关系的大背景下都是俄罗斯与中国互相需要，尤其是俄罗斯受到美国强势压力时。而未来，俄罗斯因为自身的文化发源地和最后的战略纵深“投靠”美国和西方之下，容易制造地区摩擦和紧张事件，这对与美国的关系日益稳定的中国而言，更加需要保证俄罗斯处于稳定。这需要中国的未雨绸缪。

其一，中国必须尽快推动上海合作组织转型：由地区安全与经贸合作型提升至政治协作型。北约东扩不仅影响的是独联体国家，而且已经渗透到蒙古与中亚，如果不抢在北约前面将中俄与中亚、蒙古的关系升级拓展，那么中俄在中亚和蒙古传统的影响力必将遭到弱化，届时，中俄要么让步，要么又要通过制造紧张事件来抵制北约东扩影响。无论何种情况，对中国都不利。可以考虑推动建立涵盖中亚、蒙古，甚至印度和巴基斯坦在内的一体化大市场；在中亚地区推动建立类似于法德混合旅模式的联合警察部队，甚至联合陆空集团军，以此强化枢纽情报交流和政治协作。

其二，完善中俄能源经贸和军工经贸体系，将能源合作和军工合作并入中俄整体经贸体系中，防止俄罗斯利用能源和军工作为地缘政治武器“要挟”中国。中俄关系应当是多样化的，能源合作只能是其中一部分，中俄能源之间的价格浮动机制和货币结算应当与国际能源市场与金融市场挂钩，而不应当单列。另外，中国可以考虑与俄罗斯建立联合军事工业协调委员会，不仅负责推动军事工业贸易与技术合作，还负责促成双方军事互信。

其三，推动成立乌克兰危机国际协调委员会。中国应当全面推动乌克兰危机的冷却，既不让乌克兰危机过分刺激俄罗斯，又防止俄罗斯自行其是。中国通过推动成立乌克兰危机国际协调委员会，以中立的姿态参与解决乌克兰危机，最大意义在于管控自身分裂势力言行。这个国际协调委员会不仅约束各方行为，还防止各方行为自行其是，尤其是俄罗斯自行其是，导致美国西方强劲反弹，最终促使中国必须选边站队，从而失去行动自由权。

中俄之间不是合作抗美，而是互相需要对方来增加与美国交往的筹码。冷战时代的结束，不仅意味着大国之间的零和博弈结束，而且更深刻地反映大国之间越来越需要共同安全和发展。中俄与美国的地缘政治冲突、意识形态对立，历史积怨仍然具有强大的惯性，但它们的影响力会越来越小。而且中俄之间的合作越深入广泛，内在的变数越大，二者都仍然是现实主义占主导地位的国家，对于契约精神的理解仅限于满足需要的途径选项，而不是利益和理想本身。当中俄在能源军火联系日益紧密时，中国对俄的依赖会体现在这样的可能性当中：中国的经济发展规划和部署将建立在俄罗斯的稳定的能源供给的基础上，中国军队的装备、训练，甚至制度和理论都需要以俄罗斯的装备为基础，一旦俄罗斯生变，中国的经济发展和军队建设将受巨大打击。中国的脆弱，在于对外关系需要稳定，也就是别人不惹是生非的基础上，中国务必清醒。

### 中欧关系：不可忽视的杠杆

近代中国的耻辱是从欧洲开始。然而现在，诸多历史矛盾和积怨已获冰释，团结以后的欧洲潜力巨大，最可能成为美国霸权之后潜在的继承者。尽管中欧相距千里，但欧洲比起美国来说更加的务实，更加的灵活，所以中国和欧洲之间出现的一些问题，可能现在正在被经贸所形成的巨大的共同利益所掩盖。

然而中国是一种文化习惯，而欧洲又是一种文化习惯，中国与欧洲的关系，从文明的角度看，欧洲人不会为了文化不同而与中国发生争端，中欧之间巨大的贸易量使欧洲不会认为中国威胁他的世界地位。但是如果有一天欧洲取代美国，那就另当别论。尽管如此，从现实物质利益出发，欧洲作为美国最重要的伙伴，也可能成为中国最重要的伙伴。

2011年之后，阿拉伯世界和北非伊斯兰世界发生了重大的政治变化，欧洲的影响力开始上升。较之美国在欧亚大陆上，欧洲具有更大的地缘政治优势。尽管一体化存在诸多重大困难，但是针对这诸多困难的克服和妥协将不可阻挡，如果中国仅仅是夸大欧洲的弱点，那中国会忽略欧洲的地缘政治价值和经济利益，中国和欧洲完全可以一起缔造一个新的世界秩序。虽然暂时来看，欧洲不能离开美国。当然，美国也不能离开欧洲。欧洲将会在世界体系中起到不可替代的润滑剂作用，就像当年美国在欧洲列强之间争斗中起到一个润滑剂的作用。欧洲在世界范围内，美国和中东各种文明冲突中，将会起到润滑剂的作用，当然也有可能起到“出气筒”的作用。

最近一系列事件，反映的不是欧洲在世界舞台上地位的下降，而是欧洲社会内部新型问题的出现。今天的欧洲，不可能以丧失社会的包容性为代价来反恐、来解决其他经济社会问题。欧洲的国际地位取决于两个紧密相连的方面：一是与美国的关系；二是与其他民族文明的融合情况。

欧洲不可能完全与美国割裂而自行其是，完全独立的欧洲也难以在世界上发挥自己的作用。欧洲在美国的价值在于两个方面：其一，美国需要欧洲来制衡俄罗斯并稳住俄罗斯，当然美国也希望欧洲具备一定的独立行动能力而减少美国的负担；其二，美国希望欧洲内部矛盾可以自我消弭，不至于当美国需要欧洲承担更大责任时，欧洲却寸步难行。欧洲对俄罗斯同样有两个方面的价值：其一，俄罗斯从未放弃过欧洲独立于美国的希望与期待，俄罗斯希望欧洲独立于美国，并与之亲近的期待随着俄罗斯在美国面前日益弱势而强烈；其二，俄罗斯希望欧洲的资本与技术大量进入俄罗斯，并且大量进口俄罗斯的能源。

但是，欧洲似乎要令美国和俄罗斯同时感到失望。查理周刊事件的爆发，美国不可能期待一旦美国需要欧洲帮助出手时，欧洲可以无后顾之忧，欧洲仍然难以独立行动。因为乌克兰危机，俄罗斯希望美欧之间矛盾扩大的希望落实，而且欧洲对于俄罗斯传统的周边势力范围的吸引力越来越大，并且希望减少对俄罗斯能源的依赖，甚至已经为之做出努力。

欧洲不可能同时消除美国与俄罗斯的影响，这一点与中国一样。同样也应当成为中欧关系未来发展的新思路。当前，欧洲出现一体化，对于需要拓展海外市场的中国而言是积极的，而欧洲出现一体化趋势，意识形态趋同使得中国面临的是一个越来越难以产生心理认同的欧洲。从这一点上说，中国与欧洲之间难以发展至深。

中国需要与欧洲共同成为美国与俄罗斯之间的平衡者。中欧，一个东、一个西，从双方的两个侧翼入手，比起任何一个进行单独努力来说，都是事半功倍的。虽然中国与欧洲对于美国与俄罗斯影响力不可能相同，但是中国与欧洲对美俄二者的影响却是可以互补的。因此，中国推动中欧共同在美俄之间发挥重要的平衡作用，无疑也有利于提高自己的战略地位。

欧洲需要的能源供给地区，早晚也要为中国所需要。因为中国日益增长的能源需求，与欧洲可谓是同病相怜。中欧之间不仅在巨大的经贸问题上存在着难以忽视的共同利益，而且在共同提高能源来源多样化方面也存在着巨大的潜在利益。因为欧亚大陆的能源大多集中欧亚大陆腹地，双方都对欧亚大陆腹地的稳定的能源供应有着相同的敏感程度，如果共同投资与开发或者参与开发欧亚大陆腹地的能源市场，对于双方而言，都有巨大的诱惑力，只是现在尚未显现。如果中欧之间在欧亚大陆腹地争夺能源市场与稳定，都将让双方产生巨大的利益损失，会使双方由于竞争而使卖方待价而沽，提高中欧能源使用的成本，而且共同受制于人。中欧完全可以考虑共同推动形成欧亚大陆一体化的能源市场，甚至能源基金与银行。

中国对欧战略不仅仅局限于欧洲，其意义也是多重的。从中欧在欧亚腹地的能源与经贸合作而言，不仅可以减轻自身的能源供给压力和拓展市场，而且可以提高双方在美俄之间更大的自主权，从而提高对美俄的影响力。

当然，中国面对的局面是复杂的，因为英国与欧洲大陆大国法国、德国各自具有对欧洲战略不同特点，中国必须考虑到各个大国的差异。对于欧洲而言，目前明显的不可逆转之势便是一体化。一体化的主要推动力仍然取决于法德之间，因为德国比起法国来说，对于东欧、中欧的影响力更加广泛。中国如果将与欧洲战略的重心置于德国，不仅在经济上可以与欧洲第一经济大国产生紧密联系，从而促使欧洲其他国家产生从众心理，而且可以利用德国的地缘政治价值来影响到俄罗斯的态度。从历史上盾，德国与俄罗斯之间的关系或稳或乱，都是欧洲稳乱的中心因素。尤其是冷战结束后，德国第二次统一，德国为美国所更加重视，在美国要保持美英特殊关系的重要价值就是通过英国来平衡德国，使德国不能利用地缘政治优势在美国允许范围之外发展与俄罗斯的关系，从而继续保持对欧洲的决定性影响力。

德国应当成为中国制订和实施对欧战略的主要协调国。当然，这不是意味着中国将众多的欧洲国家进行等级排序，这不符合中国传统主张和国际法理原则，更不符合中国在欧洲日益多样化的利益需求。欧洲对于中国而言就是一个未来的“小世界”。在欧洲发生的事情，将来早晚要在世界其他地区的国家间发生。中国通过德国推动实施对欧战略，其目标必须建立在有利于欧洲一体化和形成新型的美欧关系、欧俄关系的基础之上。德国必将也应当位于中国对欧战略的核心位置。这不仅取决于德国是中国在欧洲最大的贸易伙伴和德国处于欧洲中心的位置，而且还取决于德国是欧洲唯一一个可以同时对美国、俄罗斯进行独立影响的欧洲大国，英法两个大国都不可能具备此等位势。推动提高德国的地位，使中德关系成为运作中欧关系、中俄关系、中美关系的重要枢纽，比起中国同时无重点面对众多欧洲国家和单独运作中美关系和中俄关系要更加有效和更加具有战略意义。

有人会质疑，法国的地位不重要吗？法国主导了利比亚战争，并且在非洲比起其他欧洲国家具有更大的影响力，中国在欧洲的重心应当置于法国，即使不置于法国，那么也应当兼顾法国和德国。前者只看到表面，而后者过于理想化。中国的对欧战略之重心在于德国，并不是要放弃法国或者轻视法国，而是从战略层面上的将欧洲当作一个整体来考虑，因为历史上的欧洲已经一去不复返。以前欧洲是大国意志的舞台，而未来的欧洲不仅仅是大国的舞台，那些普通国家也成为舞台上越来越重要的角色。相对于法国而言，德国处于欧洲中心位势，对那些新兴的欧洲市场（主要是东欧和独联体国家）和地缘政治力量具有更大的影响力，从而在欧洲具有更大的影响力。如果将法国作为对欧战略的重心，无疑对东欧的影响力将比起把德国作为重心的对欧战略要事倍功半。如果将法德共同作为重心，那么无疑会增加对欧战略的复杂性。未来的法德和谐相处是建立在对欧洲一体化的共同取向上的。然而，考虑到法国与德国的基本立场趋于一致，而且德国对美国、俄罗斯等，总想着保持足够的独立性，一旦当德国保持独立性时，中国便可以保持一定的灵活性。

中国对欧战略中值得注意的是英国。英国在美国与欧洲之间起到巨大的平衡与连接作用，其基础是美英特殊关系，英国是通过保持在欧洲事务中的独立性，并通过美英特殊关系来影响美国，从而影响欧洲的方式。然而，中国对欧战略倚重于英国便容易降低中国对欧洲的影响力。英国之于中国，是平衡中的平衡，不仅在于中国的对欧、对美战略，而且还涉及对印度和中东，将是中国的一个全新课题。

## 全球地缘战略的中间主轴：日本、印度、中东

中国与日本、印度、中东的关系如何来战略运作是中国的全球地缘战略的中间主轴。之所以是中间主轴，是因为它们三者不仅涉及中国的陆权战略，还涉及中国的海权战略。中美俄欧多边关系是“地基”，那么中间主轴不仅是“地基”向外延伸的必然，而且也反映着“地基”的质量。

### 日本：必须跨越的门槛

一谈到中日，便联想到诸多可能导致冲突，甚至是战争的争端：东海问题、岛屿问题、历史问题。无论是从历史感情导致的心理认知，还是现实利益冲突，或者是地缘政治博弈，中日双方要想短期内回到冷战时期中日邦交正常化的状态，都是不可能的。

中日双方实质上是典型的海权国家与海陆二元国家的关系。对于日本而言，海权涉及存亡，对中国并不涉及存亡，却涉及盛衰。中日争端实质是双方海权竞争。然而，这与历史上所有竞争海权的历史背

景不一样的是，以前的两个海权大国进行海权竞争是在全球海洋秩序未定之时，而中日海权竞争却是在全球海洋秩序已经确定的情况下进行。

英西、英荷争夺海权时，英国正处于崛起的历史阶段，而西班牙与荷兰正处于衰落之际；英德进行海军竞赛和美日在太平洋博弈时，双方正值各自的力量顶峰。群雄并起时，海上秩序是未定的，而今天的全球海上秩序，美国已然成为难以逾越的海上霸主。

中日因为海洋和海岛问题陷入僵局，美国具有决定性因素，但是美国对海上秩序的框定，也为中日双方的僵局设定了底线。中日既不能和谐相处，也不能兵戎相见。因为兵戎相见的风险对于既定海上秩序的守护者和最大受益者——美国而言，将会为了减少海上秩序变动的可能性而做出更多的努力和付出更多的精力，这对于全球利益越来越重要和越来越依赖的美国而言，既伤面子，又伤地位。

所以，如果同等理智的话，中日双方都应当认识到中日无论如何竞争，都不能突破美国设定的海上秩序框架，这也决定了中日之争必定会被限制在一定范围内，零和博弈绝无可能，甚至要改变现状和现实力量对比的设想都将使任何一方带来灾难。当然，是否同等理智，本身就是变数。

虽然双方都对对方声称是在自己领海范围内的行动，甚至是军事行动采取克制态度，然而，这就说明中日双方处于对等理智的状态吗？答案尚未揭晓。

中日双方因为历史感情没有得到任何冰释的情况下，便开始共同走向强大，难免给人以“一山难容二虎”之感。然而，现象之后的本质却不是这样。这有两个方面的原因：

一是日本并非一个正常国家，而且距离正常国家仍然还很遥远，但是日本又急于求成地想成为一个正常国家。所以，难免在历史遗留方面表现出与自身情况不符的举动。随着冷战的结束，日本经历了20世纪80年代的经济和科技辉煌时期后，经济社会发展遭遇到了“瓶颈”。这个瓶颈来自于美国利用冷战胜利对欧亚大陆秩序的重新塑造。美国在冷战时期塑造的欧亚大陆外围——西欧与东亚并未有实质性改变，而是以它们为跳板，日益向欧亚大陆腹地深入，尤其是“9·11事件”后，美国在中亚和中东格局的重新塑造使日本面临着冷战时期从未有过的机遇，当然还来自美国的约束。日本可以利用自身的经济、科技优势走向海外，但必须时时处处受到美国的限定，只能按照美国的全球战略的扩展而亦步亦趋。此时，支撑海外市场与能源供给的海上航线与海洋权益、海岛归属等问题对于日本而言，变得前所未有的急切与重要。然而，这一切都需要美国的支持。日本与中国之间的钓鱼岛、东海划界等问题就是其中一部分。日本不可能突破美国亚太战略而获得钓鱼岛和东海权益的法理主权，但是，美国又需要日本作为一个重要的全球战略帮手。所以，美国对日本既有纵容，但又有底线。日本可以利用美国的纵容，但绝不可能突破美国设定的底线。日本看似在钓鱼岛和东海问题上的举动，不仅引起中国的强劲反弹，而且还在不断地试探美国的底线。如果因为钓鱼岛而导致局部冲突，甚至战争，那么对美国而言，亚太整体战略态势遭到破坏，美国又要付出巨大努力进行重新塑造与恢复。其中的风险不言自明。日本越是急切，越是难以成为一个正常国家，日本必须始终在美国设定的框架内行事。

二是中国随着经济发展，利益需求已经日益走向海外，中国未来的命运依赖于海外影响力与利益格局，海权意识与海权战略的内在驱动力开始增强。但是又面临诸多历史遗留问题导致的争端与麻烦。中国开始走向海洋，但是，目前中国的海上力量还不足以绝对的优势来维护对中国日益重要的海外航线和贸易航线、能源供给稳定的绝对安全。在全球化的今天，绝对优势的军事力量也未必带来绝对安全。中国不能在这个时候将争端、争议演变成危机，否则变成赤裸裸的海上实力的零和博弈，丧失中国更加全面和长远的发展机遇。然而，中国对于争端、争议的解决，至少从战略格局发展来看，中国也面临着越来越紧迫的局面，因为争端、争议已经激化到不可回避的地步。如果中国再任其发展，危机便不可避免。中国与其任由争端、争议变成危机，不如将争端和争议控制于己手。所以，这才有了比历史上任何时期都更加频繁地在东海、南海宣示主权的民事行动，甚至是军事行动。

从建国60多年来看，中国具有丰富应对战争和危机的经验，而对于控制争端和争议使之避免成为于己不利的危机和战争而言，显然是一个新的课题。应对战争和危机都是在确定性的决策环境中，而如何控制争端、争议，防止其升级为战争和危机，需要坚定与灵活、慎重与大胆的完美结合，是中国提升战略水平的一道新的门槛。

中国对日战略的基本原则就是不应当使美国认为中国挑衅，是麻烦制造者。因为中国利用中美框架限制和约束日本，比起自己单独与日本较劲，较没有实质性利益和忽略长远利益的劲更有意义。

从目前来看，实际上中日双方都在寻求机遇来缓和目前的紧张关系，虽然双方有可能形成新的军事对峙，但双方背后的深层次考虑却不尽相同，这决定了中日双方的僵局是长期的和战略层次的。对于日本而言，作为实际控制者，自然不希望国际社会关注钓鱼岛主权归属，因为冷却下来，可以使国际社会存在心理默认效应。因此，中国不能让钓鱼岛问题淡出国际社会和国内民众的视线，但又要避免使国际社会认为中国在破坏东亚稳定，宣示主权应当成为积极的常态化，而行动却应当是理性和克制的。中国应当以此为契机力图长远。中国应当克服日本发展与中国的邻国的关系，就是为了包围中国的心态，这样的心态会使中国与日本走向两败俱伤的零和博弈。生硬地与日本对抗，不仅使自己的发展机遇受到伤害，还会令世界的局势走向一个难以确定的方向。

中国的长远利益决定了任何没有准备和系统规划的战略都可能导致发展机遇的丧失。

中国必须在争端中灵活使用力量，不能使争端冷却，也不能使争端升级为冲突。如果将争端冷却，则很有可能使国际社会承认日本的实际控制的法理地位，一旦有事，国际社会会认为中国在挑事。既然现在钓鱼岛问题，已经被激化，必须利用争端来使国际社会认识到中国的主权立场和法理地位。

有人认为，中日关系类似于两次世界大战前的法德，势成水火。持这种观点的人，无疑被历史误导了。他们认为，既然中日关系的困局是大国争夺海权和生存发展机遇的地缘政治斗争，是历史仇恨的延续，是美国玩平衡与遏制的霸权之策，是中日争当东亚老大等，那么中日困局最终仍然通过实力博弈来解决。看似眼光敏锐，也洞察深刻，实质上昧于世界大势。

东亚和其他地区一样，早晚要一体化。地区一体化的力量推动所有国家都必须把矛盾争端置于共同利益之下，在于各自国内激进狭窄的民族主义得到平复。一体化对中日双方和所有相关国家都是机遇，也是挑战。

中国与日本如果维持现有的地区现状，最终会出现谁都输不起的情势。而一体化又大势所趋，中日两家中，总有一家要先变成推动一体化的推力。谁推动，谁就在未来占得主动。国际认同决定中日命运。

中国在处理中日关系时，每当有所争吵时，总是把历史上的不愉快带到处理现实的利益问题。历史是不容置疑和抹杀的，否则就会伤害感情。但中国人不能因为日本的历史观伤害了感情而对于现实和未来的长远利益做出错误的判断。从历史形象中定格日本的现实形象，从而定位中日关系的处理方针，是不合理的。

内心中先把日本当作一个阴谋家，反映中国的弱者心态。平等地和日本交往，在国力上超越日本，才是中国应当做的事情，仇日情绪会伤害中国的利益，最大的伤害却是中国民众的智慧和扭曲了中国民众的弱者心态。中日关系的处理，中国最紧要的是强者的心态：理性、开放长远。

中国必须学习利用美国的因素作为核心的强力杠杆，来维持自己的发展机遇，因为日本而丧失发展机遇，才是中国的战略损失。目前，日本的国际形象并不取决于中国单方面宣传，就像中国的形象不取决于日本的单方面宣传一样，中国要打开中日关系新局面，关键在于自身的形象和自己的明确主张。任何一个国家的国际形象都是由本国决定。如果中国仅仅是用历史问题来将原来的日本定格于现实，那么反映了中国自己的心态还没有突破“历史”，仍然停留在历史当中。

如果中国延用“二战”期间至甲午战争期间的思维，那么中日关系必将走向更加僵化和敌对的局面。中日双方既不能自己乱了阵脚，又不能使别人乱了阵脚。这是一种默契，只要有一方乱了阵脚，双方都会乱了阵脚，部分中国人有两个错觉，一是美国和日本沆瀣一气，二是日本仍然走着“二战”之前的老路。正因为这两个错觉，导致中国对日政策未来判断的失误。

### 中东：仅仅是石油卖家吗？

中国需要大量进口石油，而中东拥有大量石油。仅此一点，中东便不可能在中国全球地缘战略中遭到忽视。如果中国想要在全球能源市场上提高自己的地位，首先必须提高在中东的战略地位。

自从冷战结束以来，中东可能是全球地缘板块中变化最为剧烈的一区。冷战结束后，中东彻底由美国主导，但是美国并没有利用主导的地位来谋求塑造，仍然是平衡巴以矛盾和维护重要石油产地安全稳定为主。“9·11事件”爆发两年后，美国发动伊拉克战争，紧接着开始推动大中东计划，力求使中东所有国家以萨达姆被推翻后的伊拉克为样板，走上美国式的政治制度，至此，中东地缘政治格局发生巨变。2011年初爆发的阿拉伯之春，其实是地缘政治格局巨变的结果，而不是巨变的原因。因为在冷战结束时，中东和北非地区遭到美国孤立的国家有伊拉克和伊朗、叙利亚、利比亚等。伊拉克战争爆发后，伊拉克按照美国的设想进行政治和经济重建后，显然开始成为中东阿拉伯国家，甚至是国际社会中正常一员。而伊朗、叙利亚除进一步陷入孤立之外，还因为阿拉伯之春，开始出现内部的政治动荡，其中叙利亚陷入至今还没有结束的内战。利比亚也因为西方武力推翻了原政权而开始走向西方的政治制度。伊朗遭到孤立的原因主要是核问题，而伊核问题从伊朗新领导人上台后开始正在向着有利于国际社会重新接纳其的方面发展。叙利亚无论内战结局如何，要么被孤立至难以接受的境地而向现实让步，或者实现政权更迭。整个地区遭到孤立的国家越来越少，其实已经预示着战略形势朝着愈加稳定的方向发展。虽然有许多国家内部的族群矛盾没有解决，甚至出现激化，甚至导致极端势力大有卷土重来之势。然而，国家之间追求和平，民众追求稳定，与中东利益攸关的世界主要大国都希望中东稳定，这么多因素结合在一起，影响中东地区稳定唯一变数已经不是地缘政治矛盾，而是巴以矛盾。

对于中国而言，中国需要稳定和富裕的中东，只有稳定和富裕的中东才能保证中国石油进口的稳定，中国与中东能源贸易的稳定，又促使中国在中东地区保持与之稳定的关系，从而拉动中国在中东地区的投资。目前的中东地区，贫富和治乱不一。对于中国而言，不仅是利用对外投资和能源贸易提高中国在中东地区的良机，而且是提升中国国际影响力的良机。

但是，中国也在中东面临着一个重大潜在的挑战，随着中国对于中东稳定的诉求日益强烈，中国对于印度洋-马六甲-南海这条海上运输线的依赖，使中国更加需要将中东战略和中印关系、中日关系作为一个整体来进行运作。因此，中东对于中国而言，必将超越传统的能源领域和对外投资，而向其他更加高级的意识形态领域和地缘政治领域延伸。这是中国的中东战略面临的一个核心课题。

现在中东大部分反美国家的政治制度已经出现巨大的变革，待变革后趋向于稳定，难以肯定会亲美，但是却可以肯定难以像以前那样把反美作为根本政策。中国必须利用好这一时机，因为已经发生变革或者正在发生变革的中东国家，现在均处于经济和社会的困难期，正是需要外来的投资和购买石油的“大户”之时。中国完全可以以经济贸易的手段来推动政治合作。

中国的经济力量和国际社会中的影响力是不对称的。这一点，表现最为明显的莫过于中国在中东的地位。即使中国不能直接介入某个中东国家，也可以推荐某个国家作为该问题的主导者。即使与自己无关，也应当站在中东整体道义的制高点上，而不是空谈和避讳。中国必须加强与各种政治派别的联络，尤其需要关注石油产出大国的内部稳定，还要关注巴以矛盾，主动推动巴以和平。

## 印度：陆海双重的考验

近代，中国与印度有着几乎相同的历史遭遇，但却没有产生相同的感情取向。因为一起遭受殖民屈辱，反而使得中国与印度之间存在着难以解决的领土争端，而且随着两个人口大国开始成为新兴力量时，互相制约和互相影响日益加深的同时，双方的互相认同却没有加深。印度走的是西方的选举制度道路，而中国走的是中国特色的政治制度道路。即使从这一点看，中印之间的领土纠纷也会长期化和无定论化。

中印之间的期望是不对等的，中国认为印度威胁是局部性的领土安全和完整，而印度认为中国是唯一对它具有威胁的大国，美国和俄罗斯、欧洲都不可能威胁印度，只有中国才能威胁到印度。印度能否成为大国必须迈过中国这道槛。而中国能否由大国变成强国并不需要迈过印度这道坎，如果没有领土争端，中国甚至都没有在地缘政治上重视印度的必要。然而，因为存在领土争端，又因为中国日益需要海外能源与市场，印度在中国整体战略价值中凸显出来。

中国处于飞速变化与角色转变过程中，不能因为领土争端而变成赤裸裸的实力竞赛。因为中国四周都存在领土主权争端和争议，一处点燃，处处自燃，中国将难以集中精力与资源于长远发展。中印之间的领土争端对于中印双方都是巨大的隐患与压力，双方旨在减压的方式只是在冷战结束后才开始找到共鸣。因为双方都需要适应新的全球格局变化而集中精力发展经济与科技。

随着双方向各自境外拓展，领土争端在双方战略中的突出位置已经开始动摇，代之而起的是双方在印度洋和与之关联的海域的潜在博弈。中国需要印度洋公海上的航行自由与安全，以确保稳定的能源供应与对外贸易，而且中国需要在印度洋上获得一个类似于日本在吉布提那样的海外驻足点，以成为中国在印度洋上的中转站。而印度洋是印度大国地位的基础，如果其他大国在印度洋上行动可以忽略印度的感受，印度无疑仍然无足轻重。

印度在印度洋上的战略目标就是要让世界所有大国必须重视印度的态度与立场。其中当然包括中国。中国同时也应当令包括印度在内的世界大国知道，中国正在密切地关注着印度洋的战略态势并且为可能各种情况进行各种层次的准备。中印之间的战略互动，其表面是领土争端和经贸互补，其实质性的战略互动体现在双方在印度洋和南亚大陆的海陆双重竞争当中。

作为两个事实性的核大国，双方有理由相信，双方的战略底线在于避免类似于古巴导弹危机那样的互相毁灭的形势。然而，双方因为领土争端为直接导火索而产生的陆权与海权之争，却被隐藏于中国与美、俄、欧等地缘政治力量的互动当中。这种隐藏很容易受到忽视而不经意间出现重大的严重后果。印度与日本不一样的是，日本必须在美国的战略框架里行事，而印度却不需要，反而在美国与俄罗斯之间享有较大的自主权。它的官方语言为英语，更加深入地融入国际社会当中，在西方社会中的心理认同程度比中国和日本都高；印度的软件技术处于世界领先水平，是世界先进产业的未来方向；印度的人口结构中，虽然民族宗教众多而且复杂，但是青年人口占有人口总数的65%以上；印度在新兴大国中，基础教育、医疗、环保遥遥领先于其他国家。印度的潜力不可低估，它大力发展远洋化海军，并且大力发展远程打击力量，对世界海洋格局产生直接的重大影响的同时，对中亚直接产生影响，从而间接影响到美俄的立场。

中国和印度，一个是漫长的海岸线面临着太平洋，一个是深入印度洋，而且中国在西太平洋岛链上存在诸多主权争议和争端，而印度却不存在类似的争端。它与中国、巴基斯坦的领土争端中，并不占据劣势。如果中国和印度进行合作，那么从西太平洋经南海、到印度洋这一条弧形海域地带成为其他大国难以忽视的地缘政治板块。然而，现实是，中国和印度并没有如此互动合作，因此，这一弧形海域地带成为美国及其霸权体系下的重要的全球力量支撑，这对中国和印度都是一种财富的损失和地位的忽视。

中国需要印度洋的稳定，因此需要与印度保持海洋态势的稳定，而印度在战胜过自己的中国面前，同样需要中国保持克制。这就是为什么中印之间能够在东海、南海争端持续发酵的同时并没有爆发新的连锁反应。这也可以解释印巴之间在克什米尔问题上都力求冷却处理。

中国对印度的战略不在于保持军事压力、心理压力和经贸往来，这只是就事论事的策略而已。中国的对印战略应当服从中国在欧亚大陆陆权与海权战略的整体需要。中国不用和印度所谓的“争夺”印度洋的战略地位，既没有必要，也不经济。中国可以运用自己实力向海外拓展的同时，在印度洋上各个重要航道上推动形成国际共管的态势即可。不用高调使用海上重兵，以轻巧之术化解敏感之势。这样，既可以减轻大家面临的印度洋的压力，而且还可以推动印度参与维护印度洋海上秩序，用秩序来规范印度洋，防止有人自行其是。同时还可以获得美国这一海上超强力量的赞同，因为这有利于减轻美国承担的全球性海洋格局的战略压力。

当然，将希望寄托于重要航道的国际共管只是策略，而战略性是中国仍然要发展自己的远洋海军，中国必须比重视太平洋还要重视印度洋。因为中国目前尚无实质上参与构建印度洋秩序的海上力量，仍然是现有海洋秩序的适应者和跟随者。这种地位存在着巨大风险，一旦因为争端导致危机，中国海上航线和贸易线容易受制于多个海上大国。国际共管不仅可以使中国处于政治道义上的制高点，还可以争取时间，准备建设远洋海上力量，提高参与秩序构建的地位。

在南亚大陆上，因为中国、印度、巴基斯坦、斯里兰卡等国家结合地域民众稀少，而地理情况复杂，中国应当将中亚与南亚两大地缘政治板块进行统合，将能源、轻工业贸易、旅游等经济产业资源进行优化与扩大，用市场的力量来推动新型南亚秩序的构建。这两大地缘板块是世界安全的薄弱之处，因为民族宗教矛盾众多，而且经济发展不力，成为恐怖和极端势力的滋生地，诸多国家不仅要共同维护地区安全，还要力促诸多矛盾相关方进行合作缓解矛盾造成的多边压力。

# 全球战略的两端：中亚和东盟

## 中亚战略的艺术在于亦远亦近

在中国的整体战略中，中亚位于欧亚大陆的中心地带的枢纽之地，但是几乎世界上所有的大国，都在欧亚大陆的外围。如果中国介入中亚，会引起其他大国的关注，从而会影响到中国在全球的整体布局。中亚地区的战略是为中国大国外交服务的。中亚地区局势非常复杂，矛盾众多，民族关系复杂众多，中国难以在众多国家找到平衡。中国在中亚仅有能源合作和经济贸易是不够的，应该在更高级的反恐有所作为，如果是其他大国在关系到他们利益的中亚问题上有求于中国，中国才是成功的，否则中国在 中亚问题有求于其他大国，反而显出中国的被动。中国的风险在于中亚地区的民族主义精神输入中国的新疆，对中国的民族关系造成不良影响。

中国和中亚之间，对恐怖主义态度的差异也决定了中国和中亚不可能走得很近，中亚是个泥潭，而不是机遇，取决于中国怎么灵活和务实的操作而获得各个方面的均衡。中亚地区和东亚一样，是地区一体化潮流中最艰难最曲折的一个地区，但是中国也要看到中亚 国家不具备向全球扩大影响力的基础，而且它们的能源并不如中东地区那样丰富和易于开采，注定不可能会成为世界的中心。复杂的关系和多层的矛盾使中亚地区也不可能走东盟的模式，中国不能高估中亚地区的敌人，也不能高估中亚地区对于中国安全以及未来长年发展的作用，任何一个大国都不可能主导中亚的形势，中国在中亚地区的政治影响的延伸遭遇矛盾的可能性会增大。

## 东盟战略在于视野与技巧

和中日关系不一样，中国与东盟的关系反应了亚洲地区未来的走向——矛盾和一体化。中国与东盟关系的矛盾，表面上看起来是领海和岛屿主权争端，反映的却是两大经济体对资源的争夺。如果中国认为东盟国家必须按照中国的设想行事的话，那么中国与东盟之间会出现更多的不信任。中国和东盟应该构架新的关系，推动互相认同，而不是因为一些问题进行争吵，因为争吵的结果只能是有悖于地区发展的趋势。当然，矛盾不可能无限期地拖延下去，总会有结果，那些有争议的岛屿，既然搁置不了争议，也推迟不了争议，那就让它继续争议下去，但在争议的同时，不能忽略经济交流。

骑虎难下的标志是：既无放手一搏之狠，也无妥协务实之谋。中国与周边关系的着眼点就是避免仇恨。避免仇恨并不是一再让步和拖延矛盾解决的时机，而是让对方不能恨中国，也不敢恨中国。没有任何国家因为周边不稳而走向全球的。英国陷入欧洲纷争，制造了自己霸权地位的替代者——美国。中国与周边，避免仇恨的核心是增强认同。对于海洋岛屿的争端，不能主动挑起，即使别人挑起，也应当对等反应，从速平抑，只需要行动上令争端方知道自己的坚定和克制。

对待挑事之国，绝不主动要求合作，但也绝不关闭合作大门，只要对之越界之举进行惩罚足矣！

国家对外交往的大忌是居高临下的说教。无论外国强弱大小，均不能缺乏平视的高贵。

当年英阿马岛战争时的外交战场上，阿根廷输得干干净净就是因为阿根廷外长不是利用世界各国对殖民主义的厌恶而产生同情，反而居高临下地向其他国家灌输阿根廷必胜思想，“奉劝”不要站错队。如此一来，阿根廷不是令人同情，而是被认为在挑事。

中国之于东南亚小国，如果不懂得争取谅解，届时便难以在有利条件下放手一搏，国际社会也难以认定中国会处于主动，甚至获胜的位置，反而不看好中国，甚至认为中国是以大欺小。争取国际社会谅解与支持，会获得更大的尊严，当残酷的现实斗争和权谋斗争的大风袭来时，与其正面相撞，不如对其釜底抽薪。

自从朝鲜、越南、缅甸等在第二次世界大战之后独立开始，第三世界的国家纷纷独立，直到今天，它们的独立趋向越来越明显，日益成为世界舞台中重要的一支力量。殖民地变成独立国家，独立小国日益拧成一股重要的政治力量，这种趋势不但没有终结，反而有所加强，中国针对周边的国家应当有这种认识，不能以自己为中心来处理与周边国家的关系。中国要看到地区一体化的趋势已经不可逆转的性质，你中有我，我中有你，不是谁依附于谁，而是谁更依赖谁。如果中国被这些争端所左右，那么中国就像当年美国陷入越南一样，会在更大的世界上陷入被动。

新的国际态势下，中国已进入了一个新的历史阶段，一个大国的实力增长必将引起其他大国的反应，这些反应是不同的，也有多种可能，如果中国一味的要求别人按照中国所设想的那样，这是一厢情愿。如果中国在小国问题上犯错误，那么所犯的错误和对大国所犯的错误是同等致命的。对于小国而言，它们希望得到的是安全和利益的保障，而不是挑衅。中国应当尽量避免利用所谓的周边矛盾来对周边的小国进行所谓的军事教训，这是以大欺小，为国际社会所不容。中国需要与所有国家尤其是邻国发展友好关系，激化争端只是为自己制造陷阱。如果中国在与小国关系上陷入泥潭，那么中国在处理与大国关系上，会陷入被动，实际上，令中国处于尴尬的境地就是有劲使不出。

## 崛起中的中国如何建构全球军力

胜兵先胜而后求战。

——孙子《孙子兵法》

中国利益走向全球后，中国不仅要在视野上放眼全球，而且必须具备走向全球的支柱。中国未来的战略力量必须从现在开始就“脱胎换骨”。没有海外市场和能源，便没有未来的中国。而海外市场和能源的稳定获取，不仅取决于中国的经济、文化力量，还从根本上取决于中国在海外存在的力量到底有多么强大。没有力量支撑的大战略，就像指挥家没有指挥棒，各种乐器没有统一的音调。中国不需要与其他大国和强国进行军备竞赛，但需要其他大国和强国重视中国的力量，明确知道中国的全球利益有强大的后盾。也许有人会说，中国一直奉行防御性战略，为什么要追求海外的力量部署？因为中国未来的边境线的安全取决于海外贸易的安全，取决于海外能源的安全，取决于文化能否在海外获得尊重，取决于海外的公民的安全，没有这些安全，中国的安全便无从谈起。

历史上所有大国崛起时都处于群雄并起的时代。英国崛起于西班牙、荷兰等海上大国争霸时代；法国崛起于哈布斯堡王朝衰落后的三十年战争中；德国崛起于英法俄传统大国继续保持强势与美国、日本新兴大国挑战原有格局之时；美国崛起于欧洲大国在全球争霸之时。总之，在那种形势不明显但威胁明显、盟友不明确但对手明确之时，新兴崛起大国的军力构建具有明显的指向性。以近代英德为例，当德国崛起时，英德互为对方最大的贸易伙伴国，共同利益远超过其他大国，然而，德国开始在欧陆咄咄逼人威胁到均势，而且大力发展海军挑战英国海上霸权，使英国推动英法俄三国共同围堵德国及其盟友。

而如今，全球化进程加快，中国融入全球化程度日益加深，不仅受到既定大国围堵与遏制，而且由于全球化发展，共同利益增多时，以往导致大国战略的因素日益弱化的同时，面临更多的非确定性威胁。面临威胁复杂化、对手多样化、战场全维化，诸多不确定性的任务与机遇使之受到的影响和束缚，比历史上新兴崛起大国更多、更大。

所有大国崛起从来不是只存在于政治、经济、文化、军事等诸多因素中的一种，而是基于国家整体因素转型当中。政治、经济、文化等因素存在于崛起中，其效果、表象是长期的，甚至是隐形的，而只有力量构建之于崛起却是短期的和显形的。这不是无视大国崛起过程中关于军事战略、军队建设、军事行动与准备等力量构建的长期性和复杂性，而是从它们对于大国崛起过程中的显著意义和巨大风险而言。大国崛起过程中，政治、经济、文化因素出现波折和反复，尚能有回旋余地，而力量构建一旦出现波折和反复，崛起伟业则可能毁于一旦。也就是说，力量构建对于大国崛起而言，是“一锤子买卖”，不能出现任何闪失和波折，必须基于国家整体现实与未来需要、国际战略现实与发展趋势等各种因素，冷静权衡、理性规划和推动。

今天，所有大国利益互相交织，力量构建在大国崛起过程中所起的作用早已突破传统的安全领域和传统的谋求国际地位的领域，力量构建不仅成为国家确保安全和实现发展机遇的重要手段，而且会随着国家综合实力增强而“水涨船高”，自然会引起其他国家担心与关注，任何一个军事举措都容易引起过度解读。

所有大国崛起之时，既定大国之间（或者主导性国家和集团之间）存在着复杂的博弈关系。近代以来直到“二战”结束前，每次出现新兴崛起大国时，既定大国都是矛盾重重，使新兴崛起大国的军事挑战是如何利用国际战略格局来趋利避害。而“二战”结束后开始到冷战结束，美苏两个超级大国几乎垄断所有其他大国崛起之领域，以致当美苏零和博弈时，其他大国必须也具有明确的军事立场。而今天，崛起大国必须面对唯一一个超级大国——美国这一不可回避国际格局主轴角色。如何在规避风险与争取权益这一基本矛盾中实现崛起，其核心是与美国形成怎样的军事互动，甚至是互信。

军事力量构建反映着崛起大国的综合国力和军事战略，更加重要的是，它影响了既定大国与崛起大国如何互动。美苏之间的军备竞赛，无论是核武器，还是常规力量，无一不反映着双方因为冷战而缺乏互信，而因为缺乏互信又致使冷战对抗难以冰释，最终形成零和博弈，形成双方谁都输不起，谁都难以赢的僵持局面，丧失大好资源来谋求更大的国际舞台和国家利益。崛起大国的军事力量构建特别“令人关注”，如果一旦形成军备竞赛，很容易破坏经济、科技、社会文化等国家整体发展大局，从而背上沉重的经济包袱，从而拖延，甚至伤害崛起伟业。

纵观世界格局的发展，崛起大国对于外界造成的军力构建无外乎两个因素：一是军事战略（政策）；二是军事行动的准备与实施。

崛起大国的军事战略反映着国家的整体战略，同时也是国家整体战略中的基本支柱之一，它影响的是其他国家，尤其是既定大国对崛起大国的根本立场。如英国崛起时，采取的是低调发展海上力量的战略，使西班牙、荷兰等既定海上大国无法将主要注意力置于英国，使英国避开了既定海上强国的锋芒，可以“坐山观虎斗”，从而收渔翁之利，最终击败已经衰落的西班牙无敌舰队而称霸海上。而德国崛起时，高调发展远洋海军，导致英德海军竞争，使英国利用法德矛盾和德俄矛盾，推动组建英法俄同盟，围堵德国，使德国只能依靠已经衰落的奥匈帝国与之抗衡。

军事行动的准备与实施是军事战略的具体体现，决定着崛起大国如何规避风险而实现利益。崛起中的美国，在欧洲采取孤立主义政策，远离欧洲大国间的政治纷争和军事旋涡，而在美洲和亚洲则截然不同。在美洲，推行门罗主义，防止欧洲大国干涉干涉美洲大陆事务，把美洲大陆变成了美国的势力范围，而欧洲大国难以染指；在亚洲，推行“门户开放”政策，利用美菲战争和调停日俄战争，谋取在亚洲事务的影响力。不同的事务、不同的区域性，以灵活的军事战略和充分的力量准备来灵活地实施各种军事行动，是一次基本经验。

一是崛起中的中国，必须把握全球性力量构建，从而不断为推动崛起伟业增添根本动力和提供根本的支撑。中国军队在未来可预见的时期内，最大的任务有两项：一是全面深化改革，二是应对各种国家安全（包括领土主权完整）与发展机遇的挑战。二者不是互相孤立的。要完成这两项重大任务，必须在军事战略、军事力量构建、军事行动准备与实施方面，实现新的跨越。

从世界范围看，每一个大国在其崛起进程中，无一例外地遭遇大国打压、邻国疑虑，确保安全和拓展利益的矛盾凸显，中国也是如此。这急切地需要以开拓性的胆识和创造性的视野来面对国家新时期安全和发展的挑战，以更大的战略突破和更高的战略着眼。

两次世界大战的爆发，使美国由孤立主义走向全球称霸的战略道路，其军队由立足于维护本土安全扩展为维护同盟国安全和塑造欧洲、及至全球态势安全，这是美国抓住时代赋予的巨大机遇把握国家命运的最大成功。今天的中国也面临着新的时代机遇，大国战争可以避免并逐步走向合作，公共性威胁矛盾冲突持续发酵，国土安全前沿由边境线扩展至海外利益线，领土主权争端中战略威慑和快速反应能力成为主要博弈手段。时代的转变为中国塑造新的军事能力提供了巨大的推力，如果不能利用好这股巨大推力，那将是最大的战略失误。

二是拓展和完善新型军事战略。目前，崛起中的中国，民族命运已经实现了由确保生存转变为维护发展机遇的历史性递进。以前，中国是依托本土来支撑国防的军事战略。在中国日益拓展海外利益时，国防的依托不再仅仅是本土，而应当在海外具备新的、有力的支撑点。随着国家安全的边界由国境线向海外利益攸关区域延伸时，中国应当注重由应对边境安全威胁转变为塑造有利于国家整体和长远利益的态势。由着眼于防止战争、慑止威胁，具备打赢战争的能力的军事战略，转变为着眼于打赢有利战争、消除不利战争诱因的军事战略。在军事行动的战略指导上，应当超越以斗争求安全的思路，上升为灵活运用斗争和合作两手的思路。

今天，在世界范围内，虽没有世界大战，但是乱局多、公共威胁多。周边压力不能抵消中国向外走的动力，是中国开创未来的巨大机遇，是中国重新调整，甚至是重构军事战略的最佳时机。战略思维基点应当由基于威胁让位于基于塑造态势和提升能力，为国家长远计，准备战争的军事战略服从于立足于发展求安全的军事战略。

三是构建新的力量体制和新的力量结构。改革开放以来，党和军队的领导人都非常重视站在时代的高度，以新时代的能力为需求，构建新的力量体制和新的力量结构。如小平同志提出的裁军100万和组建集团军的使命性课题，江泽民同志提出的打赢高技术条件下局部战争和两个转变，胡锦涛同志提出的建设信息化军队、打赢信息化战争。今天，中国需要构建新的力量体制和新的力量结构：由单纯地应对局部战争的力量体制和军事力量结构转变既应对局部战争，又应对多各强度和规模、可以灵活反应的力量体制和军事力量结构。

基于中国的地缘政治现实、发展趋势和现代科技条件，未来中国军力结构必须是“金字塔型”。底座是一体化天军、中间是双重陆军、顶点是三洋海军。

之所以要强调一体化天军，是因为天军应当成为未来统揽中国军力整体结构中的顶级军种。一体化天军有三个能力内涵：一是具备对全球所有重点目标的快速和远程打击能力；二是外层空间和传统空域作战合为一体化；三是蕴含于天军的网络和外层空间的信息系统为三洋海军和境外部署的陆军提供指挥、通信和情报保障，对它们的行动提供支援。一体化天军的价值在于提供快速、精确的战略打击手段和对其他军种提供行动支援，同时一体化天军在政治上也应当成为战略威慑力量的集合体，也是快速反应能力最强的战略手段。

一体化天军并不仅仅局限于“天”，它必须具备新型与传统相结合的战略威慑手段。最有效、也是最节约的安全之略是使敌人感到害怕而不敢轻举妄动。以往的年代，维护国家安全的实力是可见的，主要由军队、大型工业目标、重要的政治目标等组成，战略威慑手段仅仅包括对有生力量和有形的经济目标具有摧毁性能力的大规模杀伤性武器和核武器，而当今的时代，国家实力是不可见的，主要集中于信息领域和信息技术领域，因此，中国必须具备能够对敌人的网络、太空、生态环境，甚至是思维空间具有非杀伤性全面毁瘫的新型战略威慑手段。这些战略威慑手段应该被纳入天军力量体系内，从而使中国在塑造全球态势与危机处理上具有强力的和新型的可靠后盾。

一体化天军必须拥有全球范围内的战略指挥与控制能力，可以随时为中国在全球格局的军事力量提供信息和情报支撑。未来的局部战争中，作战双方体系与体系的对抗将成为战场对抗的基本特征。任何军事力量的作战行动都需要在网络化信息系统的支持下，动用多军兵种、多种武器平台、多种打击与保障手段，在陆、海、空、天、电多维空间采取的一体化打击行动，这些众多的高度融合的各军兵种部队，需要同步感知多维战场的信息，按综合的作战需求优化作战资源的配置，自主适应作战条件的变化，自主协同进行全纵深、全维度的作战行动。一体化天军必须具备以网络化作战平台为基础的、将各级、各类信息设备融为一体的大系统，将侦察情报、信息处理、火力打击、战场机动、攻防行动、指挥控制、支援保障等作战力量要素高度融合，使各作战层次和各军兵种部队之间实现“无缝联接”，内部结构更加合理和紧密。全球战场中的任何一级指挥员及其指挥机关在实施作战指挥时，利用一体化天军提供的信息系统获取战场态势的实时信息，根据各作战要素、各作战单元、各作战系统的作战需求和任务目标提供实时共享的信息服务，使各作战要素、各作战单元、各作战系统可以利用信息系统共同感知信息，进行思维交互，最大限度地避免行动冲突，增强了各作战要素、各作战单元、各作战系统对作战全局的全面认识，从而达成共同的联合行动和自主协同，充分发挥体系作战能力。

陆地是所有国家的生存根基，尤其是对拥有广袤土地的中国而言，陆军由单纯本土防卫型转变为双重境外任务型。之所以是双重陆军，中国未来陆军既需要与境外在关国家可以实施联军行动的陆军部队，又需要能够独立遂行任务的陆军。中国如果既无战略牵引，又无法理支撑来建设双重陆军，这使中国容易暴露出自己海外行动能力的短板而受制于人。

中国在中亚、中东、非洲拥有重大利益，不仅需要在中国与之相连的海洋上进行护卫，而且众多市场、能源供给和涉及国家安全（反三股恶势力）等方面需要中国的军力向其延伸。为了得到当地的支持，陆军部队必须具有联军行动能力，甚至要推动建立常态化的多国联合陆军。

中国维护驻外企业和人员、海外重要市场和能源供给地安全，以及在海外遂行反恐任务需要与外国联合行动的陆军部队。中国应当考虑利用外交、经贸和文化传播资源，对中国与外国联合陆军部队提供保障。

中国建设双重陆军的首要问题不是装备和编制，而是有双重陆军建设的战略、法律和理论准备。中国在修订军队建设和发展规划时，必须将海外行动置于极为重要的地位。

在中国日益拓展海外利益时，国防的依托不再仅仅是本土，而应当在海外具备新的有力的支撑点。这也成为未来中国陆军建设的一个“前出”抓手。

在当今世界上，美国拥有最为完善的海外基地体系，作为其全球军事行动的支撑。中国不能只看到它的兵力兵器的发展和技术化行为，更要看到它根据技术和思想的发展，对全球化战场的配置的优化，不断成为强化其霸权的重要支柱。

海外部署陆军的重要价值就是先期造势，把握主动。从历次海外行动来看，中国不乏先进的手段，也不乏意志和智慧，但中国缺乏对境外行动的先期力量准备。强化先进装备和手段固然重要，但形成系统性优势的是中国超前的境外部署。手段先进是器胜，而境外部署是势胜。器胜是暂时的、局部的、可被逆转的，而势胜却是长久的、全局的、不可逆转的。

中国必须具备全球的战略视野，通过审视中国未来的发展大势，在全球范围内预置战场，着眼长远。没有境外部署，中国就不能将走出去的战果巩固维护。而且通过境外部署，可以推动和牵引新型军事力量结构建设，尤其是观念、科技、人才、装备、编制体制等方面可以起到强化精神动力的智慧支持的作用，从而形成新的国防资源的优化和整合。

中国走向全球的基本路径在海上，与中国息息相关的海洋主要有太平洋、印度洋和北冰洋。太平洋直接关联着国土安全，而印度洋和北冰洋关系到中国未来的地位、利益。中国需要护卫由西太平洋为起点，向北纵贯北冰洋、向南横穿印度洋、向东直达北美的海上航线群。仅仅依赖于一支远洋舰队和商船队、科考队远远不能满足于中国未来的需要。中国同时拥有分布于西太平洋、印度洋和北冰洋三支远洋力量，其中印度洋是远洋力量的重点。有人会认为太平洋应为重点，因为太平洋直接关联本土安全。

中国建设三洋海军的时代背景不是“一战”和“二战”之间的那个海上群雄并起的年代，那个时代在未来也不可能出现。美国全球海上力量部署的重点是太平洋。如果中国将太平洋方向的海上力量建设置于海上力量重点，那么无疑会令美国与中国之间双方都不自主地陷入海上军备竞赛，对于中国而言，是破坏整体大局的发展机遇。中国的海上力量建设不是为了改变海上既定秩序，而是为了维护自身的海外利益与尊严。中国的海上力量即使不能和美国采取联合行动，那也不能使美国认为中国利用快速发展起来的经济和科技来充实海上力量建设，成为美国潜在的挑战者。

同样有人认为，如果中国在太平洋方向上的海上航线与贸易线受到威胁后，而太平洋方向上的海上军力不足，尤其是受到美国威胁，那么岂不是要“束手就擒”？持这种观点的人使用了单一和单纯的军事观点。太平洋的海上军力不是单纯的军事问题，而是一个涉及大战略的视野问题。太平洋地区，美国具有难以挑战的优势。如果发展海上力量过于高调和咄咄逼人，无异于激起当年英德矛盾的当代版，使中国陷入孤立的境地。太平洋地区一体化趋势已经不可逆转，必将所有沿岸国家和太平洋中间国家都认识到加入一体化进程进行利益与力量互补，比起无序竞争更有收益，更加能够减少风险。与美国发展共同利益，实际上使用美国的力量为中国自己的利益服务。中国此举战略不是“搭便车”，而是根据自身在太平洋上的实力地位来界定自己的利益诉求，并且根据自身的利益诉求来构建力量支撑。中国不挑战美国在太平洋上的主导地位，何谈与美国为敌。

况且，太平洋是所有大洋中最太平的区域。从表面上看，尤其是在西太平洋中，从北到南都有浓厚的“火药味”。但是，无论战与和，谁胜谁负、谁主动谁被动，基本秩序都难以从根本上改变。各方已经获取平衡，并且在心理形成战略默契。传统的大国矛盾得到扼制，而且公共威胁几乎不存在。

印度洋态势并非确定，这主要是因为美国在全球海洋部署中，印度洋为薄弱之处，而且印度动向和位于关键航线（如霍木兹海峡、红海海峡）的诸多国家构成的地区秩序处于不稳定状态，一旦出现异动，全球石油与能源供给将受到极大震动，而又直接会影响到俄罗斯、沙特等产油大国。印度洋涉及中东、中亚、南亚三个世界上最容易出现秩序动荡的地区，具有搅动所有大国神经的作用，印度洋战略态势反映也决定着所有大国的立场。中国必须将印度洋方面的海上力量建设作为整体海上力量建设的重点，因为这不仅涉及中国的海权发展，而且直接关联中国的陆权发展，可以通过影响印度洋秩序进而与陆权相呼应，辐射至欧亚大陆腹地。

北冰洋是未来新兴海上航线与大国地位新的衡量点。随着北冰洋问题日渐突出，美国、俄罗斯、加拿大、北欧诸多国家对于北冰洋的博弈开始由“暗战”变成“明战”。未来的北冰洋的影响力，最大者仍然为美国与俄罗斯，因为美国庞大的海上力量资源和俄罗斯是北冰洋沿岸国家中拥有最长海岸线的国家。对于全球战略格局而言，主导了北冰洋的战略意义，不亚于主导了外层空间的战略意义。北冰洋是美俄欧新博弈舞台。中国不能在那里失去自己的身影，中国经略北冰洋不仅涉及中国与美俄欧的整体全球问题，而且涉及能否减缓来自太平洋和印度洋的战略压力，否则任由美俄欧主导和争夺北冰洋，中国有被它们三者边缘化的危险。

## 中国主动的新军事变革

处于变革中的军队总是容易充满弱者的精明，而缺乏强者的气势。通过变革提高中国军队的军事软实力，必须要有强者的心态和智慧。哪怕在强敌面前，中国军队同样要如此。技术不强于人，但在思维上强于人。将胆略和智慧塑造为强者心态融入军队变革中，将会使军队变革产生质的飞跃。军队变革不仅是为了增强硬实力，更应当提高软实力。

战争是胜利者书写的历史，按照胜利者的思维来总结经验和反思教训，即使是从失败者的角度看战争，那么也是从反面衬托出胜利者的伟大思想。研究战争的价值取向是教导人们如何走向胜利，从走向胜利的方向上如何避免失败。

军事变革不一样，战争胜利时，变革的成功者很少被看成是战争胜利的奠基人和培养人，而变革的失败者却容易被认为是战争失利的责任人。残酷但易被忽略的事实是：战争仅仅是将军队变革成果的运用而已。战争好比亮剑，而变革却是铸剑和培养亮剑之人。亮剑远远比铸剑夺目，因此，这就是研究战争和研究变革之间的区别：从事变革比从事战争需要更多的智慧、更大的勇气，要冒更大的风险。然而，人们对变革的思考和认识，远远不如对战争那样深厚。

变革的成功与否，不是推动下级、部署、权力运行方式的变革，这些其实都是变革的成果，真正核心的是怎样实现变革者的自我变革。没有自我变革，其实变革就是一句空话。所谓等待良机，不如创造良机，变革本身就是创造良机，只有变革行动起来，那些巨大的社会资源、科技资源、智慧资源才能被引导和激发，汇聚于变革大业中。

中国军队不能仅仅追求先了解战争，再去实施正确的变革。那样的“变革”，永远是对别人设计战争和设计的军队的尾随。高超的变革者，是因为找到了自己的问题才实施强力的变革，最终以自己的方式赢得战争。这是中国军队在研究军队变革时务必不能颠倒的逻辑。而现实中，中国军队的变革，先是去研究战争，再去变革军队，导致中国军队的变革方向永远是模仿者。作为变革者，必须先要变革自我的思维方式，否则变革只是原有能力的自然延伸，而不是新型能力的跨越腾飞。居庙堂之高的顶层变革者不能只将下级当作变革对象，而不把自己当作变革对象，否则将越来越脱离自己所期望的初衷。

变革最需要的往往不是明确的目标，而是对传统的超越、蔑视传统的勇气和矫枉过正的担当。变革者不能有成就感，心中必须时刻拿着放大镜，对自身弊病苛求而“偏执”地审视。这样的变革者的目光，才能总是聚焦于远方和新鲜事物，将变革本身进行变革。如果变革者的目光停留在现实成就，只能带来一个后果：变革可能错过了最强劲持续的诱因。现代社会的特点就是技术和思想的发展、演变、成熟、普及的循环越来越快速。中国军队的思维一旦慢下来，可能就会错过新技术和思想所带来的巨变。现代的变革，本身就处于一个近似于每天都在变革的时代中，既有不断的动力，也出现了可能随时落后的风险。

历来的变革从来没有成熟的时机，变革者不能指望出现变革的“良机”，因为良机蕴含于变革本身当中，而不是变革之外。常胜之师最难变革的原因是固守自身经验的成功而扼杀了变革的动力，长期处于和平环境的军队是因为战争威胁的消失而丧失变革压力，长期作战的军队因为变革将使能力处于巨大的动荡而面临巨大风险，变革缺乏外部环境。历史上的成功变革没有一次是出现良机，而都是主动创造“良机”的。当军队变革的良机来临时，往往不是变革者的主动作为和主动意识，更多的是军队被逼到了非改不可的地步。没有深刻的危机感作为心理基础，通常是军队变革失败的内因。但深刻的危机感并不是日用品，而是奢侈品！军队变革不能寄希望于变革军队本身。军队变革历来是国家整体变革中最敏感、变革成果最脆弱的部分，也是最需要铁腕的变革。没有国家变革的成果作为基础，军队无法启动真正的变革。但是军队变革若是滞后于国家变革，却会成为国家的不幸，军队变革应当成为国家整体变革的引领者，不产生这个引领作用，军队变革的内部动力无法持久。

所以，既要将变革的思维和视野放之于这个深刻巨变的大时代，又要将目光聚焦于统帅层这个“龙头”。实质上，只有统帅层首先进行适应时代、推动时代、创造时代的自我变革，才能带动全军进行全面变革，从而将变革由时代的使命和任务变成主动塑强能力的事业，最终推动时代的前进。变革力的迸发就是使对手适应中国军队，而不是中国军队去适应对手。历史已经证明：每一次成功的军事变革都是自我的跃升，而不仅仅是瞄准对手。从东方看，秦国的商鞅变法、赵国的胡服骑射、魏国的吴起变法之所以成功是因为在时代中实现了自我跃升，推动时代按照自己的设想发展。而失败的例子也举不胜举，如隋朝、唐朝、宋朝等基于北方少数民族的威胁而进行的府兵制、节度使制、募兵制的变革，最终都失败。尤其是唐朝，导致它由盛转衰的"安史之乱"就起因于节度使制；晚清的洋务运动自不用说，名为应对千年未见之变局，实则照猫画虎。失败者都是根据威胁而学习对手、瞄准对手的被动变革。将直接威胁作为参照物的变革都失败了，将塑造新型能力和新型时代作为指针的变革最终都成功了。这足以证明：总是使自己适应对手的变革要么早晚会误入歧途，要么早晚会东施效颦。